PETER H. KRÄMER

Die bürgerschaftliche Selbstverwaltung unter den Notwendigkeiten des egalitären Sozialstaats

Schriften zum Öffentlichen Recht

Band 128

Die bürgerschaftliche Selbstverwaltung unter den Notwendigkeiten des egalitären Sozialstaats

Eine Untersuchung am Beispiel des Großstadtbezirks

Von

Dr. Peter H. Krämer

DUNCKER & HUMBLOT / BERLIN

Gedruckt 1970 bei Alb. Sayffaerth, Berlin 61
Printed in Germany

Vorwort

Die im Herbst 1969 abgeschlossene Arbeit lag im Februar der Rechts- und Wirtschaftswissenschaftlichen Fakultät der Johannes-Gutenberg-Universität in Mainz als Dissertation vor.

Dank schulde ich, nächst meinen Eltern und meiner Frau, Herrn Prof. Dr. H. H. Rupp für die Förderung und kritische Durchsicht der Arbeit.

Schließlich gilt mein Dank der Stiftung Volkswagenwerk und dem Land Rheinland-Pfalz, deren Promotionsstipendien die Arbeit finanziell ermöglichten.

Kaiserslautern, den 30. April 1970

Peter H. Krämer

Inhaltsübersicht

Einleitung

„Je tiefer die durchschnittliche Ebene der Entscheidungen und der Lebensplanung gelegt wird, um so mehr gerät sie von den eisigen Höhen der zentralen und anonymen Unverantwortlichkeit wieder in das milde Tal des Menschlichen, des Sittlichen und der Freiheit[1]." Dieser einem stark zivilisationskritischen Aufsatz entnommene Satz steht stellvertretend für die Entfremdung in der viele Zeitgenossen der Bürokratie als einem nicht überschaubaren, intern ungemein differenzierten, nach außen dennoch monolithisch wirkenden, nach unerforschlichen Gesetzmäßigkeiten tätigen, riesenhaften Apparat gegenüberstehen.

Den unvermittelsten Eindruck einer unüberbrückbaren Distanz zwischen Verwaltenden und Verwalteten hat wohl der, auf den die Großstadt in ihrer Totalität vielschichtiger Beziehungen und Abhängigkeiten tagtäglich einwirkt: der Großstädter.

Die von der Zivilisationskritik entworfene düstere Skizze kann nun einem Staatswesen, das sich nach Art. 1 Abs. 1 seiner Verfassung primär zum Schutze individueller Freiheit konstituiert versteht, nicht gleichgültig sein, scheint sie doch zu besagen, daß die augenfällige Realität der Staatlichkeit, ihre Verwaltungsorganisation, geradezu dahin angelegt ist, dem Individuum nicht in dessen letztlich umfassender Einzigartigkeit, sondern ausschließlich in seiner Funktionalität, soweit sie das staatliche Interesse von Fall zu Fall jeweils berührt[2], zu erfassen und so zu ihrem Objekt zu degradieren[3].

Es ist daher zu fragen, welcher Ort der kommunalen Selbstverwaltung als der Ordnungsmaxime eines repräsentativen Verdichtungsraumes realer Abhängigkeiten und Bezüge im System der die Staatlichkeit Westdeutschlands im Ganzen konstituierenden und Art. 1 Abs. 1 GG konkretisierenden Verfassungsmaximen des Sozialstaats, des Rechtsstaats und der Demokratie, zukommt. Damit hängt zusammen die Frage, ob das in Art. 28 Abs. 2 i. V. m. Abs. 1 S. 2 GG konstituierte Prinzip tauglich ist, das Zusammenspiel zwischen den ge-

---

[1] *Röpke*, Die Massengesellschaft und ihre Probleme, S. 35.

[2] *Morstein Marx*, Arch. re-soz. Phil., 1956, S. 51 (357).

[3] *Hämmerlein*, Öffentlichkeit und Verwaltung, S. 1 ff., der (S. 4) auch auf die symptomatische Existenz eines „Vereins gegen Behördenwillkür" hinweist.

nannten Staatsfundamentalnormen zu konkretisieren und real erfahrbar zu machen oder ob, wenn es das nicht zu leisten vermag, es sich in einer derartigen Krise befindet, die nurmehr die Köttgensche[4] Alternative offen läßt, entweder die ursprüngliche genossenschaftliche Substanz der Gemeinde wieder herzustellen oder, sollte dies unmöglich sein, die Selbstverwaltung als Organisationsform abzuschaffen.

Vorliegende Arbeit setzt sich deshalb zum Ziel, den Standort der kommunalen Selbstverwaltung unter den Gegebenheiten einer nach technischen Kriterien funktionalisierten Verwaltungsumwelt neu zu bestimmen und Möglichkeiten der Realisierung des von Art. 28 GG umschlossenen normativen Anspruchs aufzuzeigen.

Sie sucht dieses Ziel dadurch zu erreichen, daß sie von den in den Gemeindeordnungen einiger Bundesländer vorgesehenen Möglichkeiten zur Aktivierung der Großstadtbewohner für die Selbstverwaltung ihrer Gemeinde ausgeht, anhand dieser Regelungen eine Neuortung des Selbstverwaltungsbegriffs versucht und sich bemüht, die Tauglichkeit der hierbei gewonnenen Kriterien durch deren Umsetzung in Formen innerkommunaler Verwaltungspraxis zu belegen.

Es bleibt anzumerken, daß nur die Gemeindeordnungen der westdeutschen Flächenstaaten, nicht auch die Verfassungen der Stadtstaaten herangezogen wurden. Dies erklärt sich daraus, daß die Selbstverwaltung von Stadtstaaten, da bei diesen Kommunal- und Landesverwaltung untrennbar verbunden ist, einen anderen Stellenwert in der Staatsorganisation einnehmen könnte als die Selbstverwaltung der den Flächenstaaten eingegliederten Gemeinden und so für die kommunale Selbstverwaltung in ihrer typischen Erscheinungsform nicht repräsentativ sein kann.

§ 1 Organisation und Rechtsstellung der Ortsbezirke nach den Gemeindeordnungen der Flächenstaaten Westdeutschlands

A. Auszug aus den Gemeindeordnungen[1]

I. Gemeindeordnung für Baden-Württemberg[2]

§ 75

(1) In Gemeinden mit mehr als 100 000 Einwohnern können zur Förderung des örtlichen Gemeinschaftslebens durch die Hauptsatzung Stadtbezirke eingerichtet werden. In den Stadtbezirken können Bezirksbeiräte gebildet werden.

(2) In den äußeren Stadtbezirken kann eine örtliche Verwaltung eingerichtet werden.

(3) In Gemeinden mit räumlich getrennten Wohnbezirken können durch die Hauptsatzung Gemeindebezirke eingerichtet und in den Gemeindebezirken Bezirksräte gebildet werden. Für die Einrichtung von örtlichen Verwaltungen gilt Abs. 2 entsprechend.

§ 76

(1) Die Mitglieder des Bezirksbeirates (Bezirksbeiräte) werden vom Gemeinderat nach jeder regelmäßigen Wahl zum Gemeinderat auf die Dauer von 3 Jahren bestellt. Die Zahl der Bezirksbeiräte wird durch die Hauptsatzung bestimmt. Bei der Bestellung der Bezirksbeiräte soll das Abstimmungsergebnis im Gemeindebezirk bei der letzten regelmäßigen Wahl zum Gemeinderat berücksichtigt werden.

(2) Der Bezirksbeirat ist zu wichtigen Angelegenheiten, die den Gemeindebezirk betreffen, zu hören. Der Bezirksbeirat hat ferner die Aufgabe, die örtliche Verwaltungsbehörde in allen wichtigen Angelegenheiten zu beraten.

(3) Vorsitzender des Bezirksbeirates ist der Bürgermeister oder ein von ihm Beauftragter. Im übrigen finden auf den Geschäftsgang die

---

[1] Den Gemeindeordnungen Schleswig-Holsteins und des Saarlandes sind Ortsbezirke unbekannt.

[2] Vom 25. 7. 1955 (Ges. Bl. S. 129); 6. Abschn., 2. Titel: Förderung der Selbstverwaltung in Großstädten und Gemeinden mit räumlich getrennten Wohnbezirken.

für beratende Ausschüsse geltenden Vorschriften entsprechende Anwendung; die Sitzungen des Bezirksbeirates sind in der Regel nicht öffentlich.

II. Gemeindeordnung für den Freistaat Bayern[3]

Art. 60

(1) Das Gebiet der Städte mit mehr als 100 000 Einwohnern ist in Stadtbezirke einzuteilen. Dabei sind die geschichtlichen Zusammenhänge und Namen sowie die Besonderheiten der Bevölkerungs- und Wirtschaftsverhältnisse zu beachten.

(2) In den Stadtbezirken können für die Erledigung bestimmter auf ihren Bereich entfallender Verwaltungsaufgaben vom Gemeinderat Bezirksausschüsse und Bezirksverwaltungsstellen gebildet werden. In Städten mit mehr als 1 Million Einwohnern sind Bezirksausschüsse zu bilden.

(3) Werden Bezirksausschüsse gebildet, so hat deren Zusammensetzung entsprechend dem Wahlergebnis der Stadtratswahl im jeweiligen Bezirk zu erfolgen.

(4) Das Nähere regelt eine Gemeindesatzung.

III. Hessische Gemeindeordnung[4]

§ 81

(1) In größeren Gemeinden soll, um die Teilnahme der Bürger an der Verwaltung zu fördern, für Ortsteile, die eine engere örtliche Gemeinschaft darstellen, durch Beschluß der Gemeindevertretung eine örtliche Verwaltung eingerichtet werden. Die Gemeinde ist zu diesem Zweck in Ortsbezirke einzuteilen. Die Einrichtung der örtlichen Verwaltung und die Abgrenzung der Ortsbezirke ist in der Hauptsatzung zu regeln.

(2) Die örtliche Verwaltung besteht aus dem Ortsbeirat und, falls dies tunlich erscheint, aus Ortskommissionen (Ortsdeputationen). Das Recht, Außenstellen der Gemeindeverwaltung einzurichten, bleibt unberührt.

---

[3] Vom 25. 1. 1952 (GVBl S. 19) i. d. F. d. Ges. v. 23. 12. 1965 (GVBl S. 357); 2. Teil, 4. Abschn.

[4] Vom 25. 2. 1952 (GVBl. I S. 11); IV. Abschn. (Maßnahmen zur Förderung der Selbstverwaltung), Titel I (Förderung der Selbstverwaltung in größeren Gemeinden).

§ 82

(1) Der Ortsbeirat wird von der Gemeindevertretung auf Grund des Gemeindewahlergebnisses in den einzelnen Ortsbezirken für die Wahlzeit der Gemeindevertretung gewählt. Die Zahl der Mitglieder des Ortsbeirats wird durch die Hauptsatzung bestimmt.

(2) Der Ortsbeirat hat zu denjenigen Fragen Stellung zu nehmen, die ihm von der Gemeindevertretung oder vom Gemeindevorstand vorgelegt werden. Er soll zu allen wichtigen Angelegenheiten, die den Ortsteil angehen, gehört werden; vor der Feststellung des Haushaltsplans durch die Gemeindevertretung ist ihm Gelegenheit zur Äußerung zu geben.

(3) Die Gemeindevertretung kann dem Ortsbeirat unbeschadet des § 51[5] bestimmte Angelegenheiten oder bestimmte Arten von Angelegenheiten widerruflich zur endgültigen Entscheidung übertragen, wenn dadurch die Einheit der Gemeinde nicht gefährdet wird. Ortsbeiräte, denen Angelegenheiten zur endgültigen Entscheidung übertragen sind, nehmen insoweit die Stellung von Ausschüssen im Sinne des § 62 Abs. 1 S. 2[6] ein.

(4) Ist für den Ortsbezirk eine Ortskommission (Ortsdeputation) bestellt, so führt der Vorsitzende, sind mehrere Ortskommissionen (Ortsdeputationen) bestellt, so führt der an Jahren älteste Vorsitzende auch den Vorsitz im Ortsbeirat; im übrigen wählt der Ortsbeirat aus seiner Mitte einen Vorsitzenden.

(5) Für den Geschäftsgang des Ortsbeirats gelten die Vorschriften des § 62 Abs. 4, 5 und 6[7] sinngemäß, jedoch sind die Sitzungen öffentlich.

(6) Wird die Gemeindevertretung vorzeitig aufgelöst, endet damit auch die Amtszeit des Ortsbeirats.

§ 83

(1) Der Gemeindevorstand kann zur Wahrnehmung von Aufgaben, die ihrer Natur nach örtlich erledigt werden können, Ortskommissionen (Ortsdeputationen) einrichten, die ihm untergeordnet sind.

(2) Die Ortskommissionen bestehen aus Mitgliedern des Gemeindevorstands oder anderen Gemeindebediensteten, die vom Gemeindevorstand bestimmt werden, sowie aus Mitgliedern des Ortsbeirats und,

---

[5] Betrifft die Agenden ausschließlicher Zuständigkeit der Gemeindevertretung.

[6] Betrifft beschließende Ausschüsse der Gemeindevertretung.

[7] Betreffen den Geschäftsgang beschließender Ausschüsse der Gemeindevertretung.

falls dies tunlich erscheint, aus sachkundigen Bürgern des Ortsbezirks. Die Mitglieder des Ortsbeirats und die sachkundigen Bürger werden von dem Ortsbeirat gewählt.

(3) Der Vorsitzende der Ortskommission wird von dem Bürgermeister bestimmt.

(4) Für das Verfahren gilt § 72 Abs. 4[8] sinngemäß.

IV. Niedersächsische Gemeindeordnung[9]

§ 54

(1) Die Hauptsatzung kann bestimmen, daß für Ortsteile oder Ortschaften, die eine engere örtliche Gemeinschaft darstellen (Ortsbezirke), Ortsräte gebildet werden.

(2) Der Ortsrat wird von den Bürgern des Ortsbezirks zugleich mit dem Rat der Gemeinde für die Wahlperiode des Rats nach den Vorschriften des Gemeindewahlrechts gewählt; dabei entsprechen:

a) der Ortsrat der Vertretung,

b) die Mitglieder der Ortsräte den Vertretern,

c) der Ortsbezirk dem Wahlgebiet.

Die Wahlorgane für die Wahl des Rats sind auch für die Wahl der Ortsräte zuständig; über die Gültigkeit der Wahl der Ortsräte entscheidet der neu gewählte Rat. Die Zahl der Mitglieder der Ortsräte wird durch die Hauptsatzung bestimmt. Vorsitzender des Ortsrats ist der Ratsvorsitzende; den stellvertretenden Vorsitzenden wählt der Ortsrat aus seiner Mitte. Sieht die Hauptsatzung die Bildung von mehr als fünf Ortsräten vor, so kann sie bestimmen, daß der Ortsrat seinen Vorsitzenden aus seiner Mitte wählt.

(3) Die Hauptsatzung bestimmt diejenigen Angelegenheiten des eigenen Wirkungskreises,

a) zu denen der Ortsrat zu hören ist,

b) die dem Ortsrat zur eigenen Entscheidung übertragen werden.

(4) Eine Auflösung des Rats hat die Auflösung der Ortsräte zur Folge. Entsprechendes gilt, wenn die Wahl für ungültig erklärt wird.

---

[8] Betrifft die beim Gemeindemagistrat errichteten Kommissionen, deren Geschäftsgang, wird er vom Magistrat nicht näher geregelt, sinngemäß nach den Vorschriften über den Geschäftsgang des Magistrats selbst sich bestimmt (§§ 67, 68 und 69).

[9] Vom 4. 3. 1955 (Nieders. GVBl. Sb. I S. 55) i. d. F. d. Ges. vom 18. 4. 1963 (GVBl. S. 255).

(5) Für das Verfahren der Ortsräte gelten die Vorschriften über die Ausschüsse entsprechend; die Geschäftsordnung kann Abweichendes bestimmen. Die Sitzungen der Ortsräte sind in der Regel öffentlich.

V. Gemeindeordnung für das Land Nordrhein-Westfalen[10]

§ 13

(1) Das Gemeindegebiet kann in Bezirke eingeteilt werden. Dabei sind die geschichtlichen Zusammenhänge sowie die Besonderheiten der Bevölkerungs- und Wirtschaftsverhältnisse zu berücksichtigen.

(2) In den Bezirken können für die Erledigung bestimmter, auf ihren Bereich entfallender Aufgaben vom Rat Bezirksausschüsse und Bezirksverwaltungsstellen gebildet werden.

(3) Die näheren Vorschriften trifft die Hauptsatzung.

VI. Selbstverwaltungsgesetz für Rheinland-Pfalz[11]

§ 57

(1) Zur Förderung des Gemeinschaftslebens können

1. in kreisfreien Städten mit mehr als 50 000 Einwohnern für das gesamte Gemeindegebiet,
2. in den übrigen kreisfreien Städten
   sowie in Gemeinden mit räumlich getrennten Wohnbezirken auch für Ortsteile, die eine engere örtliche Gemeinschaft darstellen,

Ortsbezirke eingerichtet werden.

(2) In den äußeren Ortsbezirken (Vororten) soll eine Ortsverwaltung eingerichtet werden.

(3) Das Nähere bestimmt im Rahmen der folgenden Vorschriften die Satzung (Hauptsatzung).

§ 58

(1) Der Ortsbeirat wird von der Gemeindevertretung aus den wahlberechtigten Bürgern auf Grund des Gemeindewahlergebnisses in dem

---

10 Vom 28. 10. 1952 (GV. NW. S. 283); 3. Teil: Gemeindegebiet.

11 Vom 27. 9. 1948 (GVBl. S. 335) i. d. F. des 5. Landesges. über die Verwaltungsvereinfachung im Lande Rh-Pf v. 14. 2. 1969 (GVBl. S. 62); Teil A: Gemeindeordnung; 2. Teil: Verfassung und Verwaltung der Gemeinden; 5. Abschn.: Verwaltung von Ortsbezirken.

Ortsbezirk für die Wahlzeit der Gemeindevertretung gewählt; hierbei können nur solche Parteien und Wählergruppen berücksichtigt werden, die in der Gemeindevertretung vertreten sind. Nicht wählbar sind Personen, deren Wählbarkeit zur Gemeindevertretung nach § 5 Abs. 1 des Kommunalwahlgesetzes beschränkt ist.

(2) Der Ortsbeirat hat zu denjenigen Fragen Stellung zu nehmen, die ihm von der Gemeindevertretung oder vom Bürgermeister vorgelegt werden. Er ist zu allen wichtigen Fragen, die den Ortsbezirk betreffen, insbesondere zum Entwurf des Haushaltsplans, soweit es sich um Ansätze für den Ortsbezirk handelt, zu hören.

(3) Die Gemeindevertretung kann dem Ortsbeirat bestimmte Aufgaben zur selbständigen Entscheidung übertragen, wenn dadurch die Einheit der Gemeindeverwaltung nicht gefährdet wird. Beschlüsse, die der Genehmigung der Aufsichtsbehörde bedürfen oder ihr vorzulegen sind, können nur von der Gemeindevertretung gefaßt werden.

(4) Die §§ 30, 31, 40 und 44[12] gelten für den Ortsbeirat entsprechend. Den Vorsitz im Ortsbeirat führt mit Stimmrecht ein ehrenamtlicher oder ein hauptamtlicher Ortsvorsteher. Der Ortsvorsteher wird auf Vorschlag oder mit Zustimmung des Ortsbeirats von der Gemeindevertretung auf die Dauer ihrer Wahlzeit gewählt. Er bleibt bis zur Amtseinführung seines Nachfolgers im Amt. Der Bürgermeister oder ein von ihm beauftragter Beigeordneter kann anstelle des Ortsvorstehers den Vorsitz übernehmen. Die Sitzungen des Ortsbeirats sind öffentlich; jedoch kann die Öffentlichkeit nach Maßgabe des § 36[13] ausgeschlossen werden.

§ 59

(1) Der Bürgermeister hat der Ortsverwaltung nach Anhörung der Gemeindevertretung und des Ortsbeirats diejenigen Aufgaben der Gemeindeverwaltung zu übertragen, die mit Rücksicht auf die Einwohner des Vororts und ohne Gefährdung der Einheit der Gemeindeverwaltung im Vorort bearbeitet werden können.

(2) Die Ortsverwaltung wird vom Ortsvorsteher (§ 58 Abs. 4) geleitet.

---

[12] Betreffen den Geschäftsgang der Gemeindevertretung und ihrer Ausschüsse.

[13] Betrifft den Ausschluß der Öffentlichkeit bei Verhandlungen der Gemeindevertretung über Angelegenheiten, die die Landesverteidigung betreffen, oder bei allgemeinem durch die Geschäftsordnung vorgenommenen Ausschluß.

B. Der Begriff „Ortsbezirk"

Zur „Förderung des örtlichen Gemeinschaftslebens"[14] sehen die Gemeindeordnungen der Länder Baden-Württemberg, Bayern, Hessen, Niedersachsen, Nordrhein-Westfalen und Rheinland-Pfalz die Möglichkeit vor, größere Gemeinden[15] in Ortsbezirke zu unterteilen. Hierbei sollen die Bezirke nach Möglichkeit „engere Gemeinschaften" darstellen[16]. Das Vorhandensein solcher Gemeinschaften indizieren „räumlich getrennte Wohnbezirke"[17] sowie „geschichtliche Zusammenhänge, Namen sowie die Besonderheiten der Bevölkerungs- und Wirtschaftsverhältnisse"[18].

Ratio legis der Einrichtung von Ortsbezirken ist über die „Förderung des Gemeinschaftslebens" die Absicht, die „Teilnahme der Bürger an der Verwaltung zu fördern"[19]. Es handelt sich somit bei Großstadtbezirken um ein Mittel innerkommunaler Organisation, das über eine Institutionalisierung von in der sozialen Realität vorgegebenen kommunalen Untereinheiten, dem Bewohner der Großstadt einen neuen Zugang zur kommunalen Selbstverwaltung, der er im großstädtischen Getriebe weitgehend entfremdet zu sein scheint, öffnen soll. Zu diesem Zweck knüpfen die Gemeindeordnungen an die Bezirkseinteilung verschiedene Einrichtungen, insbesondere die einer Bezirksvertretung und einer Bezirksverwaltung, deren Funktionen im Folgenden dargestellt werden sollen.

C. Die Organisation des Bezirks

Von einer Organisation des Ortsbezirks läßt sich nur sehr cum grano salis sprechen. Die im Großstadtbezirk tätigen Behördendienststellen und gewählten Kollegialorgane sind nach allen Gemeindeordnungen der Flächenstaaten, soweit sie die Institution des Ortsbezirks kennen,

---

14 § 75 Abs. 1 b-w GO; § 57 Abs. 1 rh-pf GO.

15 So § 81 Abs. 1 HGO; § 57 Abs. 1 Ziff. 1 rh-pf GO: kreisfreie Städte mit mehr als 50 000 Einw.; § 75 Abs. 1 b-w GO und Art. 60 Abs. 1 bay GO: Gemeinden mit mehr als 100 000 Einwohnern.

16 § 57 Abs. 1 Ziff. 2 rh-pf GO; § 54 Abs. 1 ns GO bestimmt geradezu „Ortsteile oder Ortschaften, die eine engere örtliche Gemeinschaft darstellen" mittels Klammerdefinition als Ortsbezirke. Die Bezeichnung von Ortsteilen als „engere Gemeinschaft" wird zum ersten Mal in § 42 des preuß. Ges. v. 29. 7. 1929 verwandt.

17 § 57 Abs. 1 Ziff. 2 rh-pf GO.

18 Art. 60 Abs. 1 bay GO; fast gleichlautend § 13 Abs. 1 n-w GO.

19 § 81 Abs. 1 HGO.

nicht Träger einer eigenen Organschaft, so daß die genannten Behörden und Gremien keinesfalls Organe des Bezirks sein können.

Nach allen Gemeindeordnungen sind die Bezirke vielmehr reine Verwaltungssprengel[20] der Großstadt, denen Verwaltungsaußenstellen der Großstadtbürokratie zugeordnet sind. Wird im Folgenden daher dennoch von „der Organisation des Ortsbezirks" gesprochen, so muß sich hierbei immer vor Augen gehalten werden, daß es sich um nichts anderes als um einen Ausschnitt aus der Gesamtorganisation der Großstadtverwaltung handelt, der isoliert betrachtet werden soll.

I. Die Bezirksvertretung

Sie ist die wichtigste Einrichtung des Bezirks, um derentwillen, zur Förderung, bzw. Erhaltung des Eigenlebens einer engeren örtlichen Gemeinschaft, die Bezirksaufteilung von Großstädten überhaupt vorgenommen wird. Sie ist, „Bezirksbeirat"[21], „Ortsrat"[22], „Bezirksausschuß"[23] oder „Ortsbeirat"[24] genannt, wie die Gemeindevertretung Repräsentations- und Verwaltungskollegium zugleich. Während der Begriff des Repräsentationskollegiums die Zusammensetzung der Bezirksvertretung bezeichnet, die es ihr ermöglicht, eine bestimmte Gruppe von Gemeindeeinwohnern zu repräsentieren, bezieht sich die Bezeichnung Verwaltungskollegium auf die von der Bezirksvertretung wahrzunehmenden Aufgaben.

1. Zusammensetzung und Mitgliederwahl

Die Beschickung des Repräsentations- und Verwaltungskollegiums ist in den Gemeindeordnungen sehr unterschiedlich geregelt. Sie divergieren hinsichtlich aller für die Bestellung eines Repräsentationskollegiums wesentlichen Kriterien: hinsichtlich des wählenden Gremiums, der zu wählenden Repräsentanten, sowie schließlich auch hinsichtlich der Durchführung der Wahl im einzelnen. Im ersten Punkt unterscheidet sich § 54 Abs. 2 ns GO grundsätzlich von den Gemeindeordnungen anderer Flächenstaaten dadurch, daß er als Wahlgremium alle Gemeindebürger, die in dem zu vertretenden Bezirk ihren Wohn-

[20] *Merkl*, Allgemeines Verwaltungsrecht, S. 321: „Das Territorium, auf das der örtliche Wirkungskreis eines Vollzugsorgans abgestellt ist, nennt man seinen Sprengel."

[21] § 75 Abs. 1 S. 2 b-w GO.

[22] § 54 Abs. 1 ns GO.

[23] Art. 60 Abs. 2 bay GO; § 13 Abs. 2 n-w GO.

[24] § 81 Abs. 2 i. Verb. m. § 82 Abs. 1 H GO; § 58 Abs. 1 rh-pf GO.

sitz haben, ausweist[25]. Demgegenüber sehen § 76 Abs. 1 b-w GO, Art. 60 Abs. 2 bay GO, § 82 Abs. 1 HGO, § 13 Abs. 2 n-w GO und § 58 Abs. 1 rh-pf GO mehr oder weniger ausdrücklich als Wahlberechtigten nur die Gemeindevertretung vor.

Besteht so über das Wahlgremium unter Dissens Niedersachsens ansonsten Einigkeit, ist der Kreis, der zur Bezirksvertretung Wählbaren nicht nur zwischen den einzelnen Gemeindeordnungen unterschiedlich geregelt, sondern zugleich auch wegen eines in diesem Punkt vielfach unklaren Gesetzeswortlauts zwischen den Kommentatoren zu den jeweiligen Gemeindeordnungen selbst umstritten. Die Kernfragen stellen sich hier dahin, ob Mitglieder der Bezirksvertretungen einmal notwendig zugleich Mitglieder der Gemeindevertretung sein müssen und zum anderen, ob sie zur Wahl in die Bezirksvertretung, wenn das nicht der Fall ist, bereits passiv dadurch legitimiert sind, daß sie die Aktivlegitimation zur Wahl der Gemeindevertretung besitzen, oder ob die Kandidaten insoweit die gleichen Voraussetzungen, die die Kommunalwahlgesetze für eine Kandidatur zur Gemeindevertretung fordern, erfüllen müssen.

Während § 58 Abs. 1 rh-pf GO und § 76 Abs. 1 b-w GO eindeutig dahin lauten, daß die Mitglieder der Bezirksvertretung „aus" den im Bezirk wohnhaften Bürgern zu wählen sind, fehlt es bei den anderen Regelungen an einer vergleichsweise eindeutigen Formulierung. So erscheinen insbesondere § 13 Abs. 2 n-w GO und Art. 60 Abs. 2 bay GO auslegungsbedürftig. Dies deshalb, weil beide Vorschriften, anders als § 76 Abs. 1 b-w GO, § 82 Abs. 2 HGO und § 58 Abs. 1 rh-pf GO nicht von „Rat" oder „Beirat", sondern von „Ausschuß" sprechen. Ein Kennzeichen des Ausschusses ist es aber, daß er „aus der Mitte" eines Repräsentationsgremiums[26] und nicht unmittelbar gewählt wird.

Während insoweit in Nordrhein-Westfalen die Konsequenz gezogen wurde und die Bezirksausschüsse als „ihrer Natur nach Ausschüsse des Rates mit örtlich begrenztem Wirkungskreis"[27] aufgefaßt werden, war dies in der Literatur zur bayerischen Gemeindeordnung strittig. Während Helmreich-Widtmann[28] unentschlossen bleiben, gelangt Hölzl[29]

---

[25] Eine ähnliche Regelung wie § 54 Abs. 2 ns GO enthält im älteren Gemeinderecht nur das preuß. Ges. v. 29. 7. 1929, das gem. § 54 Ziff. 2 hinsichtlich unmittelbarer Wahl örtlicher Organe innerhalb der einzelnen Ortsteile Abweichungen von den allgemeinen Gemeindeverfassungsnormen zuließ.

[26] Vgl. etwa § 40 Abs. 1 b-w GO; Art. 33 Abs. 1 bay GO; § 62 Abs. 1 HGO; § 51 Abs. 1 ns GO; § 42 Abs. 1 u. 2 n-w GO u. § 46 Abs. 1 rh-pf GO.

[27] *Kottenberg*, Erl. II zu § 13 n-w GO; *Zuhorn-Hoppe*, Gemeindeverfassung, S. 125 u. *Odenbreit-Hensel*, Gemeindeordnung in N-W, S. 240; alle unter Berufung auf die 1. Verw. VO zu § 13 Abs. 2 n-w GO v. 10. 11. 1952.

[28] Erl. 3 z. Art. 60 bay GO.

[29] Erl. 4 z. Art. 60 bay GO u. wie er auch *Helmreich-Widtmann*, in den neueren Auflagen.

über eine teleologische Auslegung unter Berücksichtigung des durch die Regelung intendierten Zweckes, in der Großstadt nicht zuletzt eine höhere Repräsentationsdichte der Bevölkerung zu erzielen, zu dem Schluß, daß deshalb notwendig (auch) Bürger wählbar sein müssen, die der Gemeindevertretung nicht angehören. Münchens Bezirksausschüsse, die einzigen, die in bayerischen Großstädten bislang errichtet wurden, sind nicht wie Ausschüsse der Gemeindevertretung, sondern als Bezirksrepräsentationskollegien gebildet worden[30].

Die Auslegung von § 82 HGO ergibt weniger Schwierigkeiten, da diese Vorschrift durch die Artikulierung ihres Zweckes, nämlich „die Teilnahme der Bürger an der Verwaltung zu fördern"[31] eine taugliche Richtschnur zur Interpretation der Detailvorschriften liefert, die hinsichtlich der Passivlegitimation eine Beschränkung auf Mitglieder der Gemeindevertretung deshalb nicht zuläßt, weil diese nicht geeignet erscheint, die bürgerschaftliche Verwaltungsteilhabe zu aktivieren.

Der weitere Unterschied zwischen den einzelnen Gemeindeordnungen im Blick auf die Passivlegitimation zu einer Kandidatur zur Bezirksvertretung ergibt sich aus dem geforderten Mindestalter. Während § 58 Abs. 1 rh-pf GO das Alter von 21 Jahren, also die Aktivlegitimation zur Wahl der Gemeindevertretung als Passivlegitimation zur Wahl in die Bezirksvertretung genügen läßt, muß für die anderen Länder mangels einer Sondervorschrift die allgemeine Regelung über die Passivlegitimation zur Wahl in die Gemeindevertretung Anwendung finden[32].

Der Wahlmodus bildet, anders als in Niedersachsen, wo die unmittelbare Wahl, und in Nordrhein-Westfalen, wo die Ausschußbestellung den allgemein hierfür vorgesehenen Regeln entsprechen, in den anderen hier in Betracht kommenden Ländern Schwierigkeiten.

Diese liegen in dem Auseinanderfallen von Wahlgremium und der durch die Gewählten zu repräsentierenden Gruppe begründet.

Ihren Niederschlag findet diese Divergenz in dem Bemühen von § 58 Abs. 1 rh-pf GO, § 76 Abs. 1 S. 3 b-w GO, § 82 Abs. 1 HGO und den durch Ges. v. 23. 12. 1965 (GVBl. S. 357) in die bay GO eingefügten

---

30 Vgl. die Bezirksausschußsatzung der Stadt München v. 29. 12. 1961 (Amtsblatt der Landeshauptstadt München Nr. 43), nach deren § 3 Abs. 2 die Bezirksausschußmitglieder auf Vorschlag der „für den Stadtbezirk örtlich zuständigen Organe der im Stadtrat zu Beginn der Wahlperiode vertretenen politischen Parteien, Wählergruppen und Ausschußgemeinschaften" durch den Stadtrat gewählt werden.

31 § 81 Abs. 1 HGO.

32 Für die in N-W gehandhabte Praxis, die wie oben erwähnt, die Mitgliedschaft in der Gemeindevertretung voraussetzt, ist diese Konsequenz ohnehin selbstverständlich.

Art. 60 Abs. 3, das politische Kräftefeld im Bezirk mit dem, in der Gemeindevertretung verkörperten, der Gemeinde insgesamt, in Einklang zu bringen. So ist insbesondere fraglich, ob die Wahl „auf Grund des Gemeindewahlergebnisses in dem Ortsbezirk"[33] zur Konsequenz hat, daß auch solche politischen Gruppen im Bezirk zum Zuge kommen können, die auf Gemeindeebene in die Gemeindevertretung nicht gewählt wurden, oder ob der Gemeinderat bei der Wahl der Bezirksratsmitglieder nur nach den in ihm vertretenen politischen Gruppen aufschlüsseln kann.

Während für Rheinland-Pfalz dieses Problem[34] in jüngster Zeit durch eine durch das 5. rh-pf Ges. zur Verwaltungsvereinfachung in die rh-pf GO eingefügte Ergänzung des § 58 Abs. 1 seine Lösung im zweiten Sinne erfuhr, besteht das Problem für Hessen, Baden-Württemberg und Bayern weiter. Diese Spannung zwischen Ausschuß- und Repräsentationsprinzip wird regelmäßig dann akut, wenn eine politische Gruppe die zur Wahl erforderliche Mindeststimmenzahl zwar nicht auf Gemeindeebene, wohl aber, bei einer Umlage des Gemeindewahlergebnisses auf den Bezirk, in diesem erzielt hat.

Folgende Gesichtspunkte könnten zu einer Lösung beitragen:

Da die Divergenz zwischen Wahlgremium und zu repräsentierender Gruppe über einen dritten Faktor, über die sowohl in der Gemeinde als auch im Bezirk wirkenden politischen Gruppen, zu lösen versucht wird, besteht die Hauptschwierigkeit darin, eine Verfälschung dieser Kräfteverteilung im Bezirk, die dadurch möglich erscheint, daß die in der Gemeindevertretung sitzenden Gruppen nichtrepräsentative Mitglieder der ausschließlich im Bezirk erfolgreichen Gruppen wählen, zu vermeiden[35].

Da die Gemeindevertretung das Wahlgremium abgibt, läßt sich die gezeigte Gefahr, sieht man von der unmöglichen Vorstellung ab, die Gemeindevertretung wäre gezwungen, nach einer ihr von außerhalb vorgelegten bindenden Liste „zu wählen"[36], nur dadurch bannen, daß

---

[33] § 58 Abs. 1 rh-pf GO; ähnlich § 76 Abs. 1 S. 3 b-w GO und § 82 Abs. 1 HGO.

[34] Zur Problematik der vorherigen Regelung vgl. *Denzer*, StKV 1955, S. 69, der nur auf das Ergebnis im Bezirk abstellt und damit ohne Begründung am eigentlichen Problem vorbeigeht. Ähnlich wie hier *Salzmann-Schunck-Hoffmann-Schrick*, Erl. 2 zu § 58 rh-pf GO; im Ergebnis wohl auch *Schuster-Diehl*, Erl. II 1 zu § 58 rh-pf GO.

[35] Dies übersehen *Salzmann-Schunck-Hoffmann-Schrick*, Erl. 2 zu § 58 rh-pf GO und *Munzke-Schlempp*, Erl. I zu § 82 HGO, wenn sie die Ansicht vertreten, die Gemeindevertretung sei bei der Wahl der Bezirksvertretung an Vorschläge der in der Gemeindevertretung sitzenden Parteien nicht gebunden. Wie hier dagegen *Schuster-Diehl*, Erl. II 1 zu § 58 rh-pf GO.

[36] So aber wohl *Wehgartner*, Bay VBl., S. 297 (300).

nur solche Gruppen berücksichtigt werden, die in der Gemeindevertretung Sitz und Stimme haben[37]. Hierdurch wird aber, zumindest für Baden-Württemberg, nicht ausgeschlossen, daß sich die Gemeindevertretung auch auf Kandidaten einigt, die den in ihr vertretenen Parteien nicht angehören[38].

Für Baden-Württemberg, Hessen und Bayern läßt sich so festhalten, daß eine Wahl durch die Gemeindevertretung aus der Bürgerschaft des Bezirks unter Berücksichtigung der im Bezirk bestehenden Kräftekonstellation nur zur Folge haben kann, daß die Bezirksvertretung, von der Gemeindevertretung aus Mitgliedern auch in ihr vertretener Gruppen gewählt wird, es sei denn, sie kann sich auf außerparteiliche Bezirksbewohner einigen.

Zusammenfassend läßt sich zwischen den in den einzelnen Gemeindeordnungen vorgesehenen Wahlverfahren zur Bezirksvertretung hinsichtlich der in der Kontroverse zwischen Ausschuß- und Repräsentationsprinzip eingenommenen Haltung eine deutliche Staffelung von voller Bejahung des ersteren unter Ablehnung des zweiten (§ 13 Abs. 2 n-w GO) hin zur Ablehnung des ersteren und zugleich vollen Bejahung des zweiten Prinzips (§ 54 Abs. 2 ns GO) feststellen.

Unter den zwischen diesen Außenpunkten liegenden Regelungen neigt Rheinland-Pfalz, bedingt durch die Neuregelung durch das 5. Landesgesetz zur Verwaltungsvereinfachung, die nur die Wahl von Mitgliedern der in die Gemeindevertretung gewählten Gruppen zur Bezirksvertretung zuläßt, mehr zur Ausschußlösung, Hessen, Baden-Württemberg und Bayern, die da sie eine Muß-Vorschrift, wie den § 58 Abs. 1 rh-pf GO, nicht kennen und so auch die Wahl von Kandidaten, die nicht der Gemeindevertretung angehören ermöglichen, mehr zur Repräsentationslösung.

2. Aufgaben

Als in die kommunale Selbstverwaltung eingegliedertes Kollegium nimmt die Bezirksvertretung Verwaltungsaufgaben der Gemeinde wahr[39].

---

[37] a. A. offenbar *Zier*, Die Verwaltung der Großstädte, S. 51; wie hier, noch für die alte Regelung der rh-pf GO, im Ergebnis auch *Salzmann-Schunck-Hoffmann-Schrick*, Erl. 2 zu § 58 rh-pf GO.

[38] Vgl. die in § 75 Abs. 1 b-w GO anders als in § 82 Abs. 1 HGO enthaltene Soll-Vorschrift (*Kunze-Schmid*, Erl. I 2 zu § 76 b-w GO).

[39] a. A. *Salzmann-Schunck-Hoffmann-Schrick*, Erl. 4 II zu § 58 rh-pf GO, die übersehen, daß auch die Gemeindevertretung primär Verwaltungsaufgaben wahrnimmt; wie hier *Schuster-Diehl*, Erl. 4 zu § 58 rh-pf GO.

a) Beratungsfunktion

Unter den von den Bezirksvertretungen wahrzunehmenden Verwaltungsaufgaben ist an erster Stelle die nach allen Gemeindeordnungen mögliche Beratungsfunktion zu nennen. Es ist jedoch fraglich, ob diese Funktion als Recht von dem Gemeindevorstand oder der Gemeindevertretung gehört zu werden, oder aber als Pflicht zur Stellungnahme nach Aufforderung anzusehen ist.

Nach § 58 Abs. 2 rh-pf GO nimmt die Bezirksvertretung zwischen beiden Positionen eine Mittelstellung ein, da ihr sowohl ein Anhörungsrecht zugebilligt als auch die Pflicht zur Stellungnahme auferlegt ist[40]. Nur auf das Anhörungsrecht stellt demgegenüber § 54 Abs. 3 ns GO, stärker auf die Pflicht zur Stellungnahme, der aber eine Pflicht der Gemeindevertretung zur Einholung dieser Stellungnahme korreliert, als auf das Anhörungsrecht stellt § 82 Abs. 2 HGO ab. § 76 Abs. 2 b-w GO stellt einem generellen Anhörungsrecht der Bezirksvertretung die Pflicht gegenüber, die Verwaltungsstelle im Bezirk zu beraten. Wann diese die Bezirksvertretung aber zur Beratung heranzieht, steht mangels einer näheren Regelung in deren Ermessen.

Während die n-w GO insofern keine Probleme aufwirft, da ihre Bezirksausschüsse voll und ganz Ausschußfunktionen wahrnehmen, überläßt Art. 60 bay GO die Zuteilung von Aufgaben an die Bezirksvertretungen der jeweiligen Ortssatzung. München, die wie bereits erwähnt, einzige bayerische Großstadt, die Bezirke errichtet hat, weist den Bezirksvertretungen in § 1 der Bezirksausschußsatzung in Verb. m. § 2 der Gesch. O. für die Bezirksausschüsse v. 20. 12. 1961 nur eine Pflicht zur Stellungnahme zu.

Auch die Agenden, über deren Behandlung der Bezirksvertretung ein Anhörungsrecht zusteht oder eine Pflicht zur Stellungnahme obliegt, sind nach den Gemeindeordnungen der einzelnen Bundesländer von unterschiedlichem Gewicht. Zwar ist die nähere Bestimmung in allen Fällen offengelassen, während sie jedoch gem. § 54 Abs. 3 ns GO durch Satzung bindend festgelegt werden muß, steht die Frage der Vorlage in den Großstädten anderer Bundesländer, die sich zur Errichtung von Ortsbezirken entschließen, von Fall zu Fall zur Beurteilung der Gemeindevertretung und des Gemeindevorstandes. Während Art. 60 bay GO die Agenden, zu denen die Bezirksvertretung Stellung nehmen soll, völlig offen läßt, spricht § 76 Abs. 2 b-w GO nur von

---

[40] Der Unterschied zwischen einem Anhörungsrecht und dem aus der Vorlagepflicht der Gemeindevertretung und des Gemeindevorstands sich zugunsten der Bezirksvertretung ergebende Rechtsreflex liegt primär darin, daß die Bezirksvertretung im ersten Fall frei ist, inwieweit sie sich äußern oder schweigen will (vgl. *Schuster-Diehl*, Erl. IV zu § 58 rh-pf GO).

„wichtigen Aufgaben", die den Bezirk betreffen[41]. § 58 Abs. 2 S. 2 rh-pf GO konkretisiert diesen Begriff dahin, daß unter „wichtigen Aufgaben", zu denen die Bezirksvertretung gehört werden muß, insbesondere auch die den Ortsbezirk betreffenden Ansätze im Gemeindehaushaltsplan fallen. Eine deutliche Stufung und damit auch eine für den Beurteilungsspielraum der Gemeindevertretung bzw. des Gemeindevorstands klarere Abgrenzung läßt § 82 Abs. 2 HGO erkennen: Allgemeine Fragen, die den Bezirk betreffen, können, wichtige Fragen sollen, und die den Bezirk betreffenden Ansätze im Entwurf des Gemeindehaushaltsplans müssen vorgelegt werden.

b) *Entscheidungsfunktion*

Während die Gemeindeordnungen von Niedersachsen[42], Hessen[43] und Rheinland-Pfalz[44] neben der Beratungskompetenz der Bezirksvertretung auch die Übertragung einer Entscheidungskompetenz über bezirksspezifische Aufgaben auf die Bezirksvertretung insoweit vorsehen, als dadurch die Einheit der Gemeindeverwaltung nicht gefährdet wird und soweit die Beschlüsse nicht einer aufsichtsbehördlichen Bestätigung bedürfen, ist diese Möglichkeit den Gemeindeordnungen Baden-Württembergs und der Satzungsrealität Bayerns unbekannt[45]. In Nordrhein-Westfalen gilt insoweit, da die Bezirksausschüsse echte Ausschüsse der Gemeindevertretung sind, die Beschlußkompetenz aus § 41 Abs. 3 n-w GO, die jedoch Bezirksausschüssen regelmäßig nicht übertragen wird[46].

Das Bedenken, die in Niedersachsen, Hessen und Rheinland-Pfalz vorgesehene und in Bayern grundsätzlich mögliche Delegation sei, da

---

[41] Der Ansicht von *Kunze-Schmid*, Erl. II, 2 zu § 76 b-w GO, wonach eine Vorlage bei Ansätzen des Haushaltsplans deshalb nicht in Betracht kommen könne, weil der Haushalt nur als Ganzes beurteilt werden könne, kann aus zwei Gründen nicht zugestimmt werden: Einmal sind die die Bezirke betreffenden Ansätze des Gemeindehaushalts für diese wohl mit die wichtigsten Angelegenheiten, zum anderen bleibt die einheitliche Beurteilung des Gesamthaushalts nach wie vor bei der Gemeindevertretung, wenn diese sie auch unter Koordination der Bezirkswünsche vornimmt.

[42] § 54 Abs. 3 b.

[43] § 82 Abs. 3.

[44] § 58 Abs. 3.

[45] Das soll jedoch nicht heißen, daß nicht auch Bayerns Großstädte mittels Satzung eine solche Delegation auf Bezirksvertretungen vornehmen könnten (vgl. *Zier*, Die Verwaltung der Großstädte, S. 37; *Masson*, Bay VBl. 1963, S. 69 und, im Gegensatz zur 1. Aufl., *Helmreich-Widtmann*, Erl. 2 zu Art. 60 bay GO etwa in der 8. Aufl. 1968; unentschieden *Hölzl*, Erl. 4 zu Art. 60 bay GO). Demgegenüber deutet die Erwähnung nur einer Beratungsfunktion in der späteren b-w GO auf einen bewußten Ausschluß jeder Entscheidungskompetenz von Bezirksvertretungen hin.

[46] *Rauball*, Gemeindeordnung für N-W, Erl. 2 zu § 13 n-w GO.

die Bezirksvertretung in diesen Ländern nicht wie in Niedersachsen unmittelbar gewählt werde, mit Art. 28 Abs. 1 S. 2 in Verbindung mit Abs. 2 GG nicht vereinbar[47], ist aus mehreren Gründen nicht zu halten[48]. Einmal bezieht sich Art. 28 Abs. 1 S. 2 GG ausschließlich auf die Gemeinde- und Kreisebene, nicht dagegen auf Gremien, die unter oder auch zwischen beiden Ebenen liegen[49]. Zum anderen können nach § 82 HGO und § 58 Abs. 3 rh-pf GO gerade keine eigentlichen Gemeindeaufgaben übertragen werden, sondern nur die wenigen Agenden, die weder die Einheit der Kommunalverwaltung tangieren, noch einer aufsichtsbehördlichen Genehmigung bedürfen. Schließlich steht die Wahrnehmung dieser Delegationsmöglichkeit im Ermessen der nach Art. 28 Abs. 1 S. 2 GG unmittelbar gewählten Gemeindevertretung[50, 51], der, wie sich sogleich zeigen wird, auch nach der Delegation durchaus noch Möglichkeiten zur Überwachung und eventuell auch zur Annullierung von Bezirksvertretungsbeschlüssen zur Seite stehen, so daß die Gemeindevertretung das maßgebliche und letztlich für alle örtlichen Angelegenheiten zuständige Organ bleibt[52].

Da § 82 Abs. 3 S. 2 HGO die Bezirksvertretung, soweit auf sie Entscheidungskompetenzen delegiert sind, mit einem beschließenden Ausschuß ebenso gleichsetzt wie § 33 Abs. 1 DVO zu § 46 rh-pf GO, ist in Hessen § 62 HGO und in Rheinland-Pfalz § 46 Abs. 7 rh-pf GO auch auf die Bezirksvertretung anwendbar, was bedeutet, daß[53] die Gemeindevertretung, die den Bezirksvertretungen zur Beschlußfassung delegierten Angelegenheiten jederzeit wieder zurückholen und in eigener Zuständigkeit entscheiden kann[54, 55].

Daneben findet gemäß § 58 Abs. 4 über § 44 rh-pf GO auch das Beanstandungsrecht von Beschlüssen der Gemeindevertretung auf solche der Bezirksvertretungen entsprechende Anwendung[56].

---

47 *Kunze-Schmid*, Erl. II 1 zu § 76 b-w GO.

48 Vgl. auch *Wehgartner*, Bay VBl. 1963, S. 297 (300).

49 *Maunz* in Maunz-Dürig, Rdnr. 22 zu Art. 28 GG.

50 Hierzu allgemein Bay VGH — Beschl.v.31. 3. 1965 — Bay VBl. 1966, S. 61 f.

51 So daß die beschließende Bezirksvertretung ihre Entscheidungskompetenz mittelbar dem Willen der Gesamtbevölkerung in der Gemeinde verdankt (*Zier*, Die Verwaltung der Großstädte, S. 70 f.).

52 *Zier*, Die Verwaltung der Großstädte, S. 70.

53 In Rh-Pf gem. § 124 rh-pf GO.

54 Es sei denn, die Bezirksvertretung hat einen Beschluß bereits in Vollzug gesetzt (*Schuster-Diehl*, Erl. IV 2 zu § 58 rh-pf GO).

55 Ebenso für die bay GO, *Zier*, a.a.O., S. 51 ff.

56 Vgl. ebenso für Bayern, *Zier*, a.a.O., der, wie *Wehgartner*, Bay VBl. 1963, S. 297 (300), auf die Bezirke das befristete Reklamationsrecht aus Art. 32 Abs. 3 bay GO entsprechend anwendet.

II. Die Bezirksverwaltungsstelle

§ 75 Abs. 2 b-w GO und § 57 Abs. 2 rh-pf GO sehen neben der Einrichtung von Bezirksvertretungen für den Sonderfall der Vororte[57] außerdem ausdrücklich die Errichtung von Bezirksverwaltungsstellen vor.

Da aber die interne Behördenorganisation im Rahmen der Gemeindeordnungen der Freiheit des Art. 28 Abs. 2 GG unterfällt, ist auch die Errichtung solcher Verwaltungsstellen in innerstädtischen Bezirken zulässig[58].

Die Bezeichnung Bezirks- oder Ortsverwaltung ist insofern mißverständlich, als es sich gerade nicht um die Verwaltung des Bezirks, sondern vielmehr um eine Verwaltungseinheit der Kommunalverwaltung im Bezirk handelt, die nur räumlich, nicht aber hinsichtlich des Dienstweges von der Zentralverwaltung ausgegliedert (dekonzentriert) ist[59].

Eine Besonderheit enthält § 83 Abs. 1 HGO, der die Bildung von Bezirksdeputationen (auch -kommissionen genannt) vorsieht[60]. Sie können nach dem Ermessen des Gemeindevorstandes — des Magistrats — zur Verwaltung von Angelegenheiten örtlichen Charakters eingerichtet werden. Die Ortskommissionen unterstehen als Hilfsgremium des Gemeindevorstandes, ebenso wie die auf Gemeindeebene gem. § 72 HGO errichteten Kommissionen, dem Magistrat. Ihre Zusammensetzung aus Magistratsmitgliedern oder sonstigen Gemeindebediensteten, die vom Magistrat bestimmt werden, einerseits und vom Ortsbeirat entweder aus seiner Mitte oder, als sachkundige Bürger, aus den Einwohnern des Bezirks Gewählten andererseits, ist hinsichtlich der von jeder Gruppe zu entsendenden Mitgliedern gesetzlich nicht entschieden. Sowohl Magistrat als auch Ortsbeirat können deshalb grundsätzlich beliebig viele Kommissionsmitglieder bestimmen bzw. wählen[61]. Obwohl dem Magistrat untergeordnet, ermöglichen die hessischen Kommissionen eine aktive Einflußnahme der vom Gemeinderat gewählten Orts-

---

[57] Art. 60 Abs. 2 bay GO und § 13 Abs. 2 n-w GO dagegen allgemein.

[58] *Göbel*, Anm. 4 zu § 76 b-w GO.

[59] Vgl. *Kunze-Schmid*, Erl. II 2 zu § 75 b-w GO. Der Gemeindevorstand muß der Bezirksverwaltungsstelle Aufgaben insoweit übertragen als dies die Verantwortung des Gemeindevorstands für die Gesamtleitung der Stadt nicht berührt (*Göbel*, Erl. 2 zu § 75 b-w GO; a. A. *Schuster-Diehl*, Erl. II zu § 59 rh-pf GO; wie hier auch *Denzer*, StKV 1955, S. 69 (70); *Salzmann-Schunck-Hoffmann-Schrick*, Erl. 2 zu § 59 rh-pf GO).

[60] Das ältere Kommunalrecht kannte solche „gemischte Sonderausschüsse mit örtlich begrenzter Zuständigkeit" nach § 62 der Gemeindeordnung für den Freistaat Sachsen vom 1. 8. 1923 i. d. F. d. Bekanntmachung v. 15. 6. 1925 (sächs. GBl. S. 136).

[61] *Munzke-Schlempp*, Erl. III zu § 72 HGO.

beiräte auf die laufenden Geschäfte der den Ortsbezirk betreffenden Verwaltung, im Gegensatz etwa zur rh-pf GO, die den Ortsbeiräten eine solche Einflußnahme auf die dem Bürgermeister unterstehende Ortsverwaltung nicht zubilligt.

Ist den hessischen Ortsbeiräten eine Entscheidungskompetenz eingeräumt, so binden ihre Beschlüsse zwar primär nur den Magistrat, da die ihnen zur Entscheidung übertragenen Angelegenheiten aber von nur bezirksinternem Interesse sind und den Ortskommissionen gerade diese Aufgaben zur Verwaltung übertragen werden können, werden die Kommissionen, allerdings nur über die Vermittlung des Magistrats, in Ausführung von Ortsbeiratsbeschlüssen tätig. Da in Ortskommissionen auch Mitglieder des Ortsbeirates vertreten sind, wird so auch eine Überwachung der Ausführung von Ortsbeiratsbeschlüssen möglich.

III. Der Vorsteher des Bezirks

Während die älteren Gemeindeordnungen zwar einen Ortsvorsteher, nicht aber eine Bezirksvertretung kannten[62], kennt heute den Begriff des Ortsvorstehers nurmehr § 58 Abs. 4 und § 59 Abs. 2 rh-pf GO. Er wird auf Vorschlag oder mit Zustimmung[63] der Bezirksvertretung gewählt und kann sowohl als Haupt- wie als Ehrenbeamter bestallt werden[64]. Daß er der Bezirksvertretung angehören muß, ist aus § 58 Abs. 4 rh-pf GO nicht ersichtlich.

Der Ortsvorsteher führt einmal grundsätzlich den Vorsitz im Ortsbeirat[65], von dem er jedoch jederzeit gem. § 58 Abs. 4 S. 2 rh-pf GO durch den Gemeindevorstand oder dessen Stellvertreter abgelöst werden kann, und leitet gem. § 59 Abs. 2 rh-pf GO die Ortsverwaltung. Man könnte daher auf den ersten Blick glauben, seine Stellung entspräche der des Bürgermeisters nach der in Rheinland-Pfalz realisier-

---

62 Er wurde von den Stadtverordneten aus den stimmfähigen Bürgern des jeweiligen Bezirks auf 6 Jahre gewählt und war als Organ des Magistrats diesem verpflichtet, ihn „namentlich in den örtlichen Geschäften des Bezirks zu unterstützen" (so § 60 der Städteordnung für die 6 östlichen Provinzen der preußischen Monarchie v. 30. 5. 1853 [GS S. 261]; ähnlich § 62 des Gesetzes, betreffend die Verfassung und Verwaltung der Städte und Flecken in der Provinz Schleswig-Holstein vom 14. 4. 1869 [GS S. 589]; § 42 der revidierten Städteordnung für die Provinz Hannover vom 24. 6. 1858 [Hann. GS S. 141]; § 55 der Städteordnung für die Rheinprovinz vom 15. 5. 1856 [GS S. 406]. Dagegen kannte § 65 der Städteordnung für die Provinz Hessen-Nassau vom 4. 8. 1897 [GS S. 254] auch einen Bezirksausschuß).

63 Beide Alternativen sind gleichwertig (*Schuster-Diehl*, Erl. III 1 zu § 58).

64 *Schuster-Diehl*, a.a.O.; a. A. *Salzmann-Schunck-Hoffmann-Schrick*, Erl. 8 zu § 58 rh-pf GO, die dringend nur hauptamtlich Tätige empfehlen.

65 § 58 Abs. 4 rh-pf GO.

ten sogenannten rheinischen Bürgermeisterverfassung. Der Ortsvorsteher ist aber weder Organ des Bezirks, dem eine Organschaft nicht zukommt, noch führt er als Leiter der Bezirksverwaltung Beschlüsse der Bezirksvertretung aus, sondern ist insoweit dem Gemeindevorstand wie jeder andere Vollzugsbeamte unterstellt[66]. Dagegen ist er in seiner Funktion als Vorsitzender der Bezirksvertretung von Weisungen unabhängig[67]. Eine Ähnlichkeit besteht allenfalls insoweit, als der Ortsvorsteher Beschlüsse der Bezirksvertretung, ähnlich wie der Gemeindevorstand solche der Gemeindevertretung, unter bestimmten Voraussetzungen beanstanden kann[68].

Während in Niedersachsen[69] Vorsitzender der Bezirksvertretung der Vorsitzende der Gemeindevertretung ist, und nur dessen Stellvertreter von der Bezirksvertretung selbst gewählt wird, führt in Baden-Württemberg[70] regelmäßig der Gemeindevorstand oder dessen Stellvertreter[71] den Vorsitz. Ähnliches gilt auch für die HGO[72] dann, wenn im Ortsbezirk eine Kommission eingerichtet ist, da der vom Gemeindevorstand gem. § 83 Abs. 3 HGO bestimmte Kommissionsvorsitzende zugleich den Vorsitz in der Bezirksvertretung führt. Besteht keine Kommission, so wählt die Bezirksvertretung ihren Vorsitzenden selbst.

D. Rechtsstellung des Bezirks

Ortsbezirke sind, anders als Gemeinden, in den Flächenstaaten keine Gebietskörperschaften. Ihnen eignet die Fähigkeit, selbständige Träger von Rechten und Pflichten zu sein, mithin Rechtsfähigkeit nicht[73].

Insbesondere können Ortsbezirke aus Art. 28 Abs. 2 GG Rechte nicht herleiten.

---

[66] *Schuster-Diehl,* Erl. III zu § 59 rh-pf GO.

[67] *Schuster-Diehl,* a.a.O.

[68] Die Entscheidung der Aufsichtsbehörde kann er jedoch nicht unmittelbar, sondern nur über den Gemeindevorstand einholen (*Schuster-Diehl,* Erl. IV zu § 58 rh-pf GO.

[69] § 54 Abs. 2 ns GO.

[70] § 76 Abs. 3 b-w GO.

[71] Dieser kann jedoch, ähnlich wie der Ortsvorsteher, zugleich der Leiter der Bezirksverwaltungsstelle sein (*Göbel,* Erl. 3 zu § 76 b-w GO; *Kunze-Schmid,* Erl. III 1 zu § 76 b-w GO), er ist jedoch auch als Vorsitzender an Weisungen des Gemeindevorstands gebunden.

[72] § 82 Abs. 4.

[73] Vgl. *Bauer,* Dezentralisation der Großstadtverwaltung, S. 139; das gilt selbst für die sehr viel stärkere Stellung der Berliner Bezirke (*Uhlitz,* Die Rechtsstellung der Berliner Bezirke, S. 188).

Es ist bereits fraglich, ob der Bezirk rechtlich überhaupt einheitlich erfaßt werden kann. Hierbei ist zu bedenken, daß nach dem Recht der Flächenstaaten Kompetenzen nicht von der Gemeinde auf den Bezirk[74], sondern, wenn überhaupt, von der Gemeindevertretung auf die Bezirksvertretung einerseits und vom Behördenleiter auf die Bezirksverwaltungsstelle andererseits übertragen werden[75]. Nennt man mit Merkl[76] „das Territorium, auf das der örtliche Wirkungskreis eines Verwaltungsorgans abgestellt ist ... seinen Sprengel", so kann der Ortsbezirk nur als Sprengel, der dem kommunalen Behördenleiter unterstehenden Behörden auf Bezirksebene einerseits und als Sprengel der im Bezirk wirkenden Bezirksvertretung, als Delegatar der Gemeindevertretung, andererseits angesehen werden[77]. Es zeigt sich, daß der Bezirk eigentlich zwei Sprengel darstellt, die deckungsgleich sind. Nicht der Bezirk ist daher Träger von Kompetenzen, die er durch verschiedene Organe wahrnähme, sondern Kompetenzträger sind einmal die Bezirksvertretung und zum anderen die Bezirksverwaltungsstelle, deren beider Tätigkeit auf das gleiche Territorium abgestellt ist[78]. Die Bezirksverwaltungsstellen sind als voll in die Gemeindebürokratie integrierte Einheiten[79], denen Aufgaben nicht durch Satzung, sondern nur durch Weisung des kommunalen Behördenleiters übertragen sind, nicht rechtsfähig.

---

[74] Hier stehen die Kommunalorgane auf Bezirksebene, anders als etwa in Berlin (vgl. Art. 50 Abs. 2, 51 Abs. 2, 3 und 4 der Berliner Verfassung vom 1. 9. 1950), unvermittelt nebeneinander und bilden untereinander keine „gebietsbezogene Wirkungseinheit" (*Uhlitz*, a.a.O., S. 193), der als solcher eigene Rechte und Pflichten zugewiesen wären.

[75] Die Bezirke können auch nicht etwa als „fingierte" juristische Personen (*Luckas*, Zentral- und Bezirksverwaltung der Stadt Berlin, S. 54) oder als „Teilrechtsordnung" (*Herz-Brell*, Berliner Stadtverfassungsrecht, S. 9 ff.) aufgefaßt werden, da nicht einzusehen ist, wie durch Gesetz juristische Personen nicht — wie regelmäßig — errichtet, sondern nur fingiert werden könnten (*Uhlitz*, Die Rechtsstellung der Berliner Bezirke, S. 192).

[76] Allgemeines Verwaltungsrecht, S. 321.

[77] Die Bezirksverwaltungsstelle ist dekonzentrierte Gemeindeverwaltung und nicht Vollzugsorgan des Bezirksausschusses und die Bezirksvertretung ebenfalls nicht Bezirks- sondern Gemeindeorgan, da der Bezirk als Sprengel organschaftlich nicht auftreten kann (*Zier*, Die Verwaltung der Großstädte, S. 109, Fußn. 2, S. 110).

[78] Wenn *Püttner*, JR 1966, S. 81, den Bezirk nur der Bezirksverwaltungsstelle zuordnet und der Bezirksvertretung nur eine „politische Gliederung" der Großstadt zuordnet, so ist dem für das geltende Recht der Flächenstaaten aus zwei Gründen zu widersprechen. Einmal nimmt die Bezirksvertretung, sind Entscheidungskompetenzen auf sie delegiert, ebenso wie die delegierende Gemeindevertretung durchaus Verwaltungsaufgaben wahr, zum anderen liegt bei der Bezirksvertretung dann sogar das Hauptgewicht bezirklicher Eigenständigkeit, da sie von der Gemeindevertretung, insbesondere wenn ihre Entscheidungsbefugnisse durch Satzung festgelegt sind, ungleich weniger abhängig ist, als die Bezirksverwaltungsstelle, die ausschließlich den Weisungen des kommunalen Behördenleiters unterworfen ist.

[79] *Kunze-Schmid*, Erl. II 2 zu § 75 b-w GO; *Schuster-Diehl*, Erl. III zu § 59 rh-pf GO; *Zuhorn-Hoppe*, Gemeindeverfassung, S. 125.

Etwas anderes könnte allenfalls für die Bezirksvertretungen gelten, wenn ihnen Aufgaben durch Satzung übertragen sind. Dies ist ausdrücklich nur gem § 54 Abs. 3 ns GO vorgesehen. Nach den Gemeindeordnungen der anderen hier interessierenden Länder erheben sich gegen eine Aufgabenübertragung auf die Bezirksvertretung kraft Satzung im Blick auf eine Entscheidungskompetenz Bedenken, da die Bezirksvertretungen dann regelmäßig die gleiche Rechtsstellung wie beschließende Ausschüsse der Gemeindevertretung einnähmen, diesen aber Aufgaben nur widerruflich, also regelmäßig durch Beschluß übertragen werden können.

Soweit den Bezirksvertretungen Entscheidungsbefugnis durch Satzung übertragen ist, nehmen sie als von der Gemeindevertretung abhängige Tochterorgane eine Organstellung insoweit ein, als sich ihre Entscheidungen nach außen als Entscheidungen der Gemeindevertretung darstellen[80]. Ein Rückholrecht der Gemeindevertretung besteht bei einer solchen Selbstbindung durch Satzung nicht mehr. In diesem Fall ist gegen Beschlüsse der Bezirksvertretung das normale Beanstandungsverfahren, wie gegenüber Beschlüssen von entscheidenden Ausschüssen der Gemeindevertretung möglich[81].

Da hier die Gemeindevertretung die Entscheidung in der fraglichen Angelegenheit nicht mehr an sich ziehen kann, wird man der Bezirksvertretung gegen einen negativen Bescheid der Kommunalaufsichtsbehörde als satzungsmäßigem Delegatar der Gemeindevertretung, die dieser regelmäßig zustehende Prozeßfähigkeit und Aktivlegitimation im Verwaltungsstreitverfahren zubilligen müssen[82].

Entscheidet die Gemeindevertretung bei satzungsmäßig konkretisiertem Anhörungsrecht oder durch Satzung übertragener Entscheidungskompetenz der Bezirksvertretungen unter Satzungsverstoß selbst, so ist die Bezirksvertretung, beanstandet der kommunale Behördenleiter den so zustande gekommenen Beschluß der Gemeindevertretung nicht, im sog. „Kommunalverfassungsstreitverfahren“[83] vor dem Verwaltungsgericht prozeßfähig und aktivlegitimiert.

---

80 *Uhlitz*, Die Rechtsstellung der Berliner Bezirke, S. 188.

81 Vgl. z. B. §§ 46 Abs. 4, S. 3 i. V. m. 44 rh-pf GO; *Schuster-Diehl*, Erl. VI 3 zu § 58 rh-pf GO; *Munzke-Schlempp*, Erl. IV zu § 82 HGO i. V. m. Erl. XII zu § 62 HGO; vgl. auch, für Bayern, *Zier*, Die Verwaltung der Großstädte, S. 39 ff.

82 Vgl. *Schuster-Diehl*, Erl. VI 3 zu § 58 rh-pf GO, die, worin ihnen jedoch nicht gefolgt werden kann, Prozeßfähigkeit und Aktivlegitimation der Bezirksvertretung auch bei Aufgabendelegation durch bloßen Beschluß der Gemeindevertretung annehmen. In diesem Fall bleibt jedoch die Gemeindevertretung, die die Entscheidung jederzeit wieder an sich ziehen kann, zuständig. Daneben kann eine Prozeßfähigkeit und Aktivlegitimation nicht anerkannt werden, die der Bezirksvertretung zustünde.

83 Besser und genauer: „Verwaltungsstreitverfahren im innerorganisato-

Dagegen muß die Möglichkeit einer Klage nach § 47 VwGO, soweit die Länder diese Vorschrift realisiert haben[84], verneint werden, da nach dieser Vorschrift nur Rechts- nicht aber auch Verwaltungsvorschriften zum Gegenstand verwaltungsgerichtlicher Prüfung gemacht werden können. Die Kompetenzen der Bezirksvertretung gründen sich aber allenfalls auf eine Gemeindesatzung[85], und die den satzungsmäßigen Status der Bezirksvertretungen tangierenden Maßnahmen der Gemeindevertretung oder des kommunalen Behördenleiters stehen regelmäßig nur im Range einer Verwaltungsvorschrift, so daß, was gerade ausgeschlossen ist, nach § 47 VwGO regelmäßig Verwaltungsvorschriften zu überprüfen wären.

E. Folgerungen

Die unterschiedliche Regelung, die der Großstadtbezirk durch die einzelnen Gemeindeordnungen der Flächenstaaten erfuhr, läßt sich abschließend wie folgt charakterisieren. Sowohl hinsichtlich der Bestellung der Bezirksvertretung wie auch hinsichtlich deren Aufgaben, wie schließlich im Blick auf das Verhältnis der Bezirksvertretung zur Kommunalbürokratie, steht die Institution des Ortsbezirks zwischen dem einerseits postulierten Ziel einer eigenverantwortlichen Aufgabenerledigung engerer räumlicher Gemeinschaften durch deren Repräsentation selbst[86] und der Befürchtung, die Einheit der Kommunalverwaltung könne durch eine solche Tätigkeit der Bezirke Schaden leiden. Während die niedersächsische Regelung eine Mediatisierung der Gemeinden am wenigsten fürchtet[87], nimmt Nordrhein-Westfalen diese so ernst, daß die n-w GO eine Bezirksvertretung gar nicht errichtet und sich mit Regionalausschüssen der Gemeindevertretung begnügt.

---

rischen Bereich der Kommunen" (*Zuhorn-Hoppe*, Kommunalverfassung, S. 234) wird mit dieser Bezeichnung die Prozeßart genannt, bei der die Verwaltungsgerichte über öffentlich-rechtliche Streitigkeiten innerhalb eines Organs der Gemeinde zu entscheiden haben. Dieses Verfahren ist durch BVerwGE 3, 30 (33) als Verfahren sui generis, das im allgemeinen dem Verfahren bei der Feststellungsklage ähnelt, anerkannt worden. Eine Klage ist zulässig, wenn die Verletzung satzungsmäßiger Mitwirkungsrechte (hier also etwa der Bezirksvertretung auf Anhörung oder Entscheidung) vom Verletzten als möglich dargetan wird. (Zum Ganzen, *Zuhorn-Hoppe*, a.a.O.)

[84] Entgegen *Püttner*, JR 1966, 681 (682).

[85] So gem. § 54 Abs. 3 ns GO.

[86] *Loschelder*, Einführung, S. 20.

[87] Es ist jedoch zu beachten, daß die noch gemäß § 76 der ns GO vom 4. 3. 1955 (GVBl. S. 55) vorgesehene Möglichkeit der Bezirke, Haushaltsmittel zur selbständigen Bewirtschaftung zugewiesen zu erhalten, durch die Neufassung des 5. Abschn. durch Ges. v. 18. 4. 1963 abgeschafft wurde.

Die Gemeindeordnungen Baden-Württembergs, Rheinland-Pfalz's, Hessens und Bayerns[88] sind dagegen bestrebt, beide in nuce gegenläufigen Prinzipien in Einklang zu bringen. Dies suchen sie dadurch zu erreichen, daß sie die Bezirksvertretungen nur mittelbar durch die Gemeindevertretungen wählen lassen, ihnen Entscheidungsbefugnisse entweder gar nicht[89] oder aber nur in solchen Lapalien zubilligen, die die Einheit der Kommunalverwaltung auch nicht entfernt berühren können, sowie schließlich durch den Ausschluß jedwelchen direkten Weisungs- und Überwachungsrechts gegenüber der Kommunalbürokratie auf Bezirksebene, den sogenannten Bezirksverwaltungsstellen. Zudem wird regelmäßig der Begriff der für den Bezirk „wichtigen Aufgaben", zu denen die Bezirksvertretung zu hören ist, durch die Gemeinden sehr restriktiv konkretisiert[90].

Inwieweit diese Ausgestaltung der Bezirke geeignet ist, das mit ihrer Errichtung intendierte Ziel einer Aktivierung bürgerschaftlichen Engagements in der kommunalen Selbstverwaltung zu erreichen, soll hier noch dahinstehen[91]; vielmehr wollen wir die Stellung der Bezirke zwischen der Notwendigkeit einer einheitlichen Kommunalverwaltung und der Maxime einer Aktivierung der Bürgerschaft für Gemeindeangelegenheiten, wie sie im Vorstehenden bei der Darstellung der landesrechtlichen Regelungen deutlich wurde, zum Anlaß nehmen, anhand dieses Beispiels das Verhältnis zwischen Verwaltungsegalität und Demokratie im Selbstverwaltungsbereich zu erörtern.

F. Zusammenfassung zu § 1

1. Von den Gemeindeordnungen der Flächenstaaten der Bundesrepublik sehen die Baden-Württembergs, Bayerns, Hessens, Niedersachsens, Nordrhein-Westfalens und Rheinland-Pfalz's in größeren Städten die Möglichkeit der Errichtung von Ortsbezirken vor.
2. Ortsbezirke sollen die organisatorischen Bedingungen für eine verstärkte bürgerschaftliche Teilnahme an der kommunalen Selbstver-

---

88 Da Art. 60 bay GO keine nähere Auskunft gibt, beziehe im mich insoweit auf die oben erwähnten Satzungen der Stadt München.

89 Baden-Württemberg, in der Praxis auch Rheinland-Pfalz, Hessen und Niedersachsen.

90 Vgl. *Loschelder*, Einführung, S. 22, der darauf hinweist, daß gerade in Großstädten die Neigung, eine dekonzentrierte Verwaltung einzurichten, nicht stark ist, „weil man offenbar die Verwaltungserschwerung, die eine derartige Maßnahme im Gefolge hat, für größer hält, als den Gewinn, der sich daraus für den Gedanken der Selbstverwaltung ergeben könnte".

91 Hierzu s. u. § 2 C.

waltung bilden. Sie suchen diese durch eine institutionelle Politisierung vorgegebener Gemeindeuntergliederungen zu erreichen.

3. In den Bezirken sind (mit Ausnahme von Niedersachsen, wo unmittelbar gewählt wird) von der Gemeindevertretung aus der im Bezirk wohnhaften Bevölkerung gewählte Bezirksvertretungen tätig. Diese nehmen (mit Ausnahme von Nordrhein-Westfalen, wo Bezirksausschüsse normale Ausschüsse der Gemeindevertretung mit regionalem Wirkungsbereich sind) eine Zwischenstellung zwischen Ausschuß und Repräsentationsorgan ein.

4. Die Gemeindeordnungen sehen neben einem Beratungs- und Anhörungsrecht der Bezirksvertretung durch die Gemeindevertretung und den Gemeindevorstand, z. T. eine, praktisch jedoch nirgends verwirklichte, Entscheidungskompetenz der Bezirksvertretung über durch die Gemeindevertretung auf sie delegierte Angelegenheiten von bezirksspezifischem Interesse vor.

5. Die Gemeinde kann in Bezirken Bezirksverwaltungsstellen errichten, die jedoch mit der Bezirksvertretung nicht korrespondieren und ausschließlich dem Behördenleiter der Gemeinde unterstehen.

   Eine Ausnahme bilden die in Hessen vorgesehenen Bezirksdeputationen, der neben Kommunalbeamten u. a. auch Mitglieder der Bezirksvertretung und andere im Bezirk wohnhafte Bürger angehören können.

6. Nur die Gemeindeordnung in Rheinland-Pfalz kennt einen eigenen Bezirksvorsteher; er wird unter Mitwirkung der Gemeindevertretung, des Gemeindevorstands und der Bezirksvertretung bestellt.

7. Der Ortsbezirk ist rechtlich als Sprengel der Bezirksvertretung, wenn ihr Entscheidungskompetenzen eingeräumt sind, einerseits und als Sprengel der Bezirksverwaltungsstelle andererseits zu qualifizieren. Er ist keine Gebietskörperschaft und nicht rechtsfähig. Prozessual kann im Bezirk nur die Bezirksvertretung im Kommunalverfassungsstreitverfahren legitimiert sein und auch das nur soweit ihre Kompetenzen satzungsmäßig fixiert sind. Auch eine Aktivlegitimation zu einer Klage nach § 47 VwGO scheidet aus.

8. Insgesamt gesehen, nehmen die Ortsbezirke, wie sie in den Gemeindeordnungen der Länder vorgesehen sind, eine Zwischenstellung zwischen der Maxime, engere kommunalinterne Einheiten für deren spezifische Angelegenheiten zu aktivieren, einerseits und dem Grundsatz kommunalinterner Verwaltungsegalität andererseits ein.

Exkurs I: Ähnliche Erscheinungsformen in Bayern und Baden-Württemberg

Das Ziel, das die Errichtung von Großstadtbezirken zu erreichen intendiert, die Aktivierung bürgerschaftlicher Teilnahme an den kommunalen Selbstverwaltungsangelegenheiten, wird, teils in Verbindung mit den Bezirken, teils von ihnen unabhängig, auch von anderen Institutionen des Landesrechts angestrebt.

Im Folgenden soll deshalb kurz auf die in Baden-Württemberg vorgesehene sog. unechte Teilortswahl der Gemeindevertretung und auf die der bay GO bekannten Ortschaftsverwaltungen eingegangen werden.

1. Die unechte Teilortswahl in Baden-Württemberg

Um die Bewohner voneinander getrennter Wohnbezirke näher an die Kommunalverwaltung heranzuführen, sieht § 27 Abs. 2 b-w GO[1] neben der Errichtung von Bezirksbeiräten in diesen Gemeindeteilen fakultativ eine, durch die Klammerdefinition des Gesetzes sogenannte, unechte Teilortswahl der Gemeindevertretung vor. Zwar wählt nicht die Bevölkerung je eines Bezirks jeweils eigene Bewerber — insoweit ist die Teilortswahl unecht —, die Bewerber der verschiedenen politischen Gruppen sind aber nach ihren Wohnbezirken getrennt auf-

---

[1] § 27 b-w GO:

(1) Die Gemeinde bildet das Wahlgebiet.

(2) In Gemeinden, die aus mehreren räumlich voneinander getrennten Wohnbezirken bestehen, kann durch die Hauptsatzung bestimmt werden, daß die Sitze im Gemeinderat nach einem bestimmten Zahlenverhältnis mit Vertretern der verschiedenen Wohnbezirke zu besetzen sind (unechte Teilortswahl). Die Bewerber müssen im Wohnbezirk wohnen. Bei der Bestimmung der auf die einzelnen Wohnbezirke entfallenden Anzahl der Sitze sind die örtlichen Verhältnisse und der Bevölkerungsanteil zu berücksichtigen. Das Recht der Bürger zur gleichmäßigen Teilnahme an der Wahl sämtlicher Gemeinderäte wird hierdurch nicht berührt.

(3) Bei unechter Teilortswahl sind die Bewerber in den Wahlvorschlägen getrennt nach Wohnbezirken aufzuführen. Die Wahlvorschläge dürfen für jeden Wohnbezirk nur so viele Bewerber enthalten, wie für den einzelnen Wohnbezirk nach der Hauptsatzung Vertreter zu wählen sind. Findet Verhältniswahl statt, kann der Wahlberechtigte für den einzelnen Wohnbezirk Bewerber, die auf anderen Wahlvorschlägen als Vertreter für den gleichen Wohnbezirk vorgeschlagen sind, übernehmen und einem Bewerber so viele Stimmen geben, wie für den Wohnbezirk Vertreter zu wählen sind, höchstens jedoch 3 Stimmen.

(4) Findet bei unechter Teilortswahl Mehrheitswahl statt, muß der Stimmzettel erkennen lassen, welche Personen der Wahlberechtigte als Vertreter der einzelnen Wohnbezirke in den Gemeinderat wählen wollte; der Stimmzettel darf für den einzelnen Wohnbezirk nur so viele Namen enthalten, wie für diesen Wohnbezirk Vertreter in den Gemeinderat zu wählen sind.

zuführen, und der Gemeinderat ist nach einem Schlüssel, der der Bevölkerungsdichte der einzelnen Wohnbezirke entspricht, zu besetzen.

Durch diese Regelung wird gem. § 27 Abs. 2 S. 4 b-w GO der Grundsatz einer gleichmäßigen Teilnahme aller Bürger an der Wahl aller Gemeinderäte nicht durchbrochen, da alle Gemeindebürger unter allen Bewerbern wählen. Der Wähler darf allerdings für die Bewerber eines jeden Wohngebietes nur so viele Stimmen abgeben, wie in dem jeweiligen Bezirk Bewerber zu wählen sind und darf Kandidaten von Wahlvorschlägen verschiedener politischer Gruppen nur insoweit auf seinem Stimmzettel mischen (panaschieren), als sie für den gleichen Wohnbezirk kandidieren. Hiernach wird das System des Verhältniswahlrechts[2] insoweit modifiziert, als in einem Bezirk Bewerber mit geringerer Stimmzahl gewählt sein können, als Bewerber, auf die ein höherer Stimmenanteil entfiel, die jedoch in einem anderen Bezirk kandidierten. Zwar begründet dieser Wahlmodus für den Gemeinderat kein imperatives Mandat (vgl. § 32 Abs. 3 b-w GO), die Regelung bezweckt jedoch, ähnlich wie die Errichtung von Bezirksvertretungen, die Bewohner vorhandener engerer Wohneinheiten, als gegenüber der Gesamtgemeinde gesonderte, politisch zu artikulieren. Die aus einem bestimmten Bezirk gewählten Kandidaten erscheinen deshalb auch, trotz garantierter Unabhängigkeit bei der Mandatsausübung, jeweils als Vertreter der gesonderten Einheiten. Ebenso wie die Regelung der Bezirksvertretungen steht die der unechten Teilortswahl im Spannungsfeld zwischen Gemeindeeinheit und politischer Aktivität auf unterkommunaler Ebene. Insoweit stellt sich die unechte Teilortswahl als neben Bezirksvertretung und Bezirksverwaltungsstelle dritter Weg zur Politisierung „engerer Gemeinschaften" unterhalb der Gemeindeebene dar[3]. Da die unechte Teilortswahl, ebenso wie die unter § 1 erörterten landesrechtlichen Institutionen, zur Belebung kommunaler Selbstverwaltung an engere Gemeinschaften innerhalb der Gemeinde, indiziert durch abgesonderte Wohnviertel, anknüpfen, dabei aber eben-

---

[2] Nur in Ausnahmefällen, etwa wenn kein oder nur ein gültiger Wahlvorschlag vorliegt (*Göbel*, Erl. 7 z. § 27 b-w GO) findet Mehrheitswahl statt.

[3] Vgl. hierzu auch *v. Leyden*, Das Problem der Großgemeinde, S. 47 und *Hofmann*, in: Die politische und administrative Gliederung, S. 103 (104 f.), die eine echte Teilortswahl in der Art, daß die bezirksweise gewählten Stadtverordneten für die so von ihnen vertretenen Bezirke ausschließlich zuständig sein sollen, für einen tauglichen Weg zur Dezentralisierung halten. Hierzu ist zu bemerken, daß dieses Vorgehen einmal die allgemein in der Großstadt vorhandene Repräsentationsverdünnung nicht behebt, eine bürgerschaftliche Verwaltungsmitwirkung zwischen den Wahlakten nicht ermöglicht und schließlich den Stadtverordneten neben ihrer Ausschußtätigkeit noch weitere, sich mit dieser überschneidende Aufgaben aufbürdet, was weder zu einer verstärkten Veröffentlichung der kommunalen Verwaltung noch infolgedessen zu einer stärkeren demokratischen Verwaltungsüberwachung tauglich sein kann.

so wie die erwähnten Regelungen Ausdruck der Spannung zwischen Verwaltungsegalität einerseits und Bezirksrepräsentation andererseits sind, ist sie diesen insoweit durchaus vergleichbar und einer gesonderten Kritik nicht bedürftig.

2. Die bayerischen Ortsausschüsse

Art. 66 bay GO[4] sieht in ehemaligen Ortschaften die Errichtung von Ortsausschüssen vor, die neben der „Erörterung örtlicher Angelegenheiten" insbesondere an der Verwaltung des früheren Ortschaftsvermögens mitwirken sollen .

Es handelt sich bei diesen Ortschaften nicht um gemeindeähnliche Körperschaften mit universellem Wirkungskreis sondern, da sie sich primär an der Verwaltung des Vermögens der ehemals selbständigen Ortschaft beteiligen, um zwecksverbandsähnliche Gebilde[5]. Sie sind Zweckverbänden insoweit vergleichbar, als sie sich nicht aller die Ortschaft betreffenden Angelegenheiten annehmen, sondern auf den spezifischen Zweck der Vermögensverwaltung beschränken. Andererseits steht ihnen das Vermögen der aufgelösten Gemeinde nicht mehr zu, da diese ihren Rechtsnachfolger in der Gemeinde fand, in der sie als Ortschaft aufging[6].

Diese Verwaltungsbeteiligung der ehemaligen Ortschaften ist von dem, unter § 1 gezeigten, von manchen Gemeindeverordnungen vorgesehenen, Anhörungsrecht von Großstadtbezirken hinsichtlich der den Bezirk betreffenden Ansätze im Gemeindehaushaltsplan durchaus zu unterscheiden. Sie hat nicht eine Mitbestimmung über die kommunale Aufgabenwahrnehmung, soweit sie die Ortschaft betrifft, zum Gegenstand, sondern ausschließlich die Mitwirkung bei der Verwendung einer bestimmten Vermögensmasse im Rahmen der Gesamtgemeindeaufgaben (zu denen auch die früheren Pflichtaufgaben der Gemeindeteile zu

---

[4] Art. 66 bay GO:

(1) In den ehemaligen Ortschaften können zur Erörterung örtlicher Angelegenheiten und besonders zur Mitwirkung bei der Verwaltung früheren Ortschaftvermögens Ortsausschüsse gebildet werden.

(2) Das Nähere regelt eine Gemeindesatzung.

[5] So schon für die dalmatinischen Gemeindefraktionen gem. §§ 22—28 der alten dalmatinischen GO, die württembergischen Teilgemeinden nach dem Ges. v. 17. 9. 1853 und für die oldenburgischen Ortschaften gem. Art. I § 3 der old. GO. *Blodig*, Selbstverwaltung als Rechtsbegriff, S. 109, wo er diesen Gemeindeuntergliederungen, die sogar rechtsfähige Selbstverwaltungskörper waren, die der Ortsgemeinde eignende „Allgemeinheit des Zwecks" abspricht und sie als Zweckverbände (S. 275) den als Spezialgemeinden bezeichneten Holzmark-, Weinberg- u. Brunnengenossenschaften gleichsetzt (S. 110).

[6] Vgl. hierzu bereits Art. 28 des (bay) Selbstverwaltungsgesetzes vom 22. 5. 1919 (GVBl. S. 239).

zählen sind) zu deren Erfüllung das Ortschaftsvermögen im Regelfall gem. Art. 67 Abs. 2 bay GO zu verwenden ist.

Der weitere Zweck der Ortsausschüsse, örtliche Angelegenheiten zu erörtern, räumt ihnen Kompetenzen nicht ein und macht sie insoweit nur zu einer Art ständiger Diskussions- und Informationsplattform.

Die bayerischen Ortsausschüsse haben so eine rein restaurative Intention: Sie bezwecken keine Aktivierung bürgerschaftlichen Interesses an den Angelegenheiten der Gemeinde, sondern restaurieren durch die Entwicklung überholte, aus einem ehemaligen Vermögen fließende Verfügungsrechte.

Sie können daher, als im Rahmen der vorliegenden Arbeit unbeachtlich, künftig außer acht gelassen werden.

§ 2 Die Selbstverwaltung auf kommunaler und unterkommunaler Ebene

Um die vorstehend dargestellten landesrechtlichen Regelungen zur Belebung des Selbstverwaltungsgedankens in größeren Städten kritisch würdigen zu können, bedarf es eines näheren Eingehens einmal auf die Verfassungsinstitution der kommunalen Selbstverwaltung und zum anderen auf Realisierungsmöglichkeiten ihres Grundgedankens auf unterkommunaler Ebene.

A. Der Begriff der kommunalen Selbstverwaltung

Herkömmlicherweise wird der Selbstverwaltungsbegriff in eine Selbstverwaltung im Rechtssinne, auch körperschaftliche Selbstverwaltung genannt[1], und eine staatsbürgerliche, bürgerschaftliche[2], untergliedert[3].

Dieser Unterscheidung entspricht eine verschiedene Betrachtungsweise der Gemeinde als Einwohnergemeinde und als Bürgergemeinde[4]. Im Gegensatz zu dieser begrifflichen Differenzierung entspricht jedoch gerade das Zusammenspiel beider Prinzipien dem herkömmlichen Bild der deutschen Gemeinde[5]. Es wird zu zeigen sein, daß sich unter der Herrschaft des Grundgesetzes auch eine begriffliche Trennung im überkommenen Sinne nicht halten läßt.

---

[1] Da die Selbstverwaltung im Rechtssinne bei den Kommunen auf deren Rechtsfähigkeit als Gebietskörperschaften, mit dem Recht zu eigenverantwortlicher Wahrnehmung von Verwaltungsaufgaben abstellt (*Peters*, Grenzen, S. 36), soll im folgenden dieser Begriff *Ziebills* (Bürgerschaftl. Verwaltung, S. 22) verwandt werden.

[2] Auch diesen Begriff *Ziebills* (a.a.O., S. 8) übernehme ich.

[3] Ausgehend von *Rosin*, Souveränität, S. 305 ff.; *Peters*, Grenzen, S. 6.

[4] Diese Unterscheidung kommt in den Gemeindeordnungen nurmehr rudimentär zum Vorschein, da die Einwohner einer Gemeinde nach 3 Monaten (Hess., ns, n-w, schl-holst. GO), nach 6 Monaten (bay, rh-pf GO) oder 1 Jahr (b-w GO) automatisch das Bürgerrecht erhalten.

[5] *Elleringmann*, Grundlagen, S. 16.

I. Die körperschaftliche Selbstverwaltung

Dieser Teilaspekt kommunaler Selbstverwaltung kann nochmals unter einem formalen und einem materialen Blickwinkel unterteilt werden[6]. Während der formale Begriff nur auf „die Führung öffentlicher Verwaltung durch vom Staat verschiedene juristische Personen des öffentlichen Rechts" abstellt[7], beinhaltet der materiale Begriff das Objekt der kommunalen Selbstverwaltung, die eigenverantwortliche Wahrnehmung von öffentlichen Aufgaben der örtlichen Gemeinschaft[8].

Ist der formale Begriff, wie er oben definiert wurde, unstreitig, so herrscht im Gegensatz dazu Streit über die Natur der den Gemeinden zu eigenverantwortlicher Wahrnehmung zustehenden Aufgaben. Da von der Bestimmung des materialen Selbstverwaltungsbegriffs zugleich auch die Stellung der Gebietskörperschaft Gemeinde zum Staat, d. h. ihre Eingliederung oder bloße Angliederung, abhängt, zeigt sich, daß die körperschaftliche Selbstverwaltung ihre wesentliche Ausprägung durch die von ihr wahrzunehmenden Aufgaben erhält.

Je nachdem nämlich die den Gemeinden als eigene zustehenden Aufgaben als natürliche, dem Staat vorgegebene, oder als vom Staat übertragene angesehen werden[9], steht die kommunale Selbstverwaltung unter oder neben der Staatsverwaltung, ist also die diese Aufgaben wahrnehmende Gebietskörperschaft in den Staat integriert oder steht ihm gegenüber. Das gilt auch dann, wenn die Qualifizierung der Gemeindeaufgaben als vom Staat übertragene aus der Natur des Verwaltungssubjekts als Gebietskörperschaft herzuleiten versucht wird[10], da dann die Gebietskörperschaften nur zum Zwecke der Wahrnehmung staatlicher Aufgaben eingerichtet wurden[11], d. h. aber, daß letztlich eben auch hier das Verwaltungsobjekt die Stellung des verwaltenden Subjekts determiniert[12].

Ist so die Natur der Gemeinde als Gebietskörperschaft, d. h. als landesunmittelbaren, dem Bund gegenüber mediatisierten Rechtssubjekts[13] nicht weiter problematisch, so ist doch im Folgenden näher auf die Natur der Selbstverwaltungsaufgaben, die das primäre Kriterium kommunaler Selbstverwaltung darstellen, einzugehen.

---

6 *Becker,* HBkWP I, S. 120.

7 *Peters,* Lehrbuch, S. 287.

8 *Becker,* a.a.O.

9 Zu dieser Unterscheidung: *Peters,* a.a.O., S. 286 f.

10 z. B. *Elleringmann,* Grundlagen, S. 26, 39.

11 *Elleringmann,* a.a.O., S. 39.

12 Vgl. bereits *Lorenz v. Stein,* Verwaltungslehre, Theil I, S. 225.

13 *Köttgen,* Die Gemeinde und der Bundesgesetzgeber, S. 13 f.; *Berkendorff,* Bund und Gemeinden, S. 31.

1. Die eigenen Angelegenheiten der Gemeinde als Angelegenheiten dezentralisierter Staatsverwaltung

Der aus dem französischen Verfassungsrecht übernommene Begriff der Dezentralisation meint die Übertragung von dem Staat eo ipso vorgegebenen Aufgaben möglichst weit von ihrem eigentlichen Mittelpunkt weg, auf Stellen, die mit dem Zentrum in einem nur loseren Zusammenhang stehen[14]. Es gilt jedoch zu beachten, daß dem Begriff der Dezentralisation keine juristische Begriffsschärfe eignet, da er aus den Erfahrungen der Verwaltungsorganisationslehre gewonnen wurde[15] und ihm deshalb selbst in Frankreich die Mehrdeutigkeit eines Schlagwortes anhaftet[16].

Nicht zuletzt aus diesem Grund muß eine Auslegung des Art. 28 Abs. 2 GG, wonach die Gemeinden alle Angelegenheiten der örtlichen Gemeinschaft im Rahmen der Gesetze in eigener Verantwortung wahrzunehmen berechtigt sind, aus einem abstrakt vorgegebenen Apriori, das den Einheitsstaat als Normalform des Staates betrachtet und von ihm die Grundbegriffe ableitet, die man als logische Grundkategorien des Staatsrechts schlechthin ausgibt[17], Bedenken begegnen[18]. Der Wortlaut des Art. 28 Abs. 2 GG berechtigt zwar zu dem Schluß, das Grundgesetz habe den Kommunen keinen gegenständlich umgrenzten Bereich ausgespart[19]. Aus diesem Befund ließe sich jedoch nur dann die Folgerung ziehen, die Angelegenheiten der Gemeinden würden deshalb notwendig von den Ländern im Wege der Dezentralisation ländereigener Aufgaben bestimmt[20], wenn in Art. 28 Abs. 2 GG nur „kommunale Selbstverwaltung" garantiert wäre, ohne daß dieser Begriff

---

14 *Peters*, Zentralisation und Dezentralisation, S. 4.

15 *Popitz*, Zentralismus und Selbstverwaltung, S. 329.

16 *Riviero*, Dezentralisation in der Verwaltung, S. 3.

17 *Kägi*, Persönliche Freiheit, Demokratie und Föderalismus, S. 58, der weiterfährt: „Der Einheitsgedanke — das geschlossene System — wird zum obersten Anliegen eines Denkens, das von seinen Voraussetzungen her unfähig ist, dualistische und pluralistische Strukturen adäquat zu erfassen."

18 Vgl. auch *Köttgen*, Verw. Arch., 44, S. 1 (3), wo er diesen Begriff als entwicklungsbedingt bezeichnet, der, wenn man ihn von der realen Gegebenheit loslöst und als logisch notwendig ansieht, jede Prägnanz verliert; weiterhin, *v. Hippel*, Zur Problematik der Grundbegriffe, S. 23.

19 *Köttgen*, Föderalismus und Dezentralisation, S. 305.

20 *Köttgen*, Föderalismus und Dezentralisation, S. 300. Gegen einen solchen Schluß von der Schwierigkeit der Abgrenzung auf das Nichtvorhandensein einer Grenze (hier: zwischen Angelegenheiten des Landes und solchen der kommunalen Selbstverwaltung); vgl. bereits *C. Schmitt*, Freiheitsrecht und institutionelle Garantien, S. 147 ff. und *Weber*, Staats- und Selbstverwaltung, S. 51. Da eine Abgrenzung kommunaler Aufgaben der Sache nach nicht möglich sei, wird (vgl. etwa *Köttgen*, HBkWP I, S. 214) und insbes. *Scheuner*, Die institutionellen Garantien des GG, S. 100, auf die durch die vorkonstitutionelle Praxis als „Wesenskern" herausgebildeten Verwaltungsmaterien zurückgegriffen.

zugleich auch definiert wäre, da dann die Vermutung naheläge, das Grundgesetz garantiere eine von ihm vorgefundene Institution. Die bei weitem h. M.[21] nimmt dies in einer Gleichsetzung des Art. 28 Abs. 2 GG mit Art. 127 WV, der nur schlicht „Selbstverwaltung" gewährleistet, an und gewinnt aus dem Begriff der institutionellen Garantie[22] die eigentlichen Kriterien der Auslegung des Art. 28 Abs. 2. Es ergibt sich so folgende Identifikationsreihe: Art. 28 Abs. 2 GG = Institutionelle Garantie der Selbstverwaltung = Art. 127 WV = institutionelle Garantie[23] = die von der WV vorgefundene Selbstverwaltung[24, 25].

Nun ist jedoch darauf hinzuweisen, daß das GG nicht einfach „kommunale Selbstverwaltung" als nur aus überkommenen Kriterien faßbare[26] Institution garantiert, sondern den Begriff der Selbstverwaltung in Art. 28 Abs. 2 vielmehr definiert und damit zugleich konstituiert[27], so daß ein Zurückgreifen auf vorkonstitutionelle Gegebenheiten grundsätzlich ausgeschlossen[28] und nur dann möglich ist, wenn

---

[21] Vgl. etwa *Maunz-Dürig*, Rdnr. 97 zu Art. 1 GG; *Hamann*, Erl. A 2 zu Art. 28; *Wernicke*, BK, Erl. II a zu Art. 28; *Becker*, HBkWP I, S. 140; *Köttgen*, HBkWP I, S. 213 ff. und: Die Gemeinde und der Bundesgesetzgeber, S. 13 ff. u. S. 37 ff.; *Weber*, Staats- und Selbstverwaltung, S. 36; *Koellreutter*, Deutsches Staatsrecht, S. 65; *Gönnenwein*, Gemeinderecht, S. 28 f., der jedoch von einer „grundrechtsähnlichen Freiheitssphäre" spricht.

[22] So mit Recht die h. M. zu Art. 127 WV. Vgl. *C. Schmitt*, Verfassungslehre, S. 171 und: Freiheitsrechte u. inst. Gar., S. 149; *Peters*, Grenzen, S. 42; *Becker*, Gemeindliche Selbstverwaltung I, S. 309 f. In schroffem Gegensatz hierzu entnimmt *Stier-Somlo*, AöR 56, S. 1 (23) aus Art. 127 WV nicht nur eine grundrechtliche Selbstverwaltungsgarantie, sondern darüber hinaus auch eine Existenzgarantie der einzelnen Gemeinde.

[23] Hierzu insbes. *C. Schmitt*, Verfassungslehre, S. 170 ff. u. Freiheitsrechte u. inst. Gar., S. 149; *Klein*, Institutionelle Garantien, S. 128 f.

[24] Vgl. hierzu die bei *Forsthoff*, Die öffentliche Körperschaft im Bundesstaat, S. 101, angeführten Materialien, die zeigen, daß der Weimarer Verfassungsgeber mit „Selbstverwaltung" den Tatbestand umschreiben wollte, der in den Länderverfassungen vordem galt. Vgl. auch *C. Schmitt*, Freiheitsrechte und inst. Gar., S. 149.

[25] Diesen Zusammenhang verkennt *Geidel*, Die gemeindliche Selbstverwaltung im Verhältnis zur Demokratie, S. 47, der in der institutionellen Garantie den Schutz eines Wesenskerns der Selbstverwaltung sieht, diesen überkommenen „Wesenskern" aber gerade im Gegensatz zur „mittelbaren Staatsverwaltung" erfassen will.

[26] Zu dieser „erhaltenden", „konservierenden" Funktion der institutionellen Garantie vgl. *Klein*, Institutionelle Garantien, S. 130.

[27] Da die Regelung des Art. 28 Abs. 2 GG im Gegensatz zu Art. 127 WV „mittelbar verfassungsorganisatorischen (-konstruktiven, -konstitutiven) Charakters" (*Klein*, Inst. Gar., S. 165) ist, erfüllt sie auch die von *Klein*, (a.a.O.) aufgestellte Definition einer inst. Gar. nicht.

[28] Dies beruht auf der in der Verfassungsnorm beschlossenen Vermutung, sie setze die Geltung vorkonstitutioneller Grundnormen außer Kraft. Zu dieser „negativ - derogatorischen" Funktion der Verfassungsnormen vgl. *Wolff*, Rechtsgrundsätze u. verfassungsgestaltende Grundentscheidungen, S. 50 u. Württ.-Bad. VGH, Verw. Rspr. 4, S. 168. Vgl. demgegenüber *C. Schmitt*, Verfassungslehre, S. 97, wo er eine überkonstitutionelle Kontinuität des

eine Auslegung der Selbstverwaltung, so wie sie vom GG definiert ist, nicht zu hinreichenden Kriterien führt[29]. Zwar ist der Begriff der Gemeinde in Art. 28 Abs. 2 GG, da nicht näher ausgeführt, nur aus dem überkommenen Gemeindebild verständlich, nach dem sich die Gemeinde als landesunmittelbare Körperschaft darstellt. Ein Schluß von der Rechtsnatur der Gemeinde auf die Natur der von ihr wahrzunehmenden Aufgaben[30] ist jedoch, da dieser Aufgabenbereich im Grundgesetz, im Gegensatz zu seinem Träger unmittelbar definiert und garantiert ist, nicht vollziehbar[31]. Diese Erwägung wird gestützt durch einen Blick auf die vom Grundgesetz allgemein verfolgte Methode, zwischen der Konstituierung der Aufgabenträger[32] und der diesen zugeordneten Aufgaben scharf zu trennen[33] und die Aufgaben selbst nicht durch minutiöse Aufzählung, sondern vielmehr — zur Wahrung einer gewissen Flexibilität — durch weitgefaßte Zuständigkeitsvermutungen zuzuordnen, die andere Aufgabenträger nur unter bestimmten Voraussetzungen widerlegen können[34].

Da das GG als Konstituante nicht einen eigenwertig vorgegebenen Staat organisiert, oder gar der Staat sich selbst, aus eigenem Recht

Staates bejaht und so zu einer Verfassungsinterpretation gelangt, die von einer vorgegebenen Staatssouveränität ausgeht und so einem Verfassungsverständnis, das den Bereich der Staatlichkeit nur aus der staatskonstituierenden Verfassung entnimmt, entgegen stehen muß (*Schmitt*, a.a.O., S. 305).

29 Vgl. zu diesem Fragenkreis eingehend *Seibert*, Die Gewährleistung gemeindlicher Selbstverwaltung durch das GG, S. 99 ff. und insbes. S. 168 ff. Weshalb *Köttgen*, HBkWP I, S. 213, im Falle des Art. 28 Abs. 2 GG eine Auslegung anhand der herkömmlichen Auslegungsregeln als „revolutionär" ablehnt, bleibt unerfindlich. Wie hier auch *Lerche*, Verfassungsfragen um Sozialfürsorge, S. 104.

30 Vgl. *Elleringmann*, Grundlagen, S. 39.

31 Vgl. demgegenüber *Forsthoff*, Die öffentliche Körperschaft im Bundesstaat, S. 102 f. und: Krise, S. 24, der unter dem Begriff „Selbstverwaltung" in Art. 127 WV nicht einen materiellen Wirkungsbereich der Kommunen, sondern vielmehr den bestimmten Organisationstypus Gemeinde als öffentlich-rechtliche Körperschaft versteht (vgl. weiter die o. Fußn. 22 Genannten). Dagegen weist bereits *C. Schmitt*, Freiheitsrechte u. inst Gar., S. 149, darauf hin, daß es „keineswegs zu den Erfordernissen einer institutionellen Garantie (gehört), daß ein öffentlich-rechtliches Rechtssubjekt besteht", daß also die in Art. 127 WV institutionell garantierte Selbstverwaltung von der Garantie der Gemeinde als Träger dieser Institution zu trennen ist (ebenso *Klein*, Institutionelle Garantien, S. 171).

32 Hier: die institutionell gegenüber den Ländern garantierten Gemeinden.

33 Wobei es primär auf die Differenzierung der Funktionen ankommt; vgl. *Lerche*, Verfassungsfragen, S. 32 f.

34 Vgl. etwa Art. 30, 70, 72 u. 83 GG für die Kompetenzverteilung zwischen Bund und Ländern. Aus der Tatsache, daß in diesen Normen den Ländern Aufgaben nicht katalogmäßig zugeordnet sind, ergibt sich noch nicht, daß der Bund bei ihrer näheren Umgrenzung wie bei eigenen Aufgaben nach freiem Ermessen verfahren könnte (vgl. etwa hinsichtlich d. Art. 72 Abs. 2 GG BVerfGE 13, 230 (233 f.) und 13, 237 (239), wo die Bindung des Bundesgesetzgebers an den in Art. 72 Abs. 2 GG enthaltenen Beurteilungsspielraum betont wird).

lebend, über die Verfassung qua Autolimitation gliedert[35], sondern da es den Staat in dessen Exekutiv-, Jurisdiktions- und Legislativfunktion in Bund und Ländern erst verfaßt[36], kann in einem solchermaßen verfaßten Staat ein Organisationsmodell, das von einer fiktiven Zentrale ausgeht, zur Erhellung verfassungsmäßiger Aufgabenverteilung nicht herangezogen werden. Der Begriff der Dezentralisation impliziert in einem — vertikal und horizontal — funktionsteilig verfaßten Staat regelmäßig eine Präponderanz der räumlich weiteren Gliederung als einer fiktiven Zentrale und wird so der Gleichwertigkeit, in der räumlich weitere und engere Gliederungen hinsichtlich ihrer Aufgaben verfaßt sind, nicht gerecht[37]. Der Begriff Dezentralisation rückt dann

---

[35] Die Kompetenzen der Staatlichkeit fließen dann nicht aus der Verfassung, sondern aus der Souveränität des Staates, als einer abstrakten begrifflichen Allmacht (*Laband*, Staatsrecht, Bd. I, S. 95), die insoweit stark an die zivilistische Eigentumsgarantie des § 903 BGB erinnert. Vgl. demgegenüber *Smend*, Verfassung und Verfassungsrecht, S. 127 f., wo er es einen Irrweg „räumlich-statischen Denkens" nennt, „den Staat als Ganzes geradezu körperlich, oder noch ärger, weil noch unklarer, als psycho-physisches Gebilde, das als solches ‚greifbar' ist", anzusehen (ähnl.: *Ehmke*, Staat und Gesellschaft, S. 42 f.); *Hesse*, Grundzüge, S. 5 ff.; wie *Laband*, a.a.O., aber *Elleringmann*, Grundlagen, S. 39; *Popitz*, Zentralismus, S. 344, 351; *C. Schmitt*, Verfassungslehre, S. 97, 173).

[36] Vgl. *Smend*, Verfassung und Verfassungsrecht, S. 223 ff. und ihm folgend *Hesse*, Grundzüge, S. 179 ff.

[37] Die Anwendung der Begriffe Zentralisation und Dezentralisation auch im Staatsrecht stellt sich als Ausfluß des von *Laband*, Das Staatsrecht des Deutschen Reiches, Bd. I, z. B. Einleitung S. IX, maßgeblich beeinflußten und von *Kelsen*, Allgemeine Staatslehre, fortgeführten rationalistischen Rechtspositivismus dar, der unter Ausschaltung aller teleologischen und soziologischen Gesichtspunkte zu einem bewußt inhaltsleeren Begriffsformalismus führte, dem jedoch oft, unausgesprochen, sachfremde soziologische Gehalte (nach *Scheuner*, Wesen des Staates und Begriff des Politischen, S. 233, traten „an die Stelle philosophischer Begründungen vitalistisch-naturalistische Vorstellungen") zugrunde lagen. Vgl. auch *Leibholz*, Strukturprobleme der mod. Demokratie, S. 263 f., der (S. 264) das Staatsrecht *Labands* nichts weiter als „eine teilweise liberalistisch unterbaute Verabsolutierung des Bismarck'schen Staatsrechts" nennt. Vgl. hierzu weiterhin *Smend*, Verfassung und Verfassungsrecht, S. 234 f.; *Scheuner*, a.a.O., S. 227; *v. Hippel*, Zur Problematik der Grundbegriffe, S. 22 f. Zu dem Problem des „Vorverständnisses" bei der Auslegung von Verfassungsnormen und der Aufgabe seiner Begründung, *Hesse*, Grundzüge, S. 26. Auch *C. Schmitt*, Verfassungslehre, S. 305, geht, wenn er die Verfassung aus den in ihr enthaltenen „Staatsformen-Elementen" auslegt, von einem rein historischen Verständnis dieser Formen aus, das er zu der gegenwärtigen sozialen Realität in Kontrast setzt (vgl. dagegen insbes. *Kaufmann*, Carl Schmitt und seine Schule, S. 376).

Der normativen Kraft der Verfassung wird jedoch nur eine Auslegung gerecht, die „unter den konkreten Bedingungen der gegebenen Sachlage den Sinn der normativen Regelung optimal verwirklicht" (*Hesse*, Die normative Kraft der Verfassung, S. 15). Im vorliegenden Fall bedeutet das, daß angesichts der Eigenwertigkeit des Begriffs der Dezentralisation nicht von ihm ausgegangen werden kann, sondern, daß ihn allenfalls eine Auslegung des Art. 28 Abs. 2 GG im Kontext der Gesamtverfassung als politische Wertentscheidung legitimieren könnte.

in bedenkliche Nähe zu dem der Delegation[38], der Abschiebung und Zuschiebung von Zuständigkeiten aus eigener Machtvollkommenheit[39], und läßt so vergessen, daß eine Verfassungsnorm nicht Zuständigkeiten von einem Träger auf einen anderen überträgt, sondern eine originäre Zuordnung vornimmt[40]. Dies wird besonders deutlich bei *Weber*, der die These vertritt[41], die Konstruktion des Bund — Länderverhältnisses sei vom Kommunalrecht, also dem Verhältnis zwischen Land und Gemeinde übernommen worden. Aus diesem Grunde sieht er auch die Länder als Träger dezentralisierter Selbstverwaltungsaufgaben an, die dem Bund als dem Zentralstaat gegenüber eine nur sekundäre Rolle spielen. Weber[42] kommt zu diesem Ergebnis über die Auslegung des Art. 29 GG als Indiz einer fiktiven Natur des föderativen Aufbaus der Bundesrepublik[43].

Hier zeigt sich die oben erwähnte Neigung, eines an einem fiktiven Zentrum orientierten Organisationsmodells[44] unter dem Deckmantel der Allgemeingültigkeit verfassungsrechtliche Grundentscheidungen zu unterlaufen[45]. Die Tatsache, daß der Bundesstaat weder ein untergliederter Einheitsstaat noch eine aus vorgegebenen Ländern mit

---

38 Vgl. *Preuss*, Staat und Stadt, S. 99.

39 *Triepel*, Delegation und Mandat, S. 23. Selbstverwaltung als Delegation staatlicher Allmacht wird sogar ausdrücklich bejaht von *Pagenkopf*, Die dezentralisierte Selbstverwaltung, S. 98.

40 *Triepel*, a.a.O., S. 67.

41 Spannungen und Kräfte, S. 70 ff.; er folgt damit der Ansicht *Labands*, der das Wesen der Selbstverwaltung nur „im Gegensatz zum Verwaltetwerden" (Staatsrecht Bd. I, S. 103, Fußn. 4) und ausgehend von seiner Grundthese, daß es in einem politischen Gemeinwesen nur eine souveräne Gewalt, ein „Subjekt eines eigenen Herrschaftsrechts" (a.a.O., S. 82), gibt (vgl. hierzu auch C. *Schmitt*, Verfassungslehre, S. 173, nach dem der Staat „eine geschlossene politische Einheit und seinem Wesen nach der Status, d. h. ein totaler allen anderen Status innerhalb seiner selbst relativierender Status" ist; dagegen u. a. auch *Jerusalem*, Zentralismus und Föderalismus, S. 44 ff., der zwischen Ländern und Gemeinden hinsichtlich ihrer nur derivativen Rechtsstellung keinen Unterschied sieht (a.a.O., S. 221).

42 Spannungen und Kräfte, S. 70 ff.

43 Hier wird deutlich, daß der Geltungsanspruch der Verfassung zugunsten zweier, als politisch und soziologisch einzig möglich angesehener, staatlicher Organisationsmodelle, Einheits- oder Föderalstaat, ignoriert wird. Die Exegese des Bundesstaatsprinzips unter Einbeziehung des Art. 29 GG wird nicht versucht, sondern der Verfassung die Intention unterschoben, kein eigenwertiges, sondern eines von zwei als einzig möglich gedachten, vorgegebenen Modellen zu verwirklichen (*Jerusalem*, Zentralismus und Föderalismus, S. 37 ff. und *Wolff*, Rechtsgrundsätze und verfassungsgestaltende Grundentscheidungen, S. 51; *Hesse*, Der unitarische Bundesstaat, S. 12 f.).

44 Vgl. *Jerusalem*, a.a.O., S. 39.

45 Gegen eine Betrachtung von Selbstverwaltung und bundesstaalichem Aufbau nur unter den „betriebstechnischen Gesichtspunkten des modernen Staates", d. h. aber die Gleichsetzung der Selbstverwaltung mit Dezentralisation, auch *Köttgen*, Verw. Arch., Bd. 44, S. 1 (2, Fußn. 3).

originären Aufgaben zusammengesetzte Föderation, sondern vielmehr ein Staat ist, dessen Funktionen durch die Verfassung konstituiert und als gleichwertige sowohl auf Bund als auch auf Länder übertragen sind[46], kann daher mit dem Begriff der Dezentralisation nicht adäquat erfaßt werden[47].

Aus der vertikal und horizontal funktionsteiligen Verfassung der Bundesrepublik folgt eine starke Verschränkung beider Verfassungsmaximen[48]. So führt z. B. die Landesverwaltung neben den Gesetzen des Landes auch grundsätzlich alle Bundesgesetze aus (Art. 83 GG). Insoweit besteht zwischen der kommunalen Verwaltungszuständigkeit für die Gesamtheit der öffentlichen Angelegenheiten der örtlichen Gemeinschaft und der Allzuständigkeit der Länder eine starke Affinität[49].

Da nach dem Grundgesetz einerseits staatliche Kompetenzen nicht aus einer der Verfassung vorgegebenen Stellung der Funktionsträger, sondern vielmehr aus der konstitutiven Zuordnung dieser Kompetenzen durch die Verfassung selbst fließen, andererseits aber die den Trägern der kommunalen Selbstverwaltung zugebilligte Allzuständigkeit der der Landesverwaltung entspricht, kann zwar ein Recht der Länder auf Aufgabenentzug, nicht aber ein Recht, die Angelegenheiten der Gemeinden durch Übertragung originärer Landesaufgaben überhaupt erst zu bestimmen, anerkannt werden[50].

---

[46] *Mayer*, Die Verwaltung in Bund und Ländern, S. 86; *Geiger*, Föderalismus in der Verfassungsordnung, S. 26. Zur Bedeutung des Bundesstaatsprinzips als Zuordnungsmaxime materialer Staatsfunktionen, vgl. *Hesse*, Der unitarische Bundesstaat, S. 28 und *Smend*, Verfassung und Verfassungsrecht, S. 196 f., S. 225, wo er betont, daß die Einzelstaaten im Bundesstaat „nicht nur Integrationsobjekt, sondern vor allem auch Integrationsmittel sind".

[47] Vgl. *Kägi*, Pers. Freiheit, S. 58; *Köttgen*, Krise, S. 8 und DÖV 1964, S. 145 (151); *Hesse*, Der unitarische Bundesstaat, S. 25; *Peters*, Zentralisation, S. 40, der die Relativität dieses Ordnungsprinzips gegenüber dem Bundesstaat betont; weiter *Bachof*, VVdStL 12, S. 37 (49), der auf die Neutralität der Dezentralisation gegenüber den fundamentalen Verfassungssätzen hinweist; um so mehr muß befremden, daß er zugleich die körperschaftliche Selbstverwaltung mit Dezentralisation gleichsetzt.

[48] Vgl. *Hesse*, a.a.O., S. 27, der hervorhebt, daß sich das Bundesstaatsprinzip mehr und mehr von einer Form vertikaler in eine Form horizontaler Gewaltenteilung wandelt.

[49] *Köttgen*, Krise, S. 9 und Selbstverwaltung 1951, S. 346, der darauf hinweist, daß „gleich den Ländern ... auf dem Gebiete der Verwaltung auch alle Selbstverwaltungskörper eigene Angelegenheiten i. S. d. Art. 84 Abs. 1 GG haben, und daß diese Tatsache auch nicht in Frage gestellt wird, wo fremde Gesetze vollzogen werden". Vgl. auch *Korte*, Aufgabenverteilung, S. 120 ff., der zur näheren Bestimmung der den Gemeinden nach dem von ihm vertretenen materialen Subsidiaritätsprinzip obliegenden Aufgaben zur Realisierung des Gemeinwohls, Art. 72 Abs. 2 GG, analog auf das Verhältnis Land — Gemeinde anwendet.

[50] Das soll nicht heißen, daß im Einzelfall dieser Bereich nicht technisch durch eine Ausgliederung von bisher vom Land wahrgenommenen Aufgaben ausgefüllt werden kann; vgl. u. 3 d.

Aus der Tatsache, daß der Bereich der von den Kommunen als eigene wahrzunehmende Aufgaben von der Verfassung nicht näher umgrenzt ist, folgt noch nicht, daß seine Ausprägung einer beliebigen landesrechtlichen Regelung offenstehe[51]. Der Inhalt des Begriffes ist vielmehr durch dessen Interpretation im Rahmen der Gesamtverfassung zu gewinnen[52].

Es bleibt daher festzuhalten, daß der Bereich eigener kommunaler Angelegenheiten, ebenso wie der Bereich der Landesverwaltung nicht aus der Deduktion von einer fiktiven Zentrale, sondern nur aus der Verfassung selbst entnommen werden kann[53].

2. Die eigenen Angelegenheiten der Gemeinde als überpositiv-originäre Gemeindeangelegenheiten

Wurde im Vorstehenden untersucht, inwieweit die den Gemeinden als eigene zustehenden Angelegenheiten als vom Staat dezentralisierte angesehen werden können, so gilt es hier die Frage zu beantworten, ob diese Selbstverwaltungsangelegenheiten überhaupt staatlicher Natur sind, oder ob sie nicht angesichts des in Art. 28 Abs. 2 GG garantierten universalen Wirkungskreises von der durch das GG vorgenommenen Aufgabenzuordnung eximiert sind, das GG also einen Freiheitsraum sichern wollte und so die der Gemeinde als eigene zustehenden Aufgaben als außerstaatlich-überpositive anerkennt[54].

---

[51] Es soll nochmals hervorgehoben werden, daß gegen einen solchen „Unmöglichkeitsschluß" sogar der Positivist *C. Schmitt* entschieden Stellung nimmt (Freiheitsrechte u. inst. Gar., S. 147 f.).

[52] Vgl. *Smend*, Verfassung und Verfassungsrecht, S. 233 ff.; *Imboden*, Gemeindeautonomie und Rechtsstaat, S. 100, hinsichtlich des autonomen Normsetzungsrechts der schweizerischen Gemeinden; *Lerche*, Verfassungsfragen, S. 29.
— Im übrigen ist, das sei hier betont, mit der Ablehnung einer Qualifizierung der eigenen Angelegenheiten der Gemeinden als durch das Land dezentralisierte, originäre Landesaufgaben, noch nichts über die Natur dieser Aufgaben als staatlicher oder außerstaatlicher gesagt.

[53] Dabei kann hier die Frage dahinstehen, ob die durch Art. 28 Abs. 2 i. V. m. Abs. 1 GG konstituierte kommunale Selbstverwaltung zugleich auch das Recht der Autonomie umgreift. Vgl. hierzu (bejahend) *Becker*, HBkWP I, S. 158; *Gönnenwein*, Gemeinderecht, S. 144; *Maunz-Dürig*, Rdnr. 35 zu Art 28 GG einerseits und (verneinend) *Peters*, Grenzen, S. 38; *Reinicke*, Die Gemeinde und ihre Ordnung, S. 13; *Köttgen*, Die Gemeinde und der Bundesgesetzgeber, S. 99 ff.; *Pagenkopf*, Einführung, S. 85 f.; *Fleiner*, Institutionen, S. 166.

[54] Vgl. *Jellinek*, System der subj. öff. Rechte, S. 278, der auf den Ursprung dieser Ansicht aus der mit dem Begriff des pouvoir municipal in der Constituante von 1789 vorgenommenen Gleichsetzung von Gemeinden und Einzelmenschen hinweist; weiterhin *Lorenz v. Stein*, Verwaltungslehre, Theil I, S. 228, der die Gemeinden als Träger staatsfreier Verwaltung neben die Vereine stellt.

Die Verfassung hätte demnach die kommunale Selbstverwaltung den Gemeinden nicht als Aufgabenbereich, sondern als Grundrecht zugeteilt[55].

Im Gegensatz zu der Frankfurter Reichsverfassung v. 28. 3. 1849, in deren Art. XI, § 184 den Gemeinden in gleicher Weise wie den Vereinen ein den individualen vergleichbares Grund- und Freiheitsrecht staatsfreier Verwaltung gegenüber dem Staat garantiert wurde, nahm das Grundgesetz die Selbstverwaltungsgarantie aus ihrer Nachbarschaft zu den Grundrechtsträgern und stellte sie in den Kontext der den Staat in Bund und Länder verfassenden Normen. Mit diesem Schritt artikulierte das Grundgesetz eine bereits in der Weimarer Verfassungswirklichkeit (auch Art. 127 WV benachbarte seinem Wortlaut nach die Gemeinden den Grundrechtsträgern) vollzogene Verschiebung der Selbstverwaltung weg vom bürgerlichen Grundrechtsraum hin zur Ausübung staatlicher Kompetenz[56].

Angesichts dieser Tatsache ließe sich die Qualifizierung von Selbstverwaltungsangelegenheiten als aus einem überpositiven Subsidiaritätsprinzip[57], d. h. aus einem den Vorrang der Gemeinden vor dem Staat postulierenden, materialen Föderalismus fließende, nur dann halten, wenn ein solches Prinzip durch das Grundgesetz bei den Gemeinden eine Teilverwirklichung erfahren hätte[58]. Ein solch materialer Föderalismus als Ausformung eines durchgehenden sozialen und politischen Ordnungsprinzips[59] widerspräche jedoch der im demokra-

---

[55] Das gilt auch dann, wenn man wie *Seibert*, Gewährleistung, S. 17 ff., diese Aufgaben als öffentliche aber nicht als staatliche ansieht und öffentliche Aufgaben als Oberbegriff über staatliche einerseits und kommunale andererseits zu fassen sucht, da der Bereich des Öffentlichen die „Bezeichnung des eigentlichsten aufgegebenen Wesens moderner Staatlichkeit" (*Smend*, Zum Problem des Öffentlichen und der Öffentlichkeit, S. 470) darstellt.

[56] *Köttgen*, Die Gemeinde und der Bundesgesetzgeber, S. 14 f.; *Peters*, Die Gemeinde in der Rechtsprechung, S. 208. Da aber hierdurch die kommunale Selbstverwaltung nicht als Institution gegenüber dem Staat garantiert ist, sondern vielmehr der Staat in Bund, Länder und kommunale Selbstverwaltung verfaßt ist, ist sie weniger eine staatliche Institution als eine Institution der Staatlichkeit (vgl. hierzu *Köttgen*, Innerstaatliche Gliederung, S. 96 f., wo er von den Gemeinden als den „Bastionen des Gemeinwesens" spricht).

[57] *Gasser*, Gemeindefreiheit, S. 192; *Süsterhenn*, Das Subsidiaritätsprinzip, S. 141 ff. und Carl-Sonnenschein-Blätter 1954, S. 169 (181); *Böhme*, Staats- und Selbstverwaltung, S. 114; *Küchenhoff*, Allgemeine Staatslehre, S. 84; neuerdings auch *Korte*, Aufgabenverteilung, S. 20 ff.

[58] *Köttgen*, Föderalismus und Dezentralisation, S. 284 und ebd., Fußn. 13.

[59] Vgl. *Gasser*, a.a.O., der unter Berufung auf Proudhon, Bakunin, Konstantin Franz, Pius XI und Brunner, in der Selbstverwaltung den von der Familie ausgehenden „gerechten Aufbau aller Staatsordnung als politisch-soziales System" sieht. Vgl. weiter *Jerusalem*, Zentralismus und Föderalismus, S. 39 ff. und *Böhme*, a.a.O., S. 114; ähnl. *Hauser*, Der Staat als sittliches Problem, S. 11, der im Staat eine „geistig-sittliche Ordnungseinheit" sieht

tischen Bundesstaat getroffenen Zuordnung zwischen Staat und Gesellschaft[60], die nicht in der Gegenüberstellung einer in kommunaler Selbstverwaltung verfaßten Gesellschaft zum Staat teilweise verwirklicht ist — in seiner Vollendung stellte sich ein solches Zuordnungssystem als eine Reihe von unten nach oben gestaffelter Selbstverwaltungseinheiten[61] dar — sondern vielmehr durch die Integration der Gesellschaft in den Staat selbst realisiert wird.

Gerade im Gegensatz zu einem materialen Föderalismus[62] geht der Integrationsauftrag des demokratischen Sozialstaats nicht von einem statischen, sondern von einem dynamischen Verhältnis[63] zwischen Gesellschaft und Staatlichkeit aus[64]. Diese Dynamik resultiert aus dem

---

und ihn, unter Berufung auf Augustinus und Thomas von Aquin, in diesem Sinne ein „Pactum" nennt. Vgl. weiter *Pagenkopf*, Einführung, S. 222 ff.; *Raabe*, Die Gemeinden in der Verfassung, S. 11 f., 15. Ähnlich auch *Seibert*, Die Gewährleistung gemeindlicher Selbstverwaltung, S. 74, der im Verhältnis zwischen Gemeinde und Staat den gleichen Grundsatz der Subsidiarität vorfindet, wie zwischen dem einzelnen und der Gemeinschaft. Das zeigt, entgegen seiner eigenen Ansicht (S. 74, Fußn. 17) auch die Berufung auf Pius XI.

[60] *Lerche*, Verfassungsfragen, S. 27 f.

[61] *Böhme*, Staat und Selbstverwaltung, S. 114; vgl. auch *Fleiner*, Institutionen, S. 97, der ausdrücklich die Formulierung des § 62 der württembergischen Verfassungsurkunde v. 25. 9. 1819 billigt: „Die Gemeinden sind die Grundlage des Staatsvereins."

[62] Vgl. zu der letztlich auf die mittelalterliche Wirklichkeit gegründete (*Isensee*, Subsidiaritätsprinzip, S. 24) Neigung der katholischen Soziallehre „gegenüber der Dynamik der modernen Gesellschaft und der ihr angemessenen Kategorien eine eigene soziale Welt aufzubauen", die „eine Vorliebe für solche Sozialstrukturen" entwickelt, „die noch am ehesten einen ‚integren' und damit christlichen ordo vermuten lassen ..." *Rendtorff*, Der Staat 1962, S. 405 (418). Eine der katholischen ähnliche Auffassung vertritt aus evangelischer Sicht *Brunner*, Das Gebot und die Ordnungen, S. 193 ff.

[63] Zu der durch Demokratie und Sozialstaatlichkeit bedingten „dialektischen Einheit" zwischen Staat und Gesellschaft vgl. neben *Köttgen*, Innerstaatliche Gliederung, S. 84 f. auch *Isensee*, Subsidiaritätsprinzip, S. 154.

[64] So weist auch *Luhmann*, Zweck — Herrschaft — System, S. 156, von der modernen Systemtheorie herkommend, zu Recht darauf hin, daß die Struktur eines Systems, wie dessen Funktionsverteilung, letztlich nicht rein interne Vorgänge, sondern vielmehr „System- Umwelt-prozesse" betreffen. Ähnl. auch *Hesse*, Die verfassungsrechtliche Stellung der politischen Parteien, S. 18 f. Vgl. dagegen *Hauser*, Der Staat als sittliches Problem, S. 13, der alle menschliche Gemeinschaft auf die „letzte Gemeinschaft" hinordnet. Diese „letzte Gemeinschaft" kann jedoch nur als ecclesiastisch — eschatologische Gemeinschaft erfaßt werden. *Hauser*, a.a.O., intendiert so eine irdische civitas dei, wie sie (vgl. *Isensee*, a.a.O., S. 22) der neuscholastisch-thomistischen Naturrechtsdoktrin, in der der Unterschied zwischen Sein und Sollen aufgehoben ist, und die so „nicht Funktion der geschichtlichen Entwicklung sein, sondern dieser das Ziel setzen soll" (*Isensee*, a.a.O., S. 23) entspricht. Diese würde aber eine von der staatlichen Rechtssetzung unabhängige Positivität naturrechtlicher Normen im staatlichen Bereich implizieren. Gegen diese Folge, mit dem Hinweis, daß auch nach naturrechtlicher Dogmatik die Existenz staatsfreier Räume undenkbar ist, zu Recht *v. Nell-Breuning*, Zur christlichen Soziallehre, Sp. 5 f. und *Klüber*, Carl-Sonnenschein-Blätter 1955, S. 127 (137).

Wesen der Industriegesellschaft, in der eine stark zentralistische Tendenz wirksam ist[65].

Zu Recht sieht *Köttgen*[66] deshalb in der Spannung zwischen staatlicher Gliederung und gesellschaftlichem Zentralismus „den eigentlich neuralgischen Punkt ... unserer innenpolitischen Existenz“.

Das dynamische Wechselspiel zwischen zentralistisch-dynamischer Gesellschaft und staatlich-statischer Gliederung von dem die Konzeption des Grundgesetzes mitbestimmt ist, läßt nur eine flexible und keine starre Auslegung des kommunalen Aufgabenbereiches zu.

„Angelegenheiten der örtlichen Gemeinschaft“ können daher nicht als Angelegenheiten einer prästabilen Ortsgemeinschaft[67], sondern nur als Angelegenheiten einer dynamisch-zentralistischen Gesellschaft auf Ortsebene, zu deren Erledigung der Bereich der Staatlichkeit auf Ortsebene in der Form der kommunalen Selbstverwaltung verfaßt ist, begriffen werden.

Kriterien einer an einem statischen ordo der Gesellschaft orientierten Doktrin[68] können daher zur Auslegung des Art. 28 Abs. 2 GG nicht herangezogen werden.

Diese Auffassung wird gestützt durch einen Blick auf die Realität kommunaler Aufgabenwahrnehmung.

Bejaht man nämlich in Art. 28 Abs. 2 GG einen überpositiv-originären Aufgabenbestand der Kommunen, so müßten sich in den Gemeinden jederzeit Aufgaben feststellen lassen, die der Befriedigung ganz spezifisch örtlicher Bedürfnisse dienen[69].

---

65 Das zeigt nicht zuletzt auch die Tatsache, daß wie Volksbefragungen zeigen, kommunalinterne Vorgänge weit weniger bekannt sind, als Vorgänge auf nationaler oder internationaler Ebene (*Bahrdt*, Die Gemeinde in der Industriegesellschaft, S. 9). Die Gemeinde kann deshalb als „Konkretum“ einem abstrakten Staat (vgl. hierzu *Bender*, Theorien der gemeindlichen Selbstverwaltung, S. 48) nur mit der Maßgabe gleichgesetzt werden, daß der Gemeinde zwar die Konkretheit eines Modells, dem Staat aber die Abstraktheit der Realität eignet.

66 Innerstaatliche Gliederung, S. 82.

67 Vgl. *Barion*, Die sozialethische Gleichschaltung, S. 13, der zeigt, daß das naturrechtliche Subsidiaritätsprinzip die Gesellschaft nicht strukturiert, sondern nur intern deren Zuständigkeiten regelt. Das setzt aber eine vorgegebene statische Struktur dieser Gesellschaft voraus.

68 Vgl. hierzu neben den in den vorstehenden Fußnoten Genannten, die Sozialenzyklika „quadragesimo anno“ *Pius' XI* (in: Bausteine der Gegenwart, Heft 1, Die Rundschreiben Leos XIII und Pius' XI, Köln 1946, Abschn. 79). Ihre Auslegung, die hinsichtlich des apriorischen Ranges des Subsidiaritätsprinzips überhaupt umstritten ist (*Rendtorff*, Der Staat 1963, S. 405 (411 f.) enthält jedenfalls keine „Entscheidung über die rechtliche Tragweite des juristischen Begriffs Selbstverwaltung“ (*Klüber*, Carl-Sonnenschein-Blätter 1955, S. 127 (141).

69 Vgl. etwa die Definition „örtlicher Angelegenheiten“ von *Seibert*, Die Gewährleistung gemeindlicher Selbstverwaltung, S. 18.

Es zeigt sich jedoch, daß die Bedürfnisse sich zunehmend nivellieren[70], was die Folge eines sich mehr und mehr in überlokalen, ja übernationalen Bezügen realisierenden Lebensstils ist. So sieht Forsthoff[71] in der stetigen Abnahme des von ihm so genannten „beherrschten Lebensraumes" und der zu dieser umgekehrt proportionalen Erweiterung des „effektiven Lebensraumes", die Wandlung einer relativen Autonomie des einzelnen zu zunehmender Bedürftigkeit. Dieser nivellierenden Tendenz der Bedürfnisse selbst folgt die Tendenz zu einer zentral gesteuerten Bedürfnisbefriedigung, der Daseinsvorsorge[72].

Die bereits mit der Industrialisierung einsetzende und sich seitdem fortlaufend steigernde Mobilität und Funktionalität der Menschen läßt so spezifische Bedürfnisse nicht mehr erkennen. Der in überlokalen Bezügen lebende Mensch findet seine soziale Umwelt weit mehr als in den Kommunen, in den seine funktionalen Interessen vertretenden Verbänden[73, 74]. Demzufolge hat der einzelne auch weniger Interesse an einer bestimmten Art und Weise der Bedürfnisbefriedigung durch die in dieser Funktion austauschbar gewordenen Gemeinden, sondern er ist vielmehr daran interessiert, in gleich welcher Gemeinde gleich gut versorgt zu werden[75]. In der sozialen Realität er-

70 Vgl. *Peters*, Wandlungen der öffentlichen Verwaltung, S. 11 und: Die politische und administrative Gliederung, S. 32; *Becker*, Kommunalverwaltung und Staatsverwaltung, S. 82.

71 Die Verwaltung als Leistungsträger, S. 4 f. und Verfassungsprobleme des Sozialstaats, S. 6 f.; in gleichem Sinne, *Fechner*, Die private Sphäre in der Gegenwart, S. 33.

72 Von *Forsthoff*, a.a.O., S. 6 als „Veranstaltungen, welche zur Befriedigung des Apropriationsbedürfnisses getroffen werden" definiert; wobei unter „Apropriationsbedürfnis" unter Berufung auf *Max Weber*, Wirtschaft und Gesellschaft, S. 23, die zur Befriedigung sozialer Bedürftigkeit von demjenigen vorzunehmende Art der Zueignung von Lebensgütern verstanden wird, der sich diese nicht durch Nutzung eigener Sachen verschaffen kann. „Die Weite des effektiven Lebensraumes als Ausgleich für den Schwund des beherrschten ist das Schutgut des sozialen Trends" (*Forsthoff*, Die Daseinsvorsorge und die Kommunen, S. 5).

73 *Kaiser*, Prolegomena, S. 55: „Das in den sozialen Besonderheiten enthaltene Selbstbewußtsein ... hat seine bisher höchste Stufe gegenwärtig in den Verbandsgewalten der Interessengruppen gefunden, die heute eine so aufdringliche politische und juristische Realität sind." „Die Gleichheit der Genossen", in der *Jerusalem*, Zentralismus und Föderalismus, S. 39, die Grundlage der Gemeinschaft und damit des Föderalismus und der Selbstverwaltung sieht, ist deshalb nicht mehr regional, sondern nurmehr funktional, nach Interessen gegeben. In diesem Sinne ist der Gemeindebürger mit *Köttgen*, Sicherung der gemeindlichen Selbstverwaltung, S. 13, als „auf die Ortsebene projezierter Staatsbürger" zu begreifen.

74 Die naturrechtliche Subsidiaritätslehre *Pius'* XI, die auch diese Verbände als dem Staat gegenüber subsidiär anerkennt, muß jedoch bezeichnenderweise vor der Frage der Zuordnung dieser Verbände zu den Kommunen, d. h. aber der Einbindung von föderaler und funktionaler Subsidiarität kapitulieren (vgl. *Süsterhenn*, Das Subsidiaritätsprinzip, S. 154).

75 *Bertram*, Staatspolitik und Kommunalpolitik, S. 54 f.; *Meß*, Gemeinden-

scheint daher die Aufgabe der Kommunen im Kern als die der unteren Verteilungsinstanz einer nicht mehr differenziert erfahrenen Obrigkeit[76], als eine Art unpolitischen Kundendienstes[77].

Lassen sich daher spezifische Bedürfnisse, die in der Zugehörigkeit zu einer bestimmten Gemeinde wurzeln, nicht ausmachen, so wird ein System, das unter Berufung auf naturrechtliche Prämissen die Zugehörigkeit bestimmter Aufgaben zu bestimmten engeren Gemeinschaften als notwendig behauptet, aus sich heraus fragwürdig[78, 79].

---

dämmerung, S. 21; *Forsthoff*, Stadt und Bürger in der modernen Industriegesellschaft, S. 30.

[76] *Ziebill*, Bürgerschaftliche Verwaltung, S. 23.

[77] *Reschke*, Wesen und Bedeutung der Großstadt, S. 18; vgl. auch *Köttgen*, Innerstaatliche Gliederung, S. 87. Zur Kehrseite der Bedürfnisbefriedigung, der Beschaffung der hierfür erforderlichen Mittel, vgl. *Herzog*, Der Staat 1962, S. 399 (410 f.), wo er nachweist, daß die Regelung der Steuerpolitik, da sie auf die Volkswirtschaft als eine begrenzte Größe zurückgreifen muß, notwendig einheitlich und nicht von einzelnen, dem Staate untergeordneten Gemeinschaften aus erfolgen kann.

[78] Vgl. *Peters*, Grenzen, S. 191 ff.; Lehrbuch, S. 307 f., Fußn. 5; *Jellinek*, Allgem. Staatslehre, S. 646, der von dem Begriff der lokalen Interessen als einem „flüssigen und vielfach dem Ermessen unterworfenen" spricht, der es nicht erlaube, der kommunalen Selbstverwaltung „ihrem Inhalte nach a priori ... feste Schranken" zu ziehen; weiter *Hatschek*, Lehrbuch, S. 65 f., der einen fixen Aufgabenbestand wegen der „Vielgestaltigkeit des öffentlichen Lebens, insbesondere bei dem innigen Verflochtensein von Kommunal- und Staatsinteressen" ablehnt; ähnl. auch *Fleiner*, Institutionen, S. 112 und auch *Scheuner*, AfK 1962, S. 149 (157 ff.).

[79] Dies gilt auch gegenüber der von *Seibert*, Die Gewährleistung gemeindlicher Selbstverwaltung, S. 17 ff., vertretenen Bestimmung der „örtlichen Angelegenheiten", der, entsprechend den naturrechtlich vorgegebenen Subsidiaritäts- und Solidaritätsmaterien (*Süsterhenn*, Subsidiaritätsprinzip, S. 147 f.), „der Sache nach", jede öffentliche Angelegenheit einheitlich entweder als örtlich oder als überörtlich definiert (S. 19). In gleichem Sinne, aber unter ausdrücklicher Berufung auf ein materiales Subsidiaritätsprinzip, das er in Verfassungsrang erhebt, *Korte*, Die Aufgabenverteilung, S. 90 ff. Zur Affinität dieser Auffassung zu einer materiell-naturrechtlichen Aufgabenverteilung, vgl. auch *Gönnenwein*, Gemeinderecht, S. 87, Fußn. 5.

Zwar sieht *Seibert* (a.a.O.) die tatsächliche Nivellierung der Bedürfnisse (S. 35 f.), versucht sie aber über eine Differenzierung innerhalb der einzelnen Angelegenheiten wiederum in kraft der Natur der Sache örtliche und überörtliche als im Sinne seiner Definition unbeachtlich zu erklären. Mit dieser sachwidrigen Sprengung zusammengehöriger Materien, setzt *Seibert* zugleich Art. 28 Abs. 2 GG, den er als Garantie primär rein örtlicher Aufgaben ansieht, in einen unversöhnlichen Gegensatz zur sozialen Realität, die eine Trennung zwischen fixen örtlichen und überörtlichen Aufgaben auch dem Grunde nach nicht mehr zuläßt und verfehlt so eine Verfassungsauslegung, die eine optimale Realisierung der Verfassung gerade angesichts der sozialen Realität erstrebt (vgl. *Hesse*, Die normative Kraft der Verfassung, S. 15 f.; zu dieser „elastische(n) ergänzende(n), von aller sonstigen Rechtsauslegung weit abweichende(n) Verfassungsauslegung", *Smend*, Verfassung und Verfassungsrecht, S. 190 ff.

3. Versuch einer Bestimmung des Begriffs der eigenen Angelegenheiten der Gemeinde aus einer Interpretation des Art. 28 Abs. 2 GG in der Gesamtverfassung[80]

Sowohl die Auffassungen, die den Kreis der den Gemeinden als eigene durch den Art. 28 Abs. 2 GG garantierte Aufgaben material als dezentralisierte Staatsaufgaben bestimmen, als auch die, die die Gemeindeangelegenheiten, sei es aus einer Genossenschaftsnatur der Gemeinde oder aus einem, in der kommunalen Selbstverwaltung teilweise realisierten, überpositiven materialen Subsidiaritätsprinzip entnehmen, gehen von einem abstrakten Verhältnis zwischen einer als geschlossen angesehenen souveränen Staatsperson und der ihr gegenüber irgendwie anders gearteten Gemeinde aus[81, 82]. Sie legen die aus

---

[80] Zu dieser Methode vgl. *Smend*, a.a.O., S. 233 ff.

[81] In der von ihren Trägern absehenden, funktionalen Betrachtung der Selbstverwaltung als Gesetzesvollzug, und der damit verbundenen Gleichsetzung der Kommunalverwaltung mit der Staatsverwaltung liegt das Verdienst *v. Gneists* (vgl. etwa Kreisordnung, S. 8, Rechtsstaat, S. 5 f.); vgl. auch *Lorenz v. Stein*, Verwaltungslehre, Theil I, S. 225: „Die Aufgabe selbst ist die wahre Quelle der Zuständigkeit eines Organs"), das nur deshalb als der deutschen Selbstverwaltung unangemessene englische Betrachtungsweise geschmälert wird (vgl. etwa *Gönnenwein*, Gemeinderecht, S. 62), weil in England zwischen den Verwaltungs*trägern* ein Unterschied nicht besteht, in Deutschland aber gerade aus dem Unterschied zwischen Staatsperson und Gemeindekörper die beiderseitigen Rechte abgeleitet werden. (Aus diesem Grunde versucht *Preuß*, z. B. Gemeinde, Staat, Reich als Gebietskörperschaften, S. 74, den Gegensatz zwischen Staatssouverän und Gemeinde durch einen dem englischen Verhältnis beider Verwaltungs*träger* vergleichbaren Aufbau des Staates aus wesensgleichem Lokal- und Gesamtverband zu überbrücken und so die „ungelöste Dissonanz heterogener Organisationsprinzipien" (Selbstverwaltung, Gemeinde, Staat, Souveränität, S. 230) zu überwinden). Kann heute dahinstehen, inwieweit z. Z. *v. Gneists* eine rein funktionale Betrachtung der Selbstverwaltung als hinsichtlich des Gesetzesvollzugs mit der Staatsverwaltung gleichwertige, berechtigt war, so ist heute jedenfalls, wo der überwiegende Teil kommunaler Aufgaben Pflichtaufgaben, d. h. Aufgaben des Gesetzesvollzugs sind, und wo das Sozialstaatsprinzip eine optimale Integration der Gesellschaft in den Staat fordert, der Gedanke *v. Gneists*, diese Integration über eine als Zwischenbau zwischen Staat und Gesellschaft verstandene (auch kommunale) Selbstverwaltung zu erreichen, nicht einfach von der Hand zu weisen. (Wenn dagegen *Darmstaedter*, Ist das englische selfgovernment als Grundlage der deutschen Selbstverwaltung anzusehen?, S. 538, die Qualifikation der Selbstverwaltung als Funktion und nicht als Recht als „logisch fehlerhaft" verwirft, so beruht das auf der im Rechtsstaat unhaltbaren Prämisse, Funktion und Recht bedingten sich derart, daß „Recht" nur Ausfluß einer staatlichen Machtvollkommenheit sein könnte. Dagegen u. a. *v. Hippel*, Zur Problematik der Grundbegriffe, S. 22.)

[82] Hierzu die beiläufige Bemerkung *Smends*, Verfassung und Verfassungsrecht, S. 184, über die Fehler eines unkritischen Synkretismus, die nach ihm u. a. in einer Substantialisierung und Isolierung „der sozialen Körper, in mechnisierendem Denken und fälschenden Raumbildern" liegen: „So pflegen z. B. in dem beliebten Begriffspaar: Herrschaft und Genossenschaft (u. ä.) unklare Raumbilder, rechtstechnische und rechtstheoretische, ethisch-bewertende und psychologische Momente enthalten zu sein — daher die Gefährlichkeit seiner Verwendung da, wo es sich ... um begriffliche Erörterung

einer solch abstrakten Betrachtung gewonnenen Kriterien, sei es als notwendige Einordnung oder als notwendige Ordnung der Gemeinden neben dem Staat, der Auslegung des Art. 28 GG unter[83].

Es kann so nicht verwundern, daß angesichts dieses Vorgehens, der in der sprachlichen Formulierung des Art. 28 Abs. 2 GG getroffene Kompromiß[84], zwischen der Gemeinde als allgemeiner Ortsinstanz der Verwaltung[85] und der Gemeinde als Trägerin eines universellen Wirkungskreises nur dazu dient, die jeweils vorgefaßte Meinung in dieser Verfassungsnorm bestätigt zu finden, nicht aber die konstituierenden Auswirkungen dieses Begriffes zu verfolgen[86].

Hier soll nun versucht werden, die den Gemeinden als eigene zustehenden Aufgaben, mithin der Schlüsselbegriff für die Bedeutung der Selbstverwaltung auf kommunaler Ebene überhaupt, aus der Stellung des Art. 28 Abs. 2 GG in einer Verfassung, die den Staat nicht als Staat schlechthin, sondern vielmehr als sozialen, demokratischen Rechtsstaat verfaßt hat[87], zu definieren.

---

handelt." Vgl. weiterhin *Smend*, Integrationslehre, S. 478 f. und *Scheuner*, Das Wesen des Staates und der Begriff des Politischen, S. 235.

[83] Vgl. hierzu *Elleringmann*, Grundlagen, S. 39, der ausgehend von der Prämisse, die Kommunen verdankten ihre Stellung als Gebietskörperschaften einer Autolimitation des Staates, einerseits und der Qualifizierung der eigenen Angelegenheiten der Gemeinden als aus der Gebietshoheit fließende Kompetenz (S. 26), zu dem Schluß kommt, der Staat könne die gesamte Selbstverwaltung als Einrichtung abschaffen (S. 39). Damit stellt er zugleich die Verfassung zur Disposition des Staates, nicht aber, wie das eine Abschaffung des Art. 28, Abs. 2 GG bedeuten würde, die Staatsorganisation zur Disposition des Verfassungsgebers.

Für die naturrechtliche Argumentation typisch: *Bender*, Theorien der gemeindlichen Selbstverwaltung, S. 76, der ausgehend von der an anderer Stelle bereits als äußerst fragwürdig bezeichneten Prämisse einer praktisch ausschließlichen Einordnung eines ebenfalls spezifisch aufgefaßten Menschen (den *Bender*, a.a.O., janusköpfig in einen Teil völliger Freiheit und einen Teil abhängiger Unterordnung aufspaltet) in die Gemeinde, deren originäre öffentliche Gewalt er bejaht, ohne die Verfassung insoweit auch nur zitiert zu haben.

[84] Vgl. u. a. *Gönnenwein*, Gemeinderecht, S. 36.

[85] Für sie setzte sich im Parlamentarischen Rat Karl Schmid ein (11. Sitzung des Parl. R., 14. 10. 1948, Stenopr., S. 23—36).

[86] So stehen nach der h. L. auch heute Staat und kommunale Selbstverwaltung in einem Widerspruch, der je nach der Stellung des Betrachters durch Unterbewertung des einen oder der anderen zu lösen versucht wird. Vgl. hierzu insbes. *Horneffer*, Preuß. Gem. Z. 1928, S. 591 (596), der auf den Unterschied zwischen zerstörender Widersprüchlichkeit und belebender, in einer höheren Einheit („Form") sich aufhebender Gesetzlichkeit hinweist.

[87] Die These *Meyer-Anschütz'*, Lehrb. d. Deutschen Staatsr., 7. Aufl. 1914, S. 16, wonach die Feststellung der Staatsaufgaben Aufgabe der Politik sei, kann deshalb heute in dieser Allgemeinheit keine Geltung mehr beanspruchen. Zu den dem entgegenstehenden Grundsätzen der Demokratie, des Rechts- und Sozialstaats als Konstitutions- oder Leitprinzipien der gesamten Verfassungsordnung, vgl. *Dürig*, in Maunz-Dürig, Rdnr. 17 zu Art. 1 GG und AöR 81, S. 117 (119); *Jesch*, Gesetz und Verwaltung, S. 69; BVerfGE 6, 36.

Die genannten Konstitutionsmaximen der Verfassung werden durch speziellere Verfassungsnormen konkretisiert. Die hier in Frage stehende kommunale Selbstverwaltung ist als engere Norm deshalb in ihrer inneren Beziehung zu den tragenden Prinzipien der Verfassung, deren Bestandteil sie ist, näher zu untersuchen.

Dabei lassen sich sogleich drei Bezüge der kommunalen Selbstverwaltung im Verfassungssystem unterscheiden:

Als Verwaltung stellt sie sich als Ausformung des horizontal funktionsteilig verfaßten Staates dar; als „Selbst"-verwaltung steht sie einmal in Affinität zum Bundesstaatsprinzip, da wie für die Länder auch für die Kommunalverwaltung die Vermutung spricht, für alle Angelegenheiten ihres Territoriums zuständig zu sein, und schließlich zum anderen, als Ausdruck kommunaler Repräsentation, in Beziehung zum Demokratieprinzip. Mit dem Sozialstaat ist die Selbstverwaltung als leistende, d. h. als der allgemeinen Daseinsvorsorge verpflichtete Verwaltung verbunden.

Es wird nun zu prüfen sein, welche Schlüsse sich von der Selbstverwaltung als Verwaltung des Rechtsstaats und zugleich als Verwaltung des Sozialstaats einerseits und der Selbstverwaltung als Träger universeller Zuständigkeit andererseits auf die Natur der Aufgaben, die den Gemeinden zur eigenen Wahrnehmung freistehen, ziehen lassen.

a) Der Rechtsstaat

Der Begriff des Rechtsstaats soll hier, da er sehr vielen und in sich divergierenden Definitionen zugänglich ist[88], nur insoweit verdeutlicht werden, als er seinen Niederschlag im Grundgesetz gefunden hat. Hierzu bietet sich eine Gegenüberstellung des Rechtsstaatsbegriffes, wie ihn die ältere deutsche Staatslehre vertrat, mit dem materialen Rechtsstaat des Grundgesetzes an. Diese ältere Lehre vertrat einen formalen Rechtsstaatsbegriff, dem es des materialen Gehalts insoweit ermangelte, als die Funktionen des Staates, z. B. auch die Rechtsprechung, nicht der Realisierung von Inhalten, als vielmehr allein der Sanktion, der Verleihung äußerer Sicherheit dienten[89]. Die Staatsgewalt war als oberste Staatsgewalt nur im Wege der Autolimitation

---

[88] Es sei hier nur auf *Carl Schmitt* hingewiesen, der selbst den manifesten Unrechtsstaat des „Dritten Reiches", unter Übernahme einer Formel des „Reichsjuristenführers" *Frank*, mit der Kennzeichnung „der deutsche Rechtsstaat Adolf Hitlers" als Rechtsstaat qualifizierte (Zitat nach *Merkl*, Idee und Gestalt der politischen Freiheit, S. 187; vgl. auch *Peters*, Rechtsstaat und Rechtssicherheit, S. 66).

[89] *Laband*, Das Staatsrecht des Deutschen Reiches, Bd. 2, S. 4.

beschränkt[90], so daß Freiheit einzig in der Freiheit von ungesetzlichem Zwang gesehen werden konnte[91].

In seiner formalen Ausdeutung stellte sich so der Rechtsstaat als Staatsbindung an die Legalität dar, woraus die Postulate der Gewaltentrennung, der Gesetzmäßigkeit der Verwaltung und die Verwaltungsgerichtsbarkeit abgeleitet wurden[92].

Da jedoch eine nur formale Bindung des Staates an die Legalität auch einen „legalen Unrechtsstaat"[93] ermöglicht[94], hat das Grundgesetz nach den Erfahrungen der jüngsten Vergangenheit in Art. 1 GG alle Staatsgewalt der Sicherung und Förderung menschlicher Individualexistenz material verpflichtet[95]. So werden individuelle Freiheit und Staatlichkeit, in der Synthese der politischen Freiheit, in den alle Staatsgewalt bindenden Verfassungsraum eingeordnet[96]. Die Konstituierung der Bundesrepublik als Rechtsstaat, bedeutet deshalb zugleich die Übertragung von Macht auf den Staat zur Verwirklichung der in Art. 1 Abs. 1 GG positivierten Gerechtigkeitsidee[97], die die Verfassung dadurch realisiert, daß sie die materialen Rechtsforderungen in die Staatsorganisation hineinprojiziert[98].

---

[90] *Jellinek*, Allgemeine Staatslehre, 3. Aufl., 1914, S. 386.

[91] *Jellinek*, System der subjektiven öffentlichen Rechte, S. 82; *C. Schmitt*, Verfassungslehre, S. 130 f.

[92] *Huber*, Hans, Niedergang des Rechts und Krise des Rechtsstaates, S. 59.

[93] *Huber*, E. R., Rechtsstaat und Sozialstaat, S. 10.

[94] Hierzu schon *Gneist*, Rechtsstaat, S. 60, der die rein formale Charakterisierung des Rechtsstaats durch *Stahl*, Staats- und Rechtslehre, Bd. II, S. 137 ablehnte.

[95] *Scheuner*, Grundfragen, S. 133.

[96] *Merkl*, Idee und Gestalt der politischen Freiheit, S. 167.

[97] *Menger*, Der Begriff des sozialen Rechtsstaats, S. 6; *Peters*, Rechtsstaat und Rechtssicherheit, S. 67; *Giacometti*, Allgemeine Lehren, S. 3.

[98] *Menger*, a.a.O., S. 8. Diese Verfassung des Staates zum Zwecke der Realisierung des Art. 1 Abs. 1 GG bedeutet zugleich, daß die Verfassung den Staat auch nur insoweit konstituiert und nicht einen vorgegebenen Staat als „stumme, geheime Macht" (*Horneffer*, Demokratie und Rechtsstaat, S. 99) nur begrenzt. So aber pointiert *Forsthoff*, Begriff und Wesen des sozialen Rechtsstaats, S. 19, 30, wo er auf den „notwendig technischen Charakter" des Rechtsstaats zur Begrenzung der Staatsmacht zugunsten der Individualfreiheit hinweist und diesem technischen Mittel, als von der ursprünglichen Wechselwirkung zwischen Staat und Gesellschaft losgelöstes, deshalb eine starke Eigenwertigkeit konzediert (gegen diese instrumentale Betrachtung des Staates „als reales Wesen an sich, das dann als Mittel benutzt würde, um außer ihm liegende Zwecke zu verwirklichen", insbesondere *Smend*, Verfassung und Verfassungsrecht, S. 160 f.). Er *(Forsthoff)* sieht so im Verhältnis zwischen Verfassung und Verwaltung kein maius, sondern vielmehr ein aliud (vgl. auch *Fosthoff*, a.a.O., Leitsatz XV und S. 33); gegen einen solchen „Dualismus der Rechtsordnung des öffentlichen Rechts" auch *Bachof*, Begriff und Wesen, S. 44 und besonders *Abendroth*, Begriff und Wesen, S. 85 ff.; vgl. auch *Hesse*, Grundzüge, S. 180 und: Rechtsstaat im Verfassungssystem, S. 78.

Die formale Sicherung der Individualsphäre erreicht der Rechtsstaat durch die Zuordnung verschiedener staatlicher Funktionen auf verschiedene Funktionsträger, mit anderen Worten durch eine Verfassung des „Mit- und Gegeneinanders aller politisch relevanten Kräfte“[99], die nicht nur auf die klassische Gewaltenteilung beschränkt ist und deshalb unter den Verhältnissen einer sich fortlaufend steigernden staatlichen Aktivität durch eine entsprechend erhöhte Zahl von Reibungsflächen, auch innerhalb der klassischen Funktionen des modernen Staates, den Individualschutz nachhaltiger realisieren kann[100].

Staatsmacht zur Verwirklichung des Rechtes bedeutet weiterhin Ausschluß von staatlicher Willkür[101], d. h. aber Bindung aller Staatsgewalt an den Gleichheitssatz (Art. 3 GG)[102]. Der hier zum Ausdruck kommenden Tendenz, sachlich Gleiches auch gleich zu behandeln, läuft die Tendenz des Gewaltenhemmungsprinzips, zugunsten des Individuums eine möglichst starke Hemmung zwischen den einzelnen Staatsfunktionen zu erzielen, teilweise entgegen. Während die horizontale Gewaltenhemmung noch eine sachliche Rechtfertigung, bedingt durch die unterschiedliche Funktion der Exekutive, der Legislative und der Jurisdiktion erfahren kann, könnte es an dieser bei einer vertikalen Hemmung von Staatsfunktionen fehlen.

Hierbei ist jedoch zu beachten, daß auch die Nähe des zu regelnden Gegenstandes zur regelnden Instanz ein Moment der Willkürhemmung insoweit darstellt, als die Möglichkeit nivellierender Gleichbehandlung durch eine sachferne Instanz eingeschränkt wird. Der Gleichheitssatz im Sinne eines Willkürverbotes fordert so geradezu eine Verteilung staatlicher Funktionen auf notwendige (egalisierende) Sachferne und notwendige (individualisierende) Sachnähe.

Gewaltenhemmung und Gleichheitssatz ergänzen sich daher im Rechtsstaatsprinzip derart, daß sich die Funktionsverteilung auf verschiedene Funktionsträger zugleich als organisatorische Bedingung der Möglichkeit darstellt, einerseits Rechtsgleichheit, andererseits aber auch individuelle Einzelfallgerechtigkeit zu ermöglichen und so, mit einem Wort, Willkür zu vermeiden.

---

[99] *Lerche*, Die Gemeinden in Staat und Gesellschaft, S. 14.

[100] *Peters*, Gewaltentrennung in moderner Sicht, S. 26; *Kägi*, Rechtsstaat und Demokratie, S. 139; *Weber*, Spannungen und Kräfte, S. 58.

[101] *Peters*, Rechtsstaat und Rechtssicherheit, S. 67.

[102] *Scheuner*, Grundfragen, S. 151; *Hesse*, Rechtsstaat im Verfassungssystem, S. 84.

b) *Der Sozialstaat*

Der Sozialstaat verpflichtet alle Staatsfunktionen, die gesamtgesellschaftliche Wohlfahrt, den gesellschaftlichen Fortschritt zu fördern[103, 104].

Das GG hat so das historische Gegensatzpaar[105] Staat und Gesellschaft in den Verfassungsraum eingebunden[106].

Diese konstitutionell erfaßte Wechselwirkung zeitigt, ähnlich derjenigen zwischen Staat und Individuum, der der Rechtsstaat verpflichtet ist, spezifische Folgen auch für die Staatsorganisation. Soziale Daseinsvorsorge ist als der privatwirtschaftlichen Bedürfnisbefriedigung funktional vergleichbare Tätigkeit notwendig an der Effizienz orientiert, setzt also möglichst zweckrationale Organisationsformen voraus[107]. Wie der industriellen Bedürfnisbefriedigung ist deshalb auch der Leistungsverwaltung im Sozialstaat der Trend zu rationalisierender Konzentration immanent[108], der in einer Nivellierung der an den Sozialstaat gerichteten Versorgungsforderungen seine Entsprechung findet[109]. Andererseits bedingt jedoch die durch das Sozialstaatsprinzip bewirkte Hereinnahme der Gesellschaft in den Raum tradierter Staatlichkeit eine permanente Auseinandersetzung zwischen statischer

---

103 *Köttgen*, Der soziale Bundesstaat, S. 20.

104 Die andere, hier nicht interessierende Ausformung des Sozialstaatsprinzips, der Schutz des wirtschaftlich Schwachen vor dem wirtschaftlich Starken, wird durch eine Hereinnahme des wirtschaftlichen Klassengegensatzes in den Raum der Verfassung erreicht und entspricht der Pflicht des Staates zur sozialen Befriedung und Fürsorge; vgl. *Huber*, E. R., Rechtsstaat und Sozialstaat, S. 15. Über diese Bedeutung des Sozialstaatsprinzips als des „,Wie' der zu gestaltenden Sozialordnung" vgl. auch *Bachof*, Begriff und Wesen, S. 40.

105 Zu diesem Antagonismus, der das 19. Jh. bestimmte, vgl. insbesondere *Lorenz v. Stein*, Der Begriff der Gesellschaft und die sociale Geschichte der Französischen Revolution, Bd. I, S. 29 ff., wo er einen dauernden Kampf des Staates, den er als das „Persönliche, Selbstbestimmende", als den „persönlichen Organismus des allgemeinen Willens" (S. 31) ansieht, und der „nichtpersönlichen", nicht am allgemeinen Willen, sondern am Interesse orientierten Gesellschaft (S. 43) aufzeigt. Auch *Gneist*, Kreisordnung, S. 3, geht von diesem Gedanken aus, strebt jedoch bereits eine Integration beider Sphären an, da im Menschen die gesellschaftliche und die staatliche Sphäre vereint angelegt seien (a.a.O. und Rechtsstaat, S. 2).

106 *Köttgen*, Innerstaatliche Gliederung, S. 80; *Dürig*, JZ 1953, S. 193. Demgegenüber lehnt *Forsthoff*, Begriff u. Wesen, S. 34, 36, das Sozialstaatsprinzip als staatskonstituierende Norm ab, indem er es als in der Natur der Staatlichkeit liegendes Prinzip primär der Verwaltung zuordnet und der Verfassung, verstanden als Staatsbeschränkung, gegenüberstellt.

107 *Forsthoff*, Die Verwaltung als Leistungsträger, S. 9; *Rasch*, Die staatliche Verwaltungsorganisation, S. 11.

108 *Bertram*, Staatspolitik und Kommunalpolitik, S. 10; *Hesse*, Der unitarische Bundesstaat, S. 18.

109 Vgl. *Fechner*, Die private Sphäre in der Gegenwart, S. 33; *Becker*, Kommunalverwaltung und Staatsverwaltung, S. 82.

Staatlichkeit und gesellschaftlicher Dynamik[110] und führt so zu einer starken wechselseitigen Einflußnahme zwischen „Staat“ und Industriegesellschaft[111, 112].

c) Das Verhältnis zwischen Rechts- und Sozialstaat

Während das Rechtsstaatsprinzip dem Schutze des Individuums einerseits und der rechtssichernden Gleichheit andererseits verbunden ist, ist das Sozialstaatsprinzip der gesellschaftlichen Wohlfahrt verpflichtet und hat so Effektivität und möglichst zweckrationale Organisation aller Staatsfunktionen im Auge.

Der Sozialstaat begründet daher im Kleide des rechtsstaatlichen Gleichheitssatzes einen Anspruch des Bürgers auf gleiche Teilhabe an der öffentlichen Versorgung, d. h. aber auch auf gleiche Verwaltungsqualität[113], und steht so in einem Gegensatz zu dem vom materialen Rechtsstaat intendierten Individualschutz. Das rührt hauptsächlich daher, daß aus dem Blickwinkel des Sozialstaats die zu regelnde Sachlage überall im wesentlichen gleich ist[114], d. h., nach der oben vertretenen Auslegung des Gleichheitssatzes, ohne Willkür einheitlich geregelt werden kann, ohne daß die Gefahr nivellierender Gleichmache-

---

110 *Köttgen*, a.a.O., S. 80.

111 *Forsthoff*, Rechtsfragen der leistenden Verwaltung, S. 18; *Hesse*, Rechtsstaat im Verfassungssystem, S. 79.

112 Es erscheint deshalb bedenklich, in der Einführung der Demokratie eine Identifizierung der Gesellschaft mit dem Staat zu sehen (so: *Carl Schmitt*, Hüter der Verfassung, S. 78; vgl. auch *Abendroth*, Begriff des demokratischen und sozialen Rechtsstaats, S. 285; ihnen folgt *Dagtoglou*, Der Private in der Verwaltung, S. 144), da dann die Kontroverse zwischen zentripetaler Gesellschaft und u. a. auch vertikal gegliedertem Staat, in der *Köttgen*, Innerstaatliche Gliederung, S. 82, „den eigentlich neuralgischen Punkt ... unserer innenpolitischen Existenz“ sieht, nicht gesehen wird. Mit der Identifizierung von Gesellschaft und Staat wird nämlich notwendig die Statik des letzteren der Dynamik der Gesellschaft preisgegeben, und so die in jeder Statik liegende Sicherung (*Hesse*, Rechtsstaat im Verfassungssystem, S. 82), primär der Individualsphäre negiert (*Köttgen*, Das anvertraute öffentliche Amt, S. 147). Das wird besonders deutlich bei *Forsthoff*, Die Verwaltung als Leistungsträger, S. 17, 19, wo er das „liberale Freiheitsanliegen“ einer "Teilhabe in irgendeiner Form“ opfert (vgl. auch *Abendroth*, a.a.O., S. 288). Über die in einer Identifikation der Gesellschaft mit dem Staat liegende Bedrohung für die Privatsphäre, vgl. auch *Kaiser*, Die Repräsentation organisierter Interessen, S. 338 und Prolegomena, S. 52; *Scheuner*, Grundfragen, S. 127 und *Ehmke*, Staat und Gesellschaft, S. 25, der eine Identifizierung von Staat und Gesellschaft eine „für die politische Freiheit offensichtlich lebensgefährliche Sache“ nennt.

113 *Ziebill*, Die Stadt muß leben, S. 44; *Hesse*, AöR 77, S. 167 (220) und Rechtsstaat im Verfassungssystem, S. 84 f.

114 Das Gleichheitsurteil kann sich jeweils nur auf die Übereinstimmung bestimmter als wesentlich angesehener Umstände beziehen (*Hesse*, a.a.O., S. 173 f.). Hier steht die insoweit gleiche Angewiesenheit aller Menschen auf den vorsorgenden Staat in Frage.

rei bestünde, da die heutigen Bedürfnisse regelmäßig uniform sind. Aus dieser Sicht hebt das Sozialstaatsprinzip die oben gezeigte Ergänzung zwischen Gleichheitssatz und Gewaltenhemmungsprinzip auf. Es ist deshalb angesichts des in Art. 1 Abs. 1 GG als fundamentales Staatsziel konstituierten Individualschutzes eine Erneuerung dieses Schutzsystems notwendig[115].

Bediente sich der liberale Rechtsstaat[116], um eine Abwägung zwischen staatlicher Gleichheit und staatsbürgerlicher Individualität zu ermöglichen einer horizontalen und vertikalen Funktionshemmung, so modifizierte das Sozialstaatsprinzip des Grundgesetzes dieses überkommene System des Individualschutzes erheblich[117]. Hier ist die oben bereits angedeutete, durch die Verfassung konstituierte permanente Auseinandersetzung zwischen „Staat" und Gesellschaft im Raum tradierter Staatlichkeit von Bedeutung[118]. Dies insbesondere deshalb, weil die Gesellschaft nicht mehr durch aus Honoratioren zusammengesetzte Parteien, nur in der Legislative, sondern vielmehr, durch Interessenverbände repräsentiert wird, die über die Parteien auf alle staatlichen Funktionen Einfluß nehmen[119].

Im Kampf dieser Interessenverbände um spezifische Leistungen des Staates ist aber, weil jeder einzelne regelmäßig mehreren Verbänden entweder angehört, oder doch selbst verschiedene, durch verschiedene

---

[115] *Bachof*, Begriff und Wesen, S. 58; vgl. bereits *Gneist*, Kreisordnung, S. 3: „Die bloße Zusammenfassung solcher Interessen (scil.: aller Einzelnen) kann die Freiheit weder des Ganzen noch des Einzelnen begründen."

[116] Im Gegensatz zum sozialen Rechtsstaat des GG gebraucht.

[117] Vgl. insbesondere *Dürig*, JZ 1953, S. 193 (194), der zu Recht darauf hinweist, daß das vom liberalen Rechtsstaat postulierte Verhältnis „Individuum — Staat" den tatsächlich sowohl auf den Staat wie auf das Individuum einwirkenden „überindividuellen Gebilden" nicht gerecht zu werden vermag.

[118] In diesem Sinne wird nach *Hesse*, Grundzüge, S. 83, „die Integrationsfähigkeit der sozialen Ordnung ... zur Voraussetzung der Integrationsfähigkeit der politischen Ordnung". Da der Staat jedoch „den Charakter eines eindeutig vorgegebenen Willens- und Herrschaftssubjekts" verloren hat, nimmt infolgedessen „die einheitsbildende Zusammenordnung aller in ihm lebenden Kräfte und Strömungen" (*Hesse*, VVdStL 17, S. 45; vgl. dagegen *Forsthoff*, Der introvertierte Rechtsstaat und seine Verortung, S. 220 ff.) die Stelle moderner Staatlichkeit als eines Regelsystems ein, das weder mit dem politischen Gemeinwesen identisch ist, noch über ihm steht, sondern vielmehr integrierender Bestandteil des Gemeinwesens ist (*Ehmke*, Staat und Gesellschaft, S. 45).

[119] *Kaiser*, Repräsentation organisierter Interessen, S. 347, der den Parteien die Verpflichtung auferlegt, alle desintegrierenden Einwirkungen von Pressure Groups entschlossen abzuwehren, und in ihnen die berufenen Hüter des Integrationsvorganges zwischen gesellschaftlichem Pluralismus und politischer Einheit sieht. *Köttgen*, Innerstaatliche Gliederung, S. 93, sieht in dieser Vorverlagerung der staatlichen Willensbildung vom Bereich des Parlaments in den innerparteilichen den Wandel der Parteien zu den eigentlichen Staatsträgern. Näher zu dem Verhältnis zwischen Verbänden und Parteien, u. II, 2 c) und d).

Verbände artikulierte Interessen hat[120], und da diese Verbände auf alle Staatsfunktionen Einfluß zu gewinnen bestrebt sind, ein Mehr an Reibungsflächen begründet. Dieser Befund bewirkt auch im sozialstaatlichen „Zentrum staatlicher Effektivität"[121], der Verwaltung[122], eine Schwächung sozialstaatlicher Zweckrationalität zugunsten bürgerschaftlicher Teilhabe[123].

Es ist jedoch zu beachten, daß auch die durch diese verfassungsmäßig sanktionierte Einflußnahme gesellschaftlicher Repräsentation bewirkte Funktionshemmung dem Individuum keinen dem liberalen vergleichbaren Freiheitsraum zu sichern vermag. So weist *Menger*[124] auf den im Sozialstaat gewandelten Freiheitsbegriff hin, der nicht mehr, wie im Staat des 19. Jahrhunderts, eine dem Staat gleichgültig gegenüberstehende[125], sondern eine durch die Pflicht des Bürgers zur Rücksichtnahme gegenüber der im Staat verfaßten Gesellschaft gebundene

---

[120] Man hat festgestellt, vgl. *Mayntz*, Soziologie der Organisation, S. 8, daß „etwas mehr als die Hälfte der Erwachsenen in der Bundesrepublik ... Mitglieder von freiwilligen Vereinigungen und Verbänden, und zwar nicht selten von mehreren zugleich" sind.

[121] *Kaiser*, a.a.O., S. 268.

[122] Dieser wären hier auch die vom Parlament verabschiedeten Maßnahme- und Einzelfallgesetze zuzurechnen (vgl. *Weber*, Spannungen und Kräfte, S. 148).

[123] a. A. *Weber*, a.a.O., S. 147 f., der zwischen dem dem Versorgungsstaat immanenten Trend zur „Totalität" und „gewaltenteiliger Machtaufhebung" einen unversöhnlichen Gegensatz sieht. Aus einer ähnlichen Sicht der Dinge zieht auch *Fortshoff*, Die Verwaltung als Leistungsträger, S. 17, den Schluß, die zunehmende Machtballung des Sozialstaats stelle eine Absage an „das ganze rechtssstaatliche Freiheitspathos" dar, das „entscheidend durch das Streben bestimmt ist, ... nicht mehr der Person, sondern einem Ding (scil.: Dem Verfassungsstaat!) unterworfen sein zu wollen". Vergleicht man dies mit einer weiteren Äußerung *Forsthoffs* (a.a.O., S. 19), wonach „das liberale Freiheitsanliegen, mit seiner Tendenz zur Entmachtung des Staates" mit der Verwiesenheit des Menschen „auf die gesamtpolitische Ordnung" in einem unversöhnlichen Gegensatz stehe, so deutet sich die Apokalypse des Führerstaates: gesamtpolitische Ordnung bei gleichzeitiger Unterworfenheit unter den Menschen an. (*Max Weber*, Staatssoziologie, S. 49; vgl. weiter *Kägi*, Die Verfassung als rechtliche Grundlage des Staates, S. 165, der aber die Sozialstaatskomponente nicht in dem erforderlichen Maße in die Problematik mit einbezieht; *Scheuner*, Grundfragen, S. 127; *Leibholz*, Strukturprobleme, S. 226 f. und *Fechner*, Die private Sphäre, S. 35.
Eine fruchtbare Synthese zwischen sozialstaatlicher Egalität und Individualfreiheit scheint mir dagegen *Fechner*, Freiheit und Zwang im sozialen Rechtsstaat, S. 17, aufzuzeigen, indem er die Würde des Menschen in der Berufung zur Beherrschung der Polarität zwischen der (durch die sozialstaatliche Zielsetzung geförderte) Zwangsläufigkeit der Sachen und der (durch rechtsstaatliche Garantien allein nicht mehr zu gewährleistenden) Freiheit von Zwang sieht. Hiernach realisiert sich die Menschenwürde im sozialen Rechtsstaat durch freiwillige Teilnahme am Staat, um nicht der Zwangsläufigkeit zu verfallen.

[124] Begriff des sozialen Rechtsstaats, S. 27.

[125] *Smend*, Bürger und Bourgeois im deutschen Staatsrecht, S. 314, der im Anschluß an *Carl Schmitt* von „bourgeoisem Rechtsstaat" spricht.

Freiheit beinhalte[126]. Dieser Pflicht zur Rücksichtnahme korreliert die Möglichkeit einer verstärkten Einflußnahme des einzelnen über die Verbände als den Repräsentationsorganen der Gesellschaft und über diese wieder auf die Parteien und so auf die Staatstätigkeit auch im konkreten Fall, so daß sich mit *Dürig*[127] von einer durch den Sozialstaat bewirkten Verschiebung der Freiheitsgarantie vom status negativus hin zum status aktivus sprechen läßt[128].

Die vom sozialen Rechtsstaat konstituierte Zuordnung von Individualschutz und allgemeiner Daseinsvorsorge kann deshalb als die „Ortung des Menschen zwischen Freiheit und Freiwilligkeit"[129] bezeichnet werden, da angesichts der sozialstaatlichen Notwendigkeiten „die Chancen der Verwirklichung von Freiheit ... im gleichen Verhältnis (wachsen), in dem es gelingt, Gesamtaufgaben durch freien Einsatz zu bewältigen"[130].

Diese Balance antinomer Staatszielbestimmungen[131] findet ihren Niederschlag in der Staatsorganisation[132, 133]. Sie kann nur durch eine Organisation der Staatsfunktionen bewirkt werden, die eine Permeabilität zwischen Gesellschaft und „Staat" auf möglichst vielen Integrationsplattformen gewährleistet[134] und Aufgaben nach diesen Grundsätzen verschiedenen Trägern zuweist[135, 136].

---

126 Vgl. auch *Bachof*, Begriff und Wesen des sozialen Rechtsstaats, S. 45.

127 JZ 1953, S. 193 (196).

128 Vgl. schon *Smend*, a.a.O., S. 318: Die „grundrechtliche Freiheit ist nicht bourgeoise Emanzipation vom Staat, sondern bürgerschaftliche Grundlegung des Staates".

129 *Fechner*, Freiheit und Zwang im sozialen Rechtsstaat, S. 17.

130 *Fechner*, a.a.O., S. 16, vgl. auch Fußn. 123; ihm folgt *Bachof*, VVdStL 12, S. 37 (46).

131 *Ipsen*, Über das Grundgesetz, S. 14.

132 Dies deshalb, weil angesichts des Art. 1 Abs 1 GG alle Staatsfunktionen nur insoweit legitimiert sind, als sie, sei es über das Rechtsstaats-, sei es über das Sozialstaatsprinzip, die Menschenwürde, d. h. die Chance einer möglichst vollumfänglichen Ausbildung aller menschlichen Anlagen zu realisieren geeignet erscheinen. Vgl. u. a. *Hamann*, Einf. I C 2 (S. 18 f.) und Anm. A 1 zu Art. 1 GG; *Hesse*, Der Rechtsstaat im Verfassungssystem, S. 78; *Huber*, Niedergang des Rechts, S. 87; *P. Schneider*, In Dubio pro Libertate, S. 264; BVerfGE 2, 1 (12 f., 15 f.), 6, 32 (36, 40 f.) und 12, 45 (51, 54).

133 Über diese zugleich positive Funktion der Freiheit wird die von *C. Schmitt*, Verfassungslehre, S. 216, vertretene Trennung zwischen „rechtsstaatlichen" und „politischen" Verfassungssätzen überwunden; vgl. auch *Scheuner*, Grundfragen, S. 132 f.

134 Wenn dagegen *Hesse*, Grundzüge, S. 200, das Wesen der Verwaltung im Bereich des Sozialstaats ansiedelt, *weil* sie gegenüber den politischen Kräften eine relative Selbständigkeit habe, so widerspricht er m. E dem von ihm (a.a.O., S. 83) postulierten Satz, wonach die soziale Integration Vorbedingung einer politischen sei, da der Sozialstaat alle Staatlichkeit zunehmend auf dem Verwaltungssektor konzentriert. Auch würde eine relative Selbständigkeit

d) *Die Konkordanzfunktion*[137] *der Landesgesetzgeber*

Während das Grundgesetz im Verhältnis zwischen Bund und Ländern eine relativ konstante, nur durch wenige Kompetenzkompetenzen des Bundes[138] durchbrochene Aufgabenzuordnung vornimmt, weist es die nähere Konkretisierung der in Art. 28 Abs. 2 GG garantierten kommunalen Zuständigkeit den Landesgesetzgebern zu (Art. 70 Abs. 1 GG)[139].

Ihnen wird so die gleiche Funktion übertragen, die die Verfassung zwischen Bund und Ländern selbst wahrgenommen hat: die Zuordnung von Verwaltungsfunktionen auf verschiedene Funktionsträger zu dem Ziel, ein labiles Gleichgewicht zwischen Individualschutz und sozialstaatlicher Egalität zu konstituieren[140, 141].

Es besteht hier aber die Besonderheit, daß die Länder als Träger der Landesverwaltung ihr eigenes Interesse an einer landeseinheitlichen

---

der Verwaltung gegenüber den politischen Kräften die Verwaltenden selbst zu einem politischen Faktor erheben, der von der Auseinandersetzung mit anderen politischen Kräften eximiert und so diesen gegenüber privilegiert wäre. Gegen die damit verbundene Aufwertung des Berufsbeamtentums vgl. *Ehmke*, Staat und Gesellschaft, S. 43; *Peters*, Lehrbuch, S. 239; *Ziebill*, Politische Parteien und kommunale Selbstverwaltung, S. 51.

135 Zu dieser Integrationswirkung der Verfassung vgl. außer *Smend*, a.a.O., *Leibholz*, Strukturprobleme, S. 69.

136 Der sich hier bereits andeutende untrennbare Zusammenhang mit dem Demokratiegebot, wird unter II, 2 erörtert.

137 Zu diesem Begriff vgl. *Hesse*, Grundzüge, S. 28 ff., der ihn als die Aufgabe erfaßt, die Kollision zweier Verfassungsgüter im konkreten Fall durch deren wechselseitige Begrenzung *zugleich* optimal wirksam werden zu lassen.

138 Diese (vgl. Art. 72 Abs. 2 und 84 GG) sind jedoch in der Praxis von nicht zu unterschätzender Bedeutung.

139 In der Praxis werden von den Gemeinden jedoch ganz überwiegend Bundesgesetze vollzogen (*Köttgen*, Die Gemeinde und der Bundesgesetzgeber, S. 75; *Hesse*, Der unitarische Bundesstaat, S. 17). So befindet sich der Bund, der über Art. 84 Abs. 1 und 2 GG auf die Verwaltungstätigkeit der Gemeinden Einfluß nehmen kann und so ebenso wie das Land entscheiden kann, ob eine Aufgabe als Selbstverwaltungs- oder Auftragsangelegenheit wahrgenommen werden soll (*Köttgen*, Selbstverwaltung 1951, S. 346 (347), in der gleichen Lage wie die Länder. Wenn im folgenden auf die Länder eingegangen wird, so hat das dort Angeführte für die vom Bundesgesetzgeber über Art. 84 wahrgenommenen Kompetenzen mit der Maßgabe entspr. zu gelten, daß der Bund bei Eintritt in die Prüfung zuerst noch seine Kompetenz mit der verfassungsrechtlichen Stellung der Länder abwägen muß, für deren grunds. Zuständigkeit Art. 70 GG spricht (*Bertram*, Kommunalpolitik und Staatspolitik, S. 11).

140 Die Duplizität beider Staatszielbestimmungen ist so in die Staatsorganisation hineinprojiziert; vgl. *Menger*, Begriff d. soz. Rechtsstaats, S. 19. wo er den Rechtsstaat eine Projektion des Wunsches nach Rechtssicherheit in den Staat selbst nennt.

141 Da gerade dieses Gleichgewicht gem. den Konstitutionsmaximen des Art. 20 Abs. 1 i. V. m. 28 Abs. 1 GG durch den Staat realisiert werden soll, stellen sich die Aufgaben kommunaler Selbstverwaltung als originär staatliche, d. h. aber denen des Bundes und der Länder gleichwertige dar.

Verwaltung wegen der ihnen übertragenen Pflicht zur Aufgabenbegrenzung zwischen Landes- und Kommunalverwaltung relativieren müssen. Die Stellung der Länder ist insoweit der des Bundes im Falle des Art. 72 Abs. 2 GG verwandt, wonach dieser das Bedürfnis einer bundeseinheitlichen Regelung nicht nach freiem Ermessen, sondern nur von Fall zu Fall, unter Bindung an den in dieser Norm enthaltenen unbestimmten Rechtsbegriff bejahen kann[142].

Es handelt sich darum bei der Zunahme „kompetenzregulierender Gesetze" der Länder, falls sie nur durch „scheinbare ... politische Notwendigkeiten" bedingt sind[143], sehr wohl um eine verfassungsrechtlich greifbare Problematik[144]. Angesichts der Unmöglichkeit einer abschließenden Bestimmung des den Gemeinden durch Art. 28 Abs. 2 GG eingeräumten Wirkungskreises[145] liegt in jeder Regelung des Gesetzgebers, die die Allzuständigkeitsvermutung zugunsten der Gemeinden außer acht läßt, nicht nur „eine akute Gefahr für eine eigene Politik der Gemeinden"[146], sondern zugleich auch ein Verstoß gegen die verfassungsrechtliche Selbstverwaltungsgarantie, deren Kern in vergleichbarer Weise wie der Kern der Individualgrundrechte im Sinne des Art. 19 Abs. 2 GG[147] immer dann tangiert wird, wenn ihr Garantiebereich[148] unter Außerachtlassung der Grundsätze der Erforderlichkeit und der Verhältnismäßigkeit betroffen wird[149, 150]. Der Landesgesetz-

---

[142] Vgl. BVerfGE 13, 230 (233 f.); 13, 237 (239).

[143] *Bertram*, Staatspolitik und Kommunalpolitik, S. 54.

[144] Entgegen *Bertram*, a.a.O.; ähnlich wie er auch *Maunz-Dürig*, Rdnr. 30 zu Art. 28 GG; *Wernicke*, BK, Anm. II 2 b; *Köttgen*, HBkWP I, S. 214.

[145] Vgl. *Köttgen*, Gemeinde und der Bundesgesetzgeber, S. 45; *Peters*, Grenzen, S. 191 ff. und Bad. VGH, Verw. Rechtspr. 4 Nr. 48, der von der ungelösten Aufgabe spricht, „dem Umkreis kommunaler .Unantastbarkeiten nachzuspüren".

[146] *Bertram*, a.a.O., S. 53.

[147] Zur engen Verwandtschaft der Selbstverwaltunggarantie mit der des Art. 19 Abs. 2, vgl. *Partsch*, Angelegenheiten, S. 30. Deshalb stellt aber Art. 28 Abs. 2 i. V. m. Abs. 1, S. 2 GG noch lange kein Grundrecht dar. Vielmehr ist ein Verstoß gegen Art. 28 als Verstoß gegen eine den Staat des Grundgesetzes integrierende Norm einer Grundrechtsverletzung nur hinsichtlich ihrer Sanktion gleichzusetzen (vgl. *Glum*, AöR 56, S. 379 (390)).

[148] Dieser umfaßt nicht eine bestimmte Aufgabenquantität, sondern die charakteristische Gestalt der Selbstverwaltung *(Lerche*, Verfassungsfragen, S. 102), d. h. aber, die ihr immanente Balancierung von Staatszielbestimmungen.

[149] Diese Grundsätze sollen hier nicht als variable Mittel zu einem konstanten Zweck (Sozialstaatserfordernisse) verstanden werden, sondern, da die Gemeinden nicht Träger der allgemeinen Freiheitsvermutung sein können, als die Relation zweier variabler Größen *(Hesse*, Grundzüge, S. 29), Sozial- und Rechtsstaat, die auf kommunaler Ebene ebenso wie im Land zu einer optimalen Wirksamkeit gelangen sollen und deren Zuordnung eine von den Ländern von Fall zu Fall wahrzunehmende Verfassungsaufgabe darstellt.

[150] Dabei kann angesichts des § 91 BVerfGG dahinstehen, ob sich die Geltung dieser Prinzipien aus den Grundrechten unmittelbar (BVerfGE 19, 342 (348 f.)) oder aus dem Rechtsstaatsprinzip (BVerfGE 22, 180 (220)) ergibt.

geber muß daher von Fall zu Fall prüfen, ob er der Landesverwaltung den Vollzug eines Gesetzes überträgt oder weiterhin beläßt, oder ob er die Aufgabe der Kommunalverwaltung als Selbstverwaltungsangelegenheit belassen oder übertragen will[151, 152]. Gleiches hat für den Fall zu gelten, daß der Gesetzgeber selbst qua Gesetz administriert. Auch in diesem Falle steht es nicht in seinem Belieben, Aufgaben selbst durch Gesetz bis ins einzelne zu regeln oder sie den Gemeinden zu überlassen[153]. Schließlich ist auch an die Verwaltungsspitze der Länder bei Angelegenheiten gesetzesfreier Verwaltung zu denken, die insoweit angesichts des Art. 28 Abs. 2 GG verpflichtet ist, ihre eigenen Kompetenzen erst nach einer Auseinandersetzung mit der zugunsten der Gemeinden sprechenden Zuständigkeitsvermutung zu bestimmen[154].

Das Land hat daher, sei es in seiner Verwaltungsfunktion, sei es in seiner Funktion als Gesetzgeber, von der vom Grundgesetz bei der von ihm vorgenommenen Aufteilung von Verwaltungsmacht auf Bund, Länder und Gemeinden intendierten Absicht, ein labiles Gleichgewicht zwischen Individualfreiheit und sozialstaatlicher Egalität auf dem Gebiete der Verwaltung zu erreichen, auszugehen und deshalb von Fall zu Fall die im Interesse des Individualschutzes konstituierte Allzuständigkeitsvermutung der Kommunen[155] durch überwiegende Argumente egalitärer Sozialstaatlichkeit zu widerlegen[156].

---

[151] Art. 28 Abs. 2 GG enthält, so aufgefaßt, auch keine „Status-quo-Garantie" des kommunalen Aufgabenbereiches (a. A. *Becker*, Grundrechte, S. 710; *Köttgen*, Gemeinde und der Bundesgesetzgeber, S. 41; wie hier: *Lerche*, Verfassungsfragen, S. 102 u. insbes. S. 106).

[152] Diese Prüfung ist eine, notfalls mit den Mitteln des Bundeszwanges zu realisierende Bundespflicht der Länder; vgl. *Partsch*, Angelegenheiten, S. 315, der in der Allzuständigkeitsvermutung jedoch nur die Pflicht der Länder sieht, den „größere(n) Teil der Aufgaben in der Ortsinstanz der Selbstverwaltung" zu belassen (S. 314).

[153] a. A. *Köttgen*, Gemeinde und Bundesgesetzgeber, S. 48, (ähnl. auch in: Selbstverwaltung 1951, 346 (347)), nach dessen Ansicht jede Verneinung eines gesetzgeberischen Beliebens bei der Widerlegung der Allzuständigkeitsvermutung notwendig zu einer Blockierung jeglicher Rationalisierung führen muß (ebenso *Gönnenwein*, Gemeinderecht, S. 49 ff.; *Partsch*, Angelegenheiten, S. 304; BVerfGE 2, 329 (332)). Vgl. dagegen das im Text über den nur zu einer Begründung zwingenden flexiblen Inhalt dieser Vermutung Gesagte (ähnl. *Becker*, Grundrechte IV 2, S. 717, der allerdings von einer „institutionellen Garantie" der „eigenen Angelegenheiten", und *Seibert*, Die Gewährleistung, S. 191, der von einer naturrechtsähnlichen Statik des Aufgabenbereiches ausgeht).

[154] Dies muß jedoch den Landesministerien um so schwerer fallen, je mehr sie sich von ihrem eigentlichen Auftrag zu regieren (vgl. *Bertram*, Staatspolitik und Kommunalpolitik, S. 65 f.) entfernen und als Ministerien eines Verwaltungsstaates nicht mehr „auf das Ganze des Staates bezogene und in diesem Sinne politische Verantwortung" tragen (*Köttgen*, DÖV 1964, S. 145 (148)), sondern „sich mit einer Fülle von speziellen Zwecken befassen" (*Köttgen*, a.a.O.) und so notwendig den zur Ausübung einer gebundenen Kompetenzkompetenz über die Zuteilung von Verwaltungsaufgaben auf die Landes- oder Kommunalverwaltung erforderlichen Abstand verlieren.

[155] In dem Sinne, als sie eine spezifische Balance zwischen Individualschutz

Das bedeutet aber angesichts der Bindung des Landesgesetzgebers an das rechtsstaatliche Verhältnismäßigkeitsprinzip, daß die Allzuständigkeitsvermutung des Art. 28 Abs. 2 GG erst dann widerlegt ist, wenn die erforderliche egalitäre Einflußnahme nicht durch ein gegenüber dem beabsichtigten milderes Mittel gewährleistet werden kann. Der Landesgesetzgeber wird deshalb der ihm im Rahmen des Art. 70 GG zugewiesenen Funktion, durch Gesetz den Bereich kommunaler Selbstverwaltungsangelegenheiten über eine jeweilige Abwägung zwischen den Geboten einer material dem Individualschutz verpflichteten Gewaltenhemmung und den egalitären Erfordernissen des Sozialstaates zu konkretisieren, nur gerecht, wenn er in dieser Abwägung zugleich die ihm zu einer Konkordanzstiftung zwischen den Forderungen beider Prinzipien zur Verfügung stehenden Mittel einbezieht. Es zeigt sich, daß der Landesgesetzgeber so der ihm obliegenden Aufgabe am besten dann gerecht werden kann, wenn er sich eines möglichst differenzierten und flexiblen Instrumentariums der sozialstaatlich-egalitären Einflußnahme bedienen kann[157]. Hier ist sowohl an die Möglichkeit einer finanziellen Einflußnahme durch zweckgebundene Zuwendungen[158] als auch an die gesetzliche Positivierung von Pflichtaufgaben, sei es ohne oder in Verbindung mit einem Weisungsrecht sowie schließlich auch, als ultima ratio, an den Totalentzug von Aufgaben durch Umwandlung in Auftragsangelegenheiten herkömmlicher Art oder durch Zuweisung an die Landesverwaltung selbst, zu denken.

---

und Sozialstaatsprinzip konstituiert. Zu der hierin liegenden Integrationsförderung als typische Eigenschaft der Selbstverwaltung vgl. *Lerche*, Verfassungsfragen, S. 107.

156 Vgl. *Partsch*, Angelegenheiten, S. 311, der zwar in ähnlicher Weise eine Abwägungspflicht bejaht, dieser jedoch nur eine „verwaltungspolitische" Bedeutung zumißt, was die Garantie des Art. 28 entwerten würde; vgl. demgegenüber auch den Positivismus *Reinickes*, Die Gemeinde und ihre Ordnung, S. 23, der allein aus der Tatsache, *daß* der Landesgesetzgeber eine Materie der Kommunalverwaltung entzieht, den Schluß zieht, es handele sich deshalb auch um Angelegenheiten mit überörtlicher Bedeutung.

157 Hierher gehören insbesondere die sog. „Pflichtaufgaben nach Weisung", wie sie § 3 Abs. 1 u. 2 der n-w GO kennt. Es handelt sich hierbei um kommunale Selbstverwaltungsangelegenheiten, die grundsätzlich von der Gemeindevertretung wahrgenommen werden und die den Vollzug von Landesgesetzen zum Gegenstand haben, auf deren Wahrnehmung aber das Land mit einem, in seiner Intensität flexiblen, Weisungsrecht Einfluß nehmen kann. Vgl. *Partsch*, a.a.O., S. 308 f., der richtig darauf hinweist, daß die Konsequenz dieser Regelung darin liegt, daß das Weisungsrecht regelmäßig auf Fälle, „bei denen es sachlich gerechtfertigt ist", beschränkt wird, „während bisher ganze Rechtsgebiete zu Auftragsangelegenheiten erklärt wurden, bei denen nur sehr teilweise ein Bedürfnis dafür bestand"; vgl. weiter *Weber*, DÖV 1948, S. 19 (24); *Peters*, Die Gemeinde in der Rechtssprechung, S. 209; zum Ganzen: *Jesch*, DÖV 1960, S. 379 ff.

158 Diese besitzt auch der Bund (*Bertram*, Staats- und Kommunalpolitik, S. 15), für den also auch insoweit das im Text Gesagte entsprechend gilt.

e) *Ergebnis: Die eigenen Angelegenheiten der Gemeinde*

Es wurde gezeigt, daß die eigenen Angelegenheiten der Gemeinden i. S. d. Art. 28 Abs. 2 GG keinen statischen, einer inhaltlich abschließenden Beschreibung zugänglichen Bereich darstellen, sondern in hohem Maße flexibel sind. In Einzelfällen mag zwar die den Landesgesetzgebern überantwortete Konkordanzstiftung zu Ergebnissen führen, die dem naturrechtlich oder historisch aufgefaßten Bereich originärer Gemeindeangelegenheiten entsprechen, dies erscheint jedoch bei den zunehmenden Konzentrationsforderungen eines egalitären Sozialstaatsprinzips sehr unwahrscheinlich. Im übrigen wäre eine solche Übereinstimmung nur akzidenteller Art. Wegen ihres flexiblen Charakters wird der Umfang der den Gemeinden zur eigenverantwortlichen Wahrnehmung offenstehenden Angelegenheiten nur jeweils im konkreten Einzelfall, in dem der Gesetzgeber die Allzuständigkeitsvermutung des Art. 28 Abs. 2 GG nicht begründet, d. h. nicht im Sinne einer optimalen Verwirklichung sowohl des funktionshemmenden Rechtsstaatsprinzips als auch — zugleich — des egalitären Sozialstaatsprinzips, widerlegt hat, quasi schlaglichtartig erhellt[159].

Immerhin läßt sich erkennen, daß, worauf oben schon hingewiesen wurde, der herkömmlich als der eigentliche angesehene Bereich kommunaler Selbstverwaltungsaufgaben, nämlich der Bereich freiwillig übernommener Aufgaben, einem zunehmenden Schrumpfungsprozeß unterliegt. Andererseits gewinnt jedoch der in Art. 28 Abs. 2 GG den Gemeinden garantierte Aufgabenbereich in einem anderen Sinne wieder Bedeutung. In dem Maße nämlich, in dem die Gemeinde zum Vollzugsorgan gesetzlicher Regelungen mit immer enger werdenden Ermessensspielräumen wird, sieht sie sich einer Fülle streng funktional erlassener mittelbarer und unmittelbarer Direktiven gegenüber, „die beginnen ... einander zu überschneiden, zu überlagern und entgegenzustehen“[160]. Die Gemeinde wird so immer mehr zum Träger einer all-

---

[159] Zu diesem der Topik entstammenden Verfahren der Auslegung von Verfassungsnormen als latente, eigentlich nur im Konfliktsfalle realisierte Normen, vgl. *Hesse*, Grundzüge, S. 26 ff.; ebenso *Lerche*, Verfassungsfragen, S. 33, wo er die Möglichkeit einer nach den jeweils gegenüberstehenden Funktionskreisen differenzierenden Auslegung des in Frage stehenden Funktions- u. Legitimationsbereichs aufzeigt.

[160] *Lerche*, Die Gemeinden in Staat und Gesellschaft, S. 21. Zu der Ausrüstung einer „Organisation mit direkt widerspruchsvollen Zielen“, vgl. *Luhmann*, Zweck- Herrschaft-System, S. 136 f., wo er ausführt: „Eine widerspruchsvolle Zweckstruktur bedeutet, daß gegensätzliche, miteinander unvereinbare Handlungen gleichermaßen zulässig sind, so daß die Entscheidung zwischen ihnen praktisch auf nachgeordnete Instanzen delegiert wird. Durch kollidierende Planziele erreicht die sowjetische Verwaltung uneingestanden aber sinnvoll eine starke Dezentralisation und Situationsnähe der Entscheidung. In ähnlichem Sinne könnte man sagen, daß die teilweise widerspruchsvollen Systemziele von Lehre und Forschung an Universitäten die akademische Freiheit der Professoren sichern.“

gemeinen Orstverwaltung[161] mit spezifischem Eigenwert. Dieser liegt darin, daß die Gemeinde primär nicht den einzelnen isoliert-funktionalen Regelungen, sondern eben der Gesamtverwaltung der Gemeinde verpflichtet ist, und deshalb die kommunale Selbstverwaltung eine im Sinne *Köttgens*[162] politische Verwaltung darstellt. In der unter den Augen einer kritischen Öffentlichkeit vollzogenen Abstimmung und Koordinierung streng funktionaler Regelungen kann daher das Entstehen eines neuen Stellenwertes der kommunalen Selbstverwaltung im Verfassungssystem der Bundesrepublik gesehen werden[163].

Der Garantiebereich des Art. 28 Abs. 2 GG erstreckt sich daher potentiell von den herkömmlich freiwillig von den Gemeinden übernommenen Angelegenheiten über die Pflichtaufgaben ohne Weisungsbefugnis der Länder bis hin zu den weisungsgebundenen Pflichtaufgaben, wie sie die GO Nordrhein-Westfalens kennt, und bei denen er eine Sicherung der kommunalen Selbstverwaltung durch die Garantie kommunaler Koordinationsfreiheit funktionaler Regelungen und so einer Verwaltung im politischen Sinne intendiert[164].

---

161 *Hettlage*, Gestalt- und Bedeutungswandel, S. 112. Insoweit ist die Forderung *v. Gneists* (vgl. etwa Preuß. Kreisordnung, S. 9) durch die sozialstaatlichen Notwendigkeiten posthum zumindest in der gegenwärtigen Praxis erfüllt.

162 DÖV 1964, S. 145 (151); vgl. auch *Lerche*, Die Gemeinden in Staat und Gesellschaft, S. 25.

163 Damit wird aber die Trennung zwischen eigenen und Auftragsangelegenheiten hinfällig: ein Ergebnis, wie es aus anderen Erwägungen bereits auch *Preuß*, Staat und Stadt, S. 101, forderte, als er die Auftragsangelegenheiten nicht als Vorbehalte des „Staates", sondern als der alten Obrigkeit bezeichnete.

164 Vgl. demgegenüber *Seibert*, Die Gewährleistung gemeindlicher Selbstverwaltung durch das Grundgesetz, S. 57 ff., der (ähnlich wie *Korte*, Aufgabenverteilung, S. 90 ff.) ausgehend von einem statischen, letztlich naturrechtlich, in der Natur der Sache begründeten Begriff der „örtlichen Angelegenheiten", zwischen einem Recht des Landesgesetzgebers zur verbindlichen Artikulierung dieses Bereichs und einem staatlichen „Mitspracherecht" (S. 57), das sich in der Schaffung von Pflichtaufgaben im Bereich der „primär örtlichen, aber zugleich staatliche Interessen unmittelbar mitbetreffenden Angelegenheiten" (S. 64) realisiere, andererseits, trennt. Diese Trennung erscheint jedoch angesichts der praktischen Unmöglichkeit, die Ermessensausübung bei der Konkretisierung des originären Bereichs von derjenigen, die zu der Annahme eines primär örtlichen, zugleich aber auch staatliche Interessen tangierenden Bereichs und dann zur Ausübung eines „Mitspracherechts" führt, zu unterscheiden, ja überhaupt rein örtliche Angelegenheiten festzustellen, sehr unpraktikabel; vgl. *Jesch*, DÖV 1960, S. 739 und *Lerche*, Die Gemeinden in Staat und Gesellschaft, S. 13, der darauf hinweist, daß Verfassungsaussagen „zur bloßen Theorie absinken, wenn sie eine ausreichend reale Chance, beachtet zu werden", verlieren. Eben das scheint mir aber angesichts des vordringenden Wohlfahrtsstaates mit der Behauptung eines statischen Bereichs kraft Natur der Sache örtlicher Angelegenheiten als des in Art. 28 Abs. 2 GG garantierten Aufgabenbereiches der Fall. (Vgl. auch *Peters*, Grenzen, S. 39 Fußn. 1 und *Partsch*, Angelegenheiten, S. 313).

Insbesondere muß bei dieser Argumentation jedoch befremden, daß, wenn der Landesgesetzgeber Verwaltungsmaterien als „örtliche" oder „primär

Eine aktuelle und konkrete Garantiefunktion entfaltet Art. 28 Abs. 2 GG in dem Moment, in dem der Gesetzgeber von der ihm zur Stiftung einer Konkordanz zwischen egalitärem Sozialstaatsprinzip und vertikal-funktionshemmendem Rechtsstaatsprinzip verliehenen Kompetenz zu Gunsten des ersteren unverhältnismäßigen Gebrauch macht.

Nach dieser Untersuchung des Aufgabenbereichs der kommunalen — körperschaftlichen — Selbstverwaltung läßt sich abschließend festhalten, daß das Grundgesetz durch Art. 28 Abs. 2 die Kommunen als landesunmittelbare Körperschaften des öffentlichen Rechts[165] in ein System zur Ermöglichung optimaler Wirksamkeit sowohl des individualrechtsschützenden Rechtsstaatsprinzips als auch des an egalitärer Bedürfnisbefriedigung orientierten Sozialstaatsprinzips, nämlich die Verfassung aller Verwaltung in Bundes-, Landes- und kommunale Selbstverwaltung, integriert und den Gemeinden hinsichtlich der ihnen übertragenen Aufgaben eine dem Bund und den Ländern gleichwertige Stellung auf dem Gebiet der Verwaltung zuerkennt[166]. Das labile Gleichgewicht zwischen den oben genannten Konstitutionsprinzipien wird durch die Verfassung dadurch erreicht[167], daß sie den der räum-

---

örtliche, aber zugleich staatliche Interessen unmittelbar mitbetreffende Angelegenheiten" (*Seibert*, a.a.O.), nur durch die Natur der Sache gebunden, nach seinem Ermessen verbindlich trennen kann und so den Bereich der rein „örtlichen Angelegenheiten" nachhaltiger beeinträchtigen kann als den Bereich der „primär örtlichen ... Angelegenheiten", indem er bei der Realisierung seiner Mitsprachebefugnis an das Verhältnismäßigkeitsprinzip gebunden sein soll. Besonders deutlich wird das dann, wenn der Gesetzgeber, was im Sozialstaat auf keine Schwierigkeiten stoßen wird, verbindlich die Zugehörigkeit bestimmter Materien kraft Natur der Sache zum „ausschließlich staatlichen Bereich" bejaht und dadurch einer Bindung an das Verhältnismäßigkeitsprinzip enthoben ist. Diese Gefahr wird durch den im Text vertretenen flexibleren Aufgabenbereich der Gemeinden dadurch gebannt, daß die kommunale Allzuständigkeitsvermutung nur dann durch ein Erfordernis egalitärer Sozialstaatlichkeit widerlegt ist, wenn das zur Realisierung dieses Egalitätsgebotes in Aussicht genommene Mittel das zugleich das funktionshemmende Rechtsstaatsprinzip am geringsten beeinträchtigende darstellt.

165 Im Gegensatz zu der in Art. 28 Abs. 2 GG gewährleisteten kommunalen Selbstverwaltung sind die Kommunen nur institutionell garantiert, d. h. als Typus, wie der Verfassungsgeber ihn in seiner überkommenen Gestalt vorgefunden hat. Da die kommunale Selbstverwaltung aber nach dem Willen des Grundgesetzes den von diesem vorgefundenen Gemeinden zugeordnet ist, die Selbstverwaltung aber Teil eines die Verwaltung in Bundes-, Landes- und Kommunalverwaltung verfassenden Konkordanzsystem zwischen Rechts- und Sozialstaat darstellt, bei dem es notwendig auch auf die Anzahl der jeweils vorhandenen Ebenen ankommt, muß auch die Zahl der Selbstverwaltungen, d. h. aber, letztlich auch die Existenz jeder einzelnen vorgefundenen Kommune einem der Selbstverwaltung ähnlichem Schutz unterworfen sein, soll nicht das gesamte System Schaden leiden (vgl. hierzu im übrigen näher, Exkurs II, 1).

166 Vgl. *Hettlage*, Gestalt- und Bedeutungswandel, S. 12.

167 Angesichts dieser ausgleichstiftenden Funktion der kommunalen Selbstverwaltung kann zwar *Ziebill*, Der Bürger und seine Stadt, S. 29 und *Partsch*,

lich umfassenderen Verwaltungseinheit erfahrungsgemäß innewohnenden Trend zur Vermehrung eigener Machtbefugnisse durch eine nur begründet widerlegbare Vermutung zugunsten des räumlich engeren Bereichs neutralisiert[168].

II. Die bürgerschaftliche Selbstverwaltung

1. Herkömmliche Begriffsbestimmung — Das Ehrenamt

Die bürgerschaftliche Selbstverwaltung[169] wird herkömmlich als staatsbürgerliche[170] oder politische Selbstverwaltung der körperschaftlichen[171] oder „rechtsfähigen" Selbstverwaltung gegenübergestellt und als Mitwirkungsbefugnis Privater an der Verwaltung schlechthin definiert[172, 173]. Dieser Mitwirkung von Privaten in der öffentlichen Verwaltung wurde regelmäßig, was wohl von ihrer Bezeichnung als „politische" Selbstverwaltung mit herrühren dürfte[174], bis heute keine rechtliche, sondern ausschließlich politische Bedeutung zuerkannt.

Diese Qualifizierung der bürgerschaftlichen Selbstverwaltung war sicher zur Zeit der Monarchie aus der polaren Stellung zwischen Staat, d. h. eigentlich staatlicher Exekutive, einerseits und Kommune als staatsfreier Tätigkeit von Bürgerorganisationen zum Zwecke lokalgenossenschaftlicher Selbsthilfe[175] andererseits am Platze. Sie deckt

---

Angelegenheiten, S. 313, nicht unbedingt widersprochen werden, wenn sie der kommunalen Selbstverwaltung eine Abwehrfunktion gegenüber dem Sozialstaatsprinzip beilegen; sie sehen aber, da sie die Integration der Selbstverwaltung in beide Konstitutionsmaximen nicht wahrnehmen, nur einen Teilaspekt.

168 Man vergleiche den relativ engen Bereich der Bundesverwaltung einerseits und den durch die Allzuständigkeitsvermutung zugunsten der Gemeinden eingeschränkten Bereich der Landesverwaltung. Die Verfassung erkennt so zwar kein materiales aber durchaus ein formales Subsidiaritätsprinzip an.

169 *Ziebill*, Bürgerschaftliche Verwaltung, S. 8; vgl. auch oben Fußn. 1 u. 2.

170 *Elleringmann*, Grundlagen der Kommunalverfassung, S. 14.

171 Siehe oben Fußnote 169.

172 Vgl. hierzu den Titel einer Arbeit *Dagtoglous*, Der Private in der Verwaltung. Das BVerfG definiert sie als die entscheidende Beteiligung von nebenamtlich tätigen Bürgern in weitestem Umfang (E 11, 351 [363]; 11, 266 [276]).

173 Eine Beschränkung der Anwendung dieses Begriffs nur auf Ehren*beamte*, wie sie *Elleringmann*, a.a.O., vornimmt, erscheint jedoch, da sie die gesamte Gemeindevertretung eximiert, deren Mitglieder nur im „3. Reich" Beamte waren (§ 53 der DGO v. 30. 1. 1935), verfehlt.

174 Gegen diesen Sprachgebrauch auch *Fleiner*, Institutionen, S. 95, Fußn. 10.

175 Vgl. *Köttgen*, Innerstaatliche Gliederung, S. 86 f., der auf die enge Beziehung zwischen dem privatrechtlichen Vereinswesen und der die Selbstverwaltung tragenden Honoratiorengesellschaft hinweist.

sich so mit der historischen Kontroverse zwischen dem Staat, der seine Repräsentation in der monarchischen Verwaltung fand, und der Gesellschaft jener Zeit, die sich zuerst in den Gemeinden, dann in der Legislative ihre Wirkungsstätten erkämpfte.

In dem Maße jedoch, in dem sich Gesellschaft und Staat im demokratischen und Sozialstaat gegenseitig durchdrangen und verbanden, übernahm der Staat Aufgaben der Daseinsvorsorge[176] und brach so einerseits die Domäne der kommunalen Selbstverwaltung durch überlokale Maßnahmen[177] und integrierte andererseits die Gemeinden durch gesetzliche Pflichtaufgaben und Auftragsangelegenheiten[178] in den staatlichen Bereich. In der Folge dieser Entwicklung mußte der bürgerschaftlichen Selbstverwaltung, solchermaßen in den Staat integriert, eine spezifische Stellung in der Staatsorganisation, d. h. aber eine rechtlich — und zwar verfassungsrechtlich — greifbare Position eignen.

Diese soeben geschilderte Wandlung wird begleitet von der Ablösung der Monarchie durch die sozialstaatliche Demokratie, die den Gegensatz zwischen Staat und Gesellschaft wenn auch nicht aufhob, so doch in den Verfassungsraum hineinnahm[179] und eine repräsentative Teilhabe an der Bestimmung und Konkretisierung von Staatszielen nicht nur auf Bundesebene, sondern auch in den „Länder, Kreisen und Gemeinden" (Art. 28 Abs. 1 S. 2 GG) konstituierte.

Für die überkommene Lehre jedoch stellen sich die Kriterien bürgerschaftlicher Selbstverwaltung nach wie vor nur in der Abgrenzung zwischen dem Amtsträger in der Staatsverwaltung, dem Berufsbeamten, und dem in der Verwaltung ehrenamtlich Tätigen, dem „Privaten", dar[180]; weshalb auf diese Abgrenzung etwas näher eingegangen werden soll.

---

176 Vgl. den Vorspruch zur WV und *Köttgen*, S. 87; *Dürig*, JZ 1953, S. 193.

177 *Köttgen*, Die Gemeinden und der Bundesgesetzgeber, S. 14 f.

178 Hierzu die anschauliche Darstellung *Fleiners*, Institutionen, S. 107 f., zu der Wandlung des Rechtsgrundes der Fürsorgeunterstützung von der ursprünglich in der genossenschaftlichen Verbundenheit begründeten Nothilfe, zum Anspruch „auf Armenunterstützung gegen die Armenbehörde (des) Wohnsitzes", die (nach *Fleiner*, a.a.O.) durch die preußische Gesetzgebung bereits im Jahre 1842 einsetzte.

179 Vgl. oben I. 3. b) u. c).

180 Vgl. *Peters*, Ehrenbeamte, S. 103. Dies beruht nicht zuletzt auf einer nur historisch verständlichen Verengung des Demokratieprinzips, die sich aus dessen Distanz zum „Amt", das der Krone überantwortet wurde, ergibt (*Hennis*, Amtsgedanke und Demokratie, S. 63 f., der zu Recht darauf hinweist, daß das Amt „zunächst weder mit Königtum, Demokratie noch Bürokratie etwas zu tun (hat), sondern mit den notwendig zu erfüllenden Aufgaben einer res publica"). Gegen diese Beschränkung bereits, wenn auch aus „constitutionell"-liberalen Gründen, *v. Gneist*, Rechtsstaat, S. 162. Vgl. auch *Fleiner*, Beamtenstaat und Volksstaat, S. 40 ff., wo er hervorhebt, daß der

a) Das Verhältnis des kommunalen Ehrenamtes zur Landesverwaltung

Dieses Verhältnis ließ sich ursprünglich als das zwischen mittelbaren und unmittelbaren Staatsbeamten erfassen. Der Begriff des mittelbaren Staatsbeamten findet sich in § 69 II, 10 des Preußischen Allgemeinen Landrechts von 1794, wo er auf Bürgermeister angewandt wird. Er entstammt also einer Zeit, zu der die Kommunen noch als „Staatsanstalten" zu bezeichnen sind[181]. Aus dieser Betrachtungsweise hat sich der, oben als dezentralisierte Staatsverwaltung näher untersuchte Begriff der kommunalen Selbstverwaltung als „mittelbare Staatsverwaltung"[182] entwickelt. Diese Folgerung beruht auf der Prämisse, alle Verwaltung beruhe notwendig auf staatlicher Delegation, die ihrerseits grundsätzlich die Organisationsgewalt des Staates über alle Verwaltung mit sich bringe[183]. Es zeigt sich so, daß die herkömmliche Betrachtung bürgerschaftlicher Selbstverwaltung als eines Appendix der körperschaftlichen doch ihrerseits auch den Rechtskreis der körperschaftlichen Selbstverwaltung mitbestimmt[184]. Wie bereits oben gezeigt wurde, lassen sich jedoch unter der Herrschaft des Grundgesetzes Schlüsse auf die Kompetenz von Bund, Ländern und Gemeinden nicht aus einem abstrakten Staatsbegriff ziehen, der die inhaltliche Bestimmung seiner Hoheitsgewalt aus dem monarchischen Gedanken derart herleitet, daß ihm aus einer der Verfassung vorgegebenen Legitimation Befugnisse aus seiner Staatlichkeit eo ipso zustünden.

Die Kompetenzen des Bundes und der Länder sind vielmehr, unabhängig von dem ihnen institutionell garantierten Rechtsstatus, nach der grundsätzlich hiervon zu trennenden Aufgabenzuordnung des Grundgesetzes zu bestimmen. Angesichts der den Gemeinden durch Art. 28 Abs. 2 GG zugleich mit den Selbstverwaltungsaufgaben mitübertragenen Personalhoheit erscheint daher der beamtenrechtliche Begriff des „mittelbaren Staatsbeamten"[185] insoweit verfehlt, als der

---

Volksstaat, als den er die Schweiz im Gegensatz zum Deutschen Reich bezeichnet, „durch die Übertragung demokratischer Grundsätze auf die öffentliche Verwaltung" (S. 40) einen politischen Gegensatz zwischen Staatsverwaltung und Selbstverwaltung nicht kenne, und in ihm durchaus auch die „Volksvertreter als Beamte im weitern Sinn aufgefaßt werden" (S. 42) können, und daß in der reinen Demokratie nicht nur der Beamte, sondern „jeder dem Staate sein Leben lang berufsmäßig dient" (S. 41).

[181] *Cantner*, HBkWP I, S. 449, *Gönnenwein*, Gemeinderecht, S. 61 f.

[182] *Forsthoff*, Verwaltungsrecht, S. 363 ff.; *Fleiner*, Institutionen, S. 113 f.

[183] *Forsthoff*, a.a.O., S. 1 ff.

[184] Zu dem Schluß von der Stellung des Beamten auf den Dienstherrn, vgl. *Gönnenwein*, a.a.O., S. 62.

[185] *Becker*, Der Berufsbeamte 1958, S. 70 (72); *Fleiner*, Institutionen, S. 113 f. Zu dem Unterschied zwischen den Gemeindeordnungen, die die überkommene Trennung zwischen Auftrags- und Selbstverwaltungsangelegenheiten

kommunale Wahlbeamte nur bei Auftragsangelegenheiten mittelbar, d. h. als Organ der Kommune, Angelegenheiten des Landes wahrnimmt. Daher ist er jedoch nur hinsichtlich bestimmter Funktionen und ausnahmsweise, nicht aber in seiner überwiegenden Tätigkeit dem Land untergeordnet[186].

Ist so schon die Charakterisierung des leitenden Gemeindebeamten schlechthin als mittelbarer Staatsbeamter unzutreffend, so muß das um so mehr für die ehrenamtliche Tätigkeit der Mitglieder der Gemeindevertretung[187] gelten, als deren Tätigkeit schon deshalb nicht als mittelbar dem Land untergeordnete bezeichnet werden kann, weil sie mit Auftragsangelegenheiten ohnehin nicht in Berührung kommen[188].

Die Kommunalverwaltung durch Gewählte läßt sich aus diesem Grunde auch nicht als „eine gewisse Dezentralisation" der Landesverwaltung bezeichnen[189], sondern steht dieser auf dem Boden des Grundgesetzes vielmehr gleichwertig gegenüber[190].

b) Das Verhältnis des kommunalen Ehrenamtes zur Kommunalbürokratie

Die durch die permanente Zunahme von kommunalen Verwaltungsaufgaben, die den Gemeinden durch die Integration in den Sozialstaat zuwuchsen, erforderlich gewordene Verwaltungsrationalität führte dazu, daß die Gemeinden zur Bewältigung dieser Aufgaben mehr und

---

beibehielten und der hierdurch bedingten „quasi-staatsbehördlichen Stellung" der Kommunalbehörden bei Ausführung von Auftragsangelegenheiten, einerseits und den dem Weinheimer Entwurf folgenden Gemeindeordnungen (Schl.-Holst.; N-W; Hess. und B-W) vgl. *Jesch*, DÖV 1960, S. 739 (741 f.).

[186] Der Begriff des „mittelbaren Staatsbeamten" hat sich in den nach 1945 neu erlassenen Gemeindeordnungen nurmehr in Rh-Pf und B-W gehalten.

[187] Diese stehen in einem öffentlich-rechtlichen Amtsverhältnis eigener Art, da ihre Stellung zwar einerseits der von Parlamentariern angenähert ist, sie aber andererseits regelmäßig Verwaltungsaufgaben wahrnehmen und einigen beamtenrechtsähnlichen Pflichten unterliegen, die das Parlamentsrecht nicht kennt; vgl. *Linkermann*, Das kommunale Ehrenamt, S. 173.

[188] Soweit die Gemeindeordnungen an dieser Aufgabendifferenzierung überhaupt festhalten. Anderes gilt insbesondere für N-W. wo die „Pflichtaufgaben nach Weisung" durch die Gemeindevertretung insoweit wahrgenommen werden, als eine direkte Weisung im Einzelfall nicht ergeht.

[189] So *Dagtoglou*, Der Private, S. 122.

[190] Dagegen ist nicht zu verkennen, daß zur Zeit der Monarchie allein schon in der unterschiedlichen Herkunft von Wahl- und Berufsbeamten eine Art „personaler" Gewaltenhemmung realisiert wurde. a. A. dagegen *Eulerich*, Dekonzentration der Großstadt, S. 28, der ihnen wegen ihrer den Berufsbeamten gleichen Stellung auch eine solche Wirkung abspricht; wie hier: *Popitz*, Zentralismus und Selbstverwaltung, S. 339; *Fleiner*, Institutionen, S. 95.

mehr auf ein geschultes Funktionärskorps, die Bürokratie, angewiesen wurden[191]. Die ehrenamtliche Tätigkeit verlagerte sich so vom klassischen Ehrenbeamten, der nebenberuflich mit dem erforderlichen Fachwissen eines modernen Verwaltungsbeamten nicht mehr konkurrieren konnte[192], auf die Repräsentation in der Gemeindevertretung. In dem gleichen Maße, in dem die Bedeutung des kommunalen Ehrenamtes als gewaltenhemmender Faktor innerhalb einer monarchischen Landesverwaltung hinter der durch das Grundgesetz verfaßten Verwaltungsgliederung in jeweils demokratisch legitimierte Bundes-, Landes- und Kommunalverwaltung und der damit verbundenen Funktionshemmung zurücktrat, gewann es diese Bedeutung gegenüber der Kommunalbürokratie zurück. Diese stellt, nach den gleichen Grundsätzen wie die Landesbürokratie ausgebildet, ebenso wie diese eine faktische Eigenmacht dar[193], die aus Gründen tatsächlicher oder aber auch ideologisierter und deshalb nur scheinbarer Sachgesetzlichkeit in Gegensatz zu den politischen Zielsetzungen der Gemeindevertretung kommen kann[194].

Die Gemeindevertretung mußte daher neben der grundsätzlichen Leitung der Aufgabenerledigung zugleich auch die Kontrolle über das zu diesem Zwecke zugezogene Beamtenkorps und insoweit, von Einzelheiten einmal abgesehen, eine ähnliche Funktion wie die der Parlamente übernehmen[195]. Schon aus dieser Betrachtung, die nur auf die Auswirkungen privater Mitwirkung in der Verwaltung abstellte, die eigentliche, nämlich aus der Verfassung herzuleitende, Bedeutung der bürgerschaftlichen Selbstverwaltung dagegen noch weitgehend außer

---

[191] Über das Verhältnis von Sozialstaat und Bürokratie, vgl. *Thieme*, Der öffentliche Dienst in der Verfassungsordnung, S. 18; *Meyer*, Verwaltungsorganisation, S. 60.

[192] *Rasch*, Die staatliche Verwaltungsorganisation, S. 11 f.

[193] *Forsthoff*, Krise, S. 56.

[194] Eine solche eigenwertige Einschätzung des Berufsbeamtentums wird u. a. deutlich bei *Thieme*, Der öffentliche Dienst in der Verfassungsordnung, S. 28, wenn er im Ehrenamt eine „gefährliche Einbruchstelle in die Idee der Sachlichkeit und Rechtlichkeit" sieht. Dem ist zwar insoweit zuzustimmen, als der einzelne ehrenamtlich Tätige oft „Exponent der gerade herrschenden Partei" (*Thieme*, a.a.O.) sein dürfte, diese Gefahr der Einseitigkeit wird aber regelmäßig durch eine kollegiale Besetzung ehrenamtlicher Gremien, denen zudem nur die grundsätzliche Steuerung (und Überwachung) obliegt, im Sinne des der Verfassung zugrundeliegenden pluralistischen Prinzips, das keiner homogenen Gruppe im Staat, auch nicht der Beamtenschaft, allein die Bestimmung dessen, was das Gemeinwohl im Einzelfall erfordert, überlassen kann, gebannt (vgl. auch *Peters*, Gewaltentrennung in moderner Sicht, S. 28 f.).

[195] Vgl. bereits *Forsthoff*, Krise, S. 61 f. Diese Funktion der Gemeindevertretung hat ihre stärkste Positivierung in der n-w GO erfahren, wo der Stadtverordnetenversammlung unter Vorsitz des Oberbürgermeisters ein ihr für den kommunalinternen Vollzug verantwortlicher Oberstadtdirektor gegenübersteht.

acht ließ, ergab sich, daß dem bürgerschaftlichen Element in der Verwaltung eine spezifische Stellung eignet, so daß es nicht als „politisch", d. h. in einem für die Verwaltung letztlich irrelevanten[196] Sinne, beiseite geschoben werden kann.

2. Versuch einer Bestimmung des Begriffs der bürgerschaftlichen Selbstverwaltung aus einer Interpretation des Art. 28 Abs. 1 S. 2 GG in der Gesamtverfassung

Im Vorstehenden wurde bereits einige Male darauf hingewiesen, daß unter der Herrschaft des Grundgesetzes staatliche Tätigkeit und Organisation nicht aus abstrakten Deduktionen aus dem Begriff eines als geschlossen vorgegeben angesehenen Staates und diesem „Staat" notwendig innewohnenden Kompetenzen bestimmt werden kann. Die Institutionen des Grundgesetzes stellen sich aus diesem Grunde nicht als Inseln in einem Meer staatlicher Zuständigkeit dar, sondern jede Staatsfunktion ist als solche nur und insoweit legitimiert, als sie durch das Grundgesetz konstituiert[197] ist. Die Norm des Art. 28 Abs. 1 S. 2 GG, nach der „in den Ländern, Kreisen und Gemeinden ... das Volk eine Vertretung ..., die aus allgemeinen, unmittelbaren, freien, gleichen und geheimen Wahlen hervorgegangen ist" haben muß, kann deshalb nicht als bloß politisches Axiom, das neben Verwaltungsaxiomen hergebrachter Art stehe, begriffen werden, sondern ordnet vielmehr den genannten Repräsentationsorganen staatliche Macht zu. Aus dem im Art. 28 Abs. 1 S. 2 GG zutage tretenden Homogenitätsprinzip ist deshalb zu entnehmen, daß ebenso wie auf Bundesebene eine antagonale Stellung zwischen Staat und Gesellschaft auch auf Landes-, Kreis- und Gemeindeebene ausgeschlossen werden sollte, d. h. aber andererseits, daß auch ein Gegensatz zwischen Verwaltung und Politik auf Gemeindeebene nach dem Willen des Grundgesetzes nicht nur nicht institutionalisiert, sondern vielmehr vermieden werden soll. Im Folgenden soll deshalb versucht werden, den Begriff der bürgerschaftlichen Selbstverwaltung aus ihrer Stellung im System der die Staatlichkeit in der Bundesrepublik konstituierenden Grundnormen zu bestimmen. Während zur Bestimmung der körperschaftlichen Selbstverwaltung oben auf die von der kommunalen Selbstverwaltung wahrzunehmenden Aufgaben abgestellt wurde, soll hier auf die zur Wahrnehmung dieser Aufgaben berufene Kommunalrepräsenta-

---

[196] u. a. *Fleiner*, Institutionen, S. 94; *Merkl*, Allgemeines Verwaltungsrecht, S. 347.

[197] Eine Ausnahme hierzu stellen auch institutionelle Garantien, wie z. B. die Norm des Art. 33 Abs. 5 GG, nicht dar, da hier (z. B.) „hergebrachte Grundsätze" eben nur deshalb wirksam werden, weil sie die Verfassung in diesem (Ausnahme-)Fall legitimiert.

tion als Ausformung des Demokratieprinzips und des Zusammenwirkens dieses Prinzips mit den Staatszielbestimmungen des Rechts- und Sozialstaats eingegangen werden.

a) Das Demokratieprinzip

Hier stehen zwei Fragen im Vordergrund: einmal die der Legitimation der Mehrheit zur verbindlichen Festlegung von Gemeinwohlzielen und zum anderen die Methode, deren sich die Menge der Staatsbürger bedienen kann, diese entscheidende Mehrheit zu bilden.

Die Vielzahl der vertretenen Demokratiedefinitionen läßt sich hinsichtlich der Legitimität der Mehrheitsentscheidung und angesichts der an dieser Stelle gebotenen Kürze auf zwei konträre Grundanschauungen reduzieren[198]. Es sind dies die wertfreie oder, von *Kägi* sogenannte „dezisionistisch-totalitäre“[199] und die wertgebundene Auffassung von der Demokratie. Erstere führt über die „Identifikationsreihe: ‚Demokratie‘ = ‚Volkssouveränität‘ = ‚Volkswille‘ = ‚Wille der stimmfähigen Bürger‘ = Wille der an der Entscheidung teilnehmenden stimmfähigen Bürger‘“[200] zu einer Qualifikation der Demokratie als eines Staatswesens unter der Souveränität der Mehrheit, in dem die Chance der Teilhabe an dieser Souveränität an die Stelle individueller Freiheit tritt[201].

Diese dezisionistische und in der Weimarer Republik noch die wohl herrschende[202] Auffassung kann unter der Geltung des Art. 1 Abs. 1 GG, der auch dem Volkssouverän eine der Individualfreiheit dienende Funktion zuweist[203], nicht mehr vertreten werden.

Der Demokratie des Grundgesetzes liegt vielmehr eine zugleich dem Minderheitenschutz verpflichtete Auffassung zugrunde[204]. Sie sieht in der Mehrheitsentscheidung, selbst bei der Verfassungsgesetzgebung, die Ausübung einer Zuständigkeit[205]. Demokratie bedeutet für sie nicht

---

198 Vgl. *Peters*, Entwicklungstendenzen der Demokratie in Deutschland seit 1949, S. 230.

199 *Kägi*, Rechtsstaat und Demokratie, S. 108.

200 *Kägi*, a.a.O., S. 107 ff.; *v. Hippel*, Zur Problematik der Grundbegriffe, S. 23.

201 Vgl. *Kelsen*, Wesen und Wert der Demokratie, S. 13.

202 Vgl. *Anschütz*, Verfassung des Deutschen Reiches, S. 403; *Thoma*, in: Anschütz-Thoma, Handbuch des dt. Staatsr. Bd. 2, S. 154; a. A. jedoch bereits damals: *v. Hippel*, in: Anschütz-Thoma, a.a.O., S. 549 ff.

203 Vgl. *Hennis*, Amtsgedanke und Demokratie, S. 54, der darauf hinweist, daß „der zentrale Begriff der repräsentativen Demokratie nicht die Volkssouveränität ... sondern das Amt“ ist.

204 BVerfGE 2, 1 (12 f.).

205 *Kägi*, Rechtsstaat und Demokratie, S. 136; *Leibholz*, Strukturprobleme, S. 138.

die „Herrschaft der einundfünfzig Prozent", sondern vielmehr eine bestimmte Art der Einheitsbildung zwischen allen politischen Strömungen hin zu einer „freien Gemeinschaft freier Menschen"[206]. Nur diese Auffassung ermöglicht auch eine fortlaufende, d. h. dem Wechsel politischer Ansichten gerecht werdende Mehrheitsbildung, da sie, indem sie die jeweilige Mehrheit an Regeln bindet, der jeweiligen Minderheit die Chance beläßt, zur Mehrheit zu werden. Nach der wertfreien Auffassung von der Demokratie kann dagegen die Mehrheit das sie, im Sinne der Gegenmeinung, erst legitimierende System permanenter Mehrheitsbildung abschaffen[207].

Da die Demokratie als Mittel zur Einheitsbildung des politischen Willens aller Bürger von der Verfassung legitimiert ist, kann die Art und Weise dieser Einheitsbildung im konkreten Fall nicht unbeachtlich sein. Es ist deshalb kurz auf das Problem der repräsentativen Demokratie hinzuweisen.

Wurde noch im 19. Jahrhundert die Menge der Staatsbürger durch einzelne (Honoratioren) repräsentiert[208], die aus Wählergruppen, die, staatsrechtlich irrelevant[209], in Form privatrechtlicher Vereine organisiert waren, hervorgingen oder sich ihrer zur Unterstützung bedienten[210], so legitimiert heute Art. 21 Abs. 1 S. 1 GG die politisch entscheidende Stellung der Parteien bei der staatlichen Willensbildung[211]. Dies bedeutet zugleich die Anerkennung der parteipolitischen Übung, Abgeordnete weniger als Repräsentanten des Volkes, denn als solche

---

[206] *Kägi*, a.a.O., S. 107; vgl. auch *Peters*, Entwicklungstendenzen, S. 235. Die totale Aufhebung der persönlichen Freiheit bedeutet zugleich auch die Aufhebung politischer Gleichheit, da der Status derer, die Zwang ausüben, mit dem derer, die gezwungen werden, nicht vergleichbar erscheint (*Leibholz*, a.a.O., S. 137, 153).

[207] Man denke an die mehr oder weniger „legale" Machtergreifung des nationalsozialistischen Regimes. Auch speziell gegen die Möglichkeit einer Wiederholung solcher Vorgänge wendet sich die Demokratie des Grundgesetzes (vgl. BVerfGE 1, 33 und auch *Scheuner*, Grundfragen, S. 133; *Leibholz*, a.a.O., S. 139 f.).

[208] Über den Zusammenhang zwischen Honoratioren und der Betrachtung des Volkes als politische Einheit, vgl. *Leibholz*, Strukturprobleme, S. 80 f.

[209] Vgl. noch *Jellinek*, Allgemeine Staatslehre, S. 114 und *Triepel*, Staatsverfassung und politische Parteien, S. 24 ff., der sogar noch für die Weimarer Republik darauf bestand, daß die Aussage, „der moderne Staat sei auf Parteien aufgebaut" eine „rechtlich unhaltbare Behauptung" darstelle. Vgl. demgegenüber *Horneffer*, Demokratie und Selbstverwaltung, S. 36, der zur gleichen Zeit (1927) hervorhebt, daß „Die Parteien ... die tatsächlichen Inhaber, die wirklichen Verwalter der souveränen Gewalt geworden" sind.

[210] *Scheuner*, Grundfragen, S. 142.

[211] *Leibholz*, Der Parteienstaat, S. 110. Ob man die Parteien allerdings (wie *Leibholz*, a.a.O., S. 106) als Repräsentation der Gesellschaft ansehen kann, oder ob sie nicht vielmehr das Bindeglied zwischen Staat und Gesellschaft sind (so *Kaiser*, Repräsentation organisierter Interessen, S. 308), darauf soll u., unter dem Aspekt des Sozialstaats näher eingegangen werden.

der Parteien anzusehen[212]. Auch aus der zur Einheitsbildung angewandten Methode des Grundgesetzes[213] ergibt sich so, daß die Demokratie heute nicht mehr als Selbstregierung des Volkes, sondern vielmehr als ein System zur Ermöglichung permanenter Auseinandersetzung aller politischen Kräfte, die um die verantwortliche Leitung des Staates ringen, angesehen werden muß[214].

b) Das Verhältnis zwischen Demokratie und Rechtsstaat

Dem Demokratiebegriff des Grundgesetzes ist eine Bindung an Rechtswerte, insbesondere an den des Minderheitenschutzes immanent. Wie die Demokratie so eine fortlaufende Einheitsbildung des politischen Willens vieler einzelner gewährleisten will, so ist der Rechtsstaat dem Schutz des Individualraumes, der eine freie, eigenverantwortliche Willensbildung überhaupt erst ermöglicht, verpflichtet. Wie oben[215] gezeigt wurde, gewährt die Gewaltenhemmung Individualschutz nicht durch eine nur horizontale, sondern durch eine allseitige, durch die Übertragung verschiedener Aufgaben auf verschiedene Träger durchgeführte, Funktionshemmung. Sie korreliert so der Forderung des Demokratieprinzips, dem einzelnen ein möglichst großes Maß an Einflußmöglichkeiten und an potentieller Verantwortung zur Verfügung zu stellen[216]. Mit der Übertragung von Staatsfunktionen auf unmittelbar demokratisch legitimierte Gremien, die in diesem Maße nur durch eine Gliederung des Staates in der Vertikalen erzielt werden kann, wird deshalb eine optimale Wirksamkeit beider Prinzipien gewährleistet, wie sie das Grundgesetz fordert, wenn es in Art. 20 GG den Staat als „demokratischen Rechtsstaat" konstituiert.[217]

---

212 Zu dem Gegensatz zwischen Art. 21 GG und Art. 38 GG, vgl. *Leibholz*, a.a.O., S. 112, der sogar (Strukturprobleme, S. 104) eine gewisse Kontroverse zwischen Art. 20 und 21 GG sieht; *Scheuner*, a.a.O., S. 145. Als freie Persönlichkeit hat der Abgeordnete eigentlich nur noch seinen Platz bei der Bildung des „Parteimehrheitswillens" (*Leibholz*, Strukturprobleme, S. 97; *Hesse*, Die verfassungsrechtliche Stellung der politischen Parteien, S. 31 ff.).

213 Vgl. o. Fußn. 211.

214 *Scheuner*, Grundfragen, S. 128 f.; *Hesse*, Grundzüge, S. 53; *Weber*, Gewaltenteilung als Gegenwartsproblem, S. 266; *v. d. Heydte-Sacherl*, Soziologie der deutschen Parteien, S. 51.

215 Siehe I. 3. a).

216 *Maunz-Dürig*, Rdnr. 42 zu Art. 20 GG; *v. Mangoldt-Klein*, Erl. 1 zu Art. 20 GG; *Hamann*, Einführung I, D 3; vgl. insbes. *Kaufmann*, Zur Problematik des Volkswillens, S. 278: „Je unmittelbarer das Volk als Vielheit sich äußern will, um so einflußloser wird es auf den Inhalt dessen, was wirklich geschieht."

217 Dies bestätigt nachträglich die oben (a)) vertretene wertgebundene Auffassung der Demokratie. Da nämlich in einer totalitären Demokratie der dem Rechtsstaat übergeordnete Volkssouverän rechtsstaatliche Zielsetzungen nur mittels Autolimitation seiner Souveränität verfolgen würde, wäre die in Art. 20 GG geforderte Konkordanz beider Prinzipien durch das Übergewicht des einen unmöglich geworden (vgl. *Kägi*, Rechtsstaat, S. 133).

c) *Das Verhältnis zwischen Demokratie und Sozialstaat*

Während das Demokratieprinzip in Verbindung mit dem Rechtsstaatsprinzip die Antinomie zwischen Freiheit und Gleichheit der einzelnen Staatsbürger durch Hereinnahme der Antinomie in den Verfassungsraum und des Bürgers in den Staat, wenn nicht löst, so doch institutionalisiert, d. h. durch Austragungsregeln versichert, bezweckt das Sozialstaatsprinzip neben der Förderung des gesellschaftlichen Fortschritts, wie wir oben bereits erwähnten[218], den Ausgleich zwischen der staatlichen Statik und der Dynamik der modernen Massengesellschaft[219].

Es ist zu prüfen, wodurch sich die Industriegesellschaft der Gegenwart repräsentiert. Wie die Beziehungen der Mitglieder der Industriegesellschaft untereinander, so wird auch die Beziehung dieser Gesellschaft zum Staat durch einen alle anderen weit überragenden Faktor bestimmt, durch das Interesse[220], gegenüber dem Sozialstaat durch das spezifische Interesse, bestimmter Leistungen teilhaftig zu werden. Dieser Interessenvertretung widmen sich mannigfache Verbände[221], die nicht nur versuchen, über die Parteien oder neben ihnen, auf eigenen Wegen[222], die von ihnen angestrebten Leistungen des Wohlfahrtsstaates zu erlangen, sondern zugleich über Fachleute ihren Mitgliedern die komplexen gesamtpolitischen Zusammenhänge, wenn auch unter dem Gesichtspunkt ihrer spezifischen Interessen, transparent zu machen suchen[223].

Die Parteien können angesichts dieser realen Gesellschaftsrepräsentation[224] allenfalls als fiktive Repräsentation einer nach Interessen verbandsmäßig mediatisierten Gesellschaft angesehen werden[225]. Diese

---

[218] Siehe I. 3. b) und c).

[219] *Köttgen*, Innerstaatliche Gliederung, S. 80.

[220] So schon *Gneist*, Kreisordnung, S. 2 und Rechtsstaat, S. 3.

[221] *Weber*, Spannungen und Kräfte, S. 145; *Köttgen*, a.a.O., S. 87 und insbesondere *v. d. Heydte-Sacherl*, Soziologie der deutschen Parteien, S. 175 ff. Demgegenüber kann der von *Krüger*, NJW 1956, S. 1217 ff., vertretenen Ansicht, wonach die Verbände durchaus ein Stück Staat darstellten, jedoch mit *Scheuner*, DÖV 1965, S. 577 ff., nicht gefolgt werden.

[222] *v. d. Heydte-Sacherl*, a.a.O., S. 58, die auch (S. 166 f.) auf die finanzielle Abhängigkeit der Parteien von pressure groups hinweisen.

[223] Diese Kommunikationsrolle der Verbände ist aber auch in der Gegenrichtung virulent: In Form fachlicher Information der Gesetzgebungsgremien (*Ellwein*, Regierungssystem, S. 116; *Lange*, Politische Soziologie, S. 100 f.).

[224] Über die Notwendigkeit der normativen Kraft des Art. 21 Abs. 1 GG durch eine Würdigung des inneren Zusammenhanges zwischen rechtlicher Normierung und der Wirklichkeit des Parteiwesens gerecht zu werden, vgl. *Hesse*, Verfassungsrechtliche Stellung der politischen Parteien, S. 15.

[225] Diese Aussage muß gegen andere in der Literatur vertretene Ansichten wie folgt abgegrenzt werden: einmal gilt es, gegenüber *Weber*, Spannungen

Antinomie: Repräsentation einer nach funktionalen Kriterien organisierten Gesellschaft durch dem Gemeinwohl verpflichtete Parteien, entspricht der in das Grundgesetz integrierten Antinomie zwischen „gesellschaftlicher Dynamik und staatlicher Statik"[226] und zeigt so, daß die Parteien, denen die Aufgabe zufällt, von Fall zu Fall die Verbandsinteressen zu Forderungen des Gemeinwohls[227] zu integrieren[228], dadurch zu den eigentlichen Trägern des Staates geworden sind[229].

---

und Kräfte, S. 149, 152; *Grewe*, Festgabe für Erich Kaufmann, S. 84 und wohl auch *Scheuner*, Grundfragen, S. 144; *Forsthoff*, Verfassungsprobleme des Sozialstaats, S. 16, 18, festzuhalten, daß, wenn auch kein der Gesellschaft polar entgegenstehender, so doch ein mit ihr verflochtener Bereich der Staatlichkeit besteht, und daß aus diesem Grunde die Parteien, die im Gegensatz zu den Verbänden für ihr Verhalten politisch verantwortlich sind (*Kaiser*, Repräsentation, S. 246 f.) gem. Art. 21 GG als Bestandteile des staatlichen Bereichs den Verbänden nicht gleichgestellt werden können (*Kaiser*, a.a.O., S. 234 und Prolegomena, S. 52; *Köttgen*, Innerstaatliche Gliederung, S. 89; *Ehmke*, Staat und Gesellschaft, S. 47; *Hesse*, a.a.O., S. 23; *Hartmann*, Interessenpluralismus, S. 52 f.; *Lange*, Politische Soziologie, S. 91, 101). Zum anderen gilt, entgegen *Weber*, a.a.O., S. 49; *Leibholz*, Parteienstaat, S. 106 und Strukturwandel der modernen Demokratie, S. 121; *Horneffer*, Demokratie und Selbstverwaltung, S. 36 und *C. Schmitt*, Verfassungslehre, S. 314 ff., daß realiter die Gesellschaft nicht durch die Parteien repräsentiert wird (*Hennis*, Amtsgedanke und Demokratiebegriff, S. 67). Im Gegensatz zur liberalen Honoratiorendemokratie ist heute auch nicht ersichtlich, wem gegenüber das Volk repräsentiert werden sollte (vgl. *v. d. Heydte-Sacherl*, Soziologie der deutschen Parteien, S. 60), da auch die Wechselwirkung zwischen Gesellschaft und Staat ihren Ort primär nicht im Parlament, sondern in den Parteien findet (*Kaiser*, a.a.O.; *Scheuner*, a.a.O., S. 160 Fußn. 7; *Köttgen*, a.a.O., S. 83; *Hesse*, a.a.O., S. 21 ff.).

226 *Köttgen*, a.a.O., S. 80. Über diese Zwischenstellung der Parteien zwischen dem „freien Gesellschaftsbereich und der Herrschaftsordnung", vgl. auch *Ellwein*, Regierungssystem, S. 68; *Lange*, a.a.O., S. 136. *Hesse*, a.a.O., S. 41, versucht diese Antinomie durch ihre Überwölbung mit einem allerdings recht schillernden Rechtsbegriff des Öffentlichen zu lösen.

227 Diese sind nicht als präexistent (so *Kelsen*, Wesen und Wert der Demokratie, S. 20, den diese Annahme zu der tatsächlich nur metaphysisch und metajuristisch beantwortbaren Frage nach dem materialen Gehalt dieses präexistenten Gemeinwohls führt, und der demzufolge das Gemeinwohl als metajuristische Illusion charakterisiert), sondern als eine den Interessenpluralismus regulierende Idee anzusehen (*Kogon*, Wirkungen der Konzentration auf die Demokratie, S. 1741; *Engel*, Demokratische Gemeinde 1965, S. 765 [770]).

228 *Kaiser*, Repräsentation organisierter Interessen, S. 235; *Scheuner*, Grundfragen, S. 143; *Peters*, Carl-Sonnenschein-Blätter 1954, S. 34 (36 f.); *Lange*, Politische Soziologie, S. 107; vgl. weiter das BVerfG, das in den Parteien „integrierende Bestandteile des Verfassungsaufbaues" sieht (BVerfGE 1, 225 [227], die „in die Reihe der Integrationsfaktoren im Staate aufgerückt" sind (BVerfGE 5, 134 [388]).

229 *Köttgen*, Innerstaatliche Gliederung, S. 93; ähnl. *Leibholz*, Wesen der Repräsentation, S. 245, der in den Parteien, „die nicht nur die Gesellschaft, sondern zugleich den Staat konstituieren", den Bereich des Politischen sieht, in dem der Gegensatz zwischen Staat und Gesellschaft im Prinzip aufgehoben ist. Vgl. weiter *Ehmke*, Staat und Gesellschaft, S. 46 f.; *v. d. Heydte-Sacherl*, Soziologie der deutschen Parteien, S. 44 ff.; a. A. *Hesse*, Die verfassungsrechtliche Stellung der politischen Parteien, S. 34 f.

Entsprach dem liberalen Rechtsstaat die Mitwirkung von Honoratioren an der Staatstätigkeit in der Legislative[230], so entspricht dem Sozialstaat eine sowohl Legislative wie Exekutive umfassende Verbandsdemokratie, da die Interessen des einzelnen regelmäßig nur durch Unterordnung unter generell gleichgelagerte, d. h. aber verbandsmäßig artikuliert[231], zur Geltung kommen[232]. Die Brücke von der verbandsmäßig organisierten Gesellschaft zum Staat bilden gem. Art. 21 GG die Parteien, die so die eigentliche Schaltstelle staatlicher Willensbildung darstellen[233]. Im Parlament findet sodann nurmehr eine Einheitsbildung der von den Parteien vertretenen Gemeinwohlartikulierungen statt[234].

d) Die Wechselwirkung zwischen Demokratie, Rechts- und Sozialstaat

Wie sich das einen individuellen Freiheitsraum gewährleistende Rechtsstaatsprinzip und die demokratische Teilhabe an der staatlichen Willensbildung wechselseitig bedingen, korreliert dem auf egalitäre Daseinsvorsorge ausgerichteten Sozialstaatsprinzip die Repräsentation der Gesellschaft durch Interessenverbände, die neben einer aktiven Durchdringung der Parteien zugleich deren stärkere Kontrolle gewährleisten[235]. Hierdurch wird jedoch die Demokratie nicht unbedingt gefährdet, sondern, da die Verbände die Möglichkeit einer

---

230 Ob sich mit diesen jedoch, wie *Weber*, a.a.O., S. 43 f., 59, meint, das ganze Volk als „geschlossener Repräsentation" identifizieren konnte, darf angesichts des damals geltenden Drei-Klassen-Wahlrechts und der Tatsache, daß eben auch Honoratioren nur eine spezifische Gesellschaftsschicht vertreten, bezweifelt werden.

231 Zur Vorklärungsfunktion der Verbände, vgl. *Krüger*, NJW 1956, S. 1217 (1218); *Ellwein*, Regierungssystem, S. 115 f.; *Ehmke*, a.a.O., S. 47; *Hartmann*, Interessenpluralismus, S. 48 f.

232 *Evers*, Verbände — Verwaltung — Verfassung, S. 42; *Gehlen*, Soziologischer Beitrag, S. 268; *Hesse*, Grundzüge, S. 7.
Außer den vorgenannten vgl. zu dieser faktischen, nicht institutionellen Natur dieser gesellschaftlichen Repräsentation, *Kaiser*, Prolegomena, S. 57 und *v. Nell-Breuning*, Konzentrationsprobleme im gesellschaftlichen Raum, S. 1707, der von einem „unorganischen Pluralismus" der Verbandsinteressen spricht.

233 Vgl. *Weber*, Spannungen und Kräfte, S. 54, der in den Parteien das „Clearingsystem des Parlaments" sieht; *Leibholz*, Strukturprobleme, S. 72; *Hesse*, Grundzüge, S. 71.

234 Diese stellt nurmehr „die Abschlußphase eines inhaltlich weitgehend präformierten Prozesses" dar (*Hartmann*, Interessenpluralismus, S. 55).

235 Der Sozialstaat modifiziert so die überkommenen Prinzipien zu einer „eigentümlichen Mischung und Verschränkung des demokratischen, liberalen und sozialen Prinzips" in der nach *Friesenhahn*, Staatsrechtslehrer und Verfassung, S. 11 „die Eigenart unserer Verfassung" besteht. a. A. *Forsthoff*, Begriff und Wesen des sozialen Rechtsstaats, S. 13.

Mitwirkung bei konkreten, den einzelnen ansprechenden Interessen ermöglichen, aktiviert[236].

Die Aufgabe der Parteien, die verbandsmäßig artikulierten Gesellschaftsinteressen zu koordinieren, können diese jedoch auf Dauer nur leisten, wenn sie sich den Verbänden gegenüber, die, da sie zur Befriedigung seiner Interessen für den einzelnen „existenziell attraktiver"[237] und so den Parteien auch strukturell überlegen sind, zu behaupten wissen. Dieses Ziel wird durch die Gliederung der Parteien auf Bundes-, Landes- und Gemeindeebene erreicht, die, da jede dieser Ebenen für die Vergabe bestimmter Leistungen kompetent ist, auch eine entsprechende Gliederung der Verbände bedingt. Dadurch wird die Möglichkeit einer Etablierung bestimmter Interessenverbände als permanente Majorität innerhalb der Parteien ausgeschlossen, und die Parteien werden davor bewahrt, zu Vertretern der Interessen von sehr viel straffer und zentralistisch organisierten[238] Verbänden zu werden, wenn sie nicht von diesen völlig übergangen werden wollen[239]. In beiden Fällen würden die Parteien ihre eigentliche Aufgabe, die Gesellschaft durch Koordination möglichst aller Interessen hin zum staatlichen Gemeinwohl zu integrieren, verfehlen[240].

Ebenso kann der Schutz des Individuums, eine angesichts der in Art. 1 Abs. 1 GG enthaltenen fundamentalen Staatszielbestimmung noch wichtigere Forderung, nur durch eine möglichst große Zahl von Reibungsflächen zwischen den verschiedenen Trägern sozialer Gruppeninteressen und innerhalb derselben verwirklicht werden. Nur sie gewährleistet, im Verein mit einer optimalen freiwilligen Teilhabe des einzelnen bei der Steuerung und Kontrolle der sozialstaatlichen Sachgesetzlichkeiten[241] in Parteien und Verbänden, daß die Freiheits-

---

[236] *Fechner*, Freiheit und Zwang, S. 21 ff.; vgl. auch *Hesse*, a.a.O., S. 60, der in den Verbänden ein „modifiziertes Element unmittelbarer Demokratie" sieht; weiter *Scheuner*, Begriff des Staates und Begriff des Politischen, S. 251 f.; *Lange*, Politische Soziologie, S. 136 f.

[237] *Hämmerlein*, Öffentlichkeit und Verwaltung, S. 17.

[238] *Weber*, Spannungen und Kräfte, S. 142 und Gewaltenteilung als Gegenwartsproblem, S. 265; *v. Nell-Breuning*, Konzentrationsprobleme im gesellschaftlichen Raum, S. 1708; *Hämmerlein*, a.a.O., S. 35.

[239] Es gilt daher, die politische Tätigkeit der Interessenverbände neben den Parteien durch ihre Integration in die Parteien möglichst zu beschränken (vgl. auch *Hartmann*, Interessenpluralismus, S. 47 f., 52).

[240] Diese Gefahr einer „Auflösung des Staates" in dem „Schema der Interessenvertretung" hat bereits 1872 *Gneist*, Rechtsstaat, S 182, gesehen und aus ihr personelle Folgerungen für die Besetzung der Gerichte gezogen. Zu der durch den Verbandspluralismus bedrohten Integrationsfunktion des Staates, vgl. *Max Weber*, Staatssoziologie, S. 52; *v. Nell-Breuning*, a.a.O. und *Hämmerlein*, a.a.O., S. 38, der aus diesem Grunde auch eine Stärkung des Parteienstaates erstrebt, da „die Funktionseinheit zwischen Legislative und Exekutive ... nur noch in der Theorie das Filter der Parteien" kennt.

[241] *Fechner*, Freiheit und Zwang, S. 17; vgl. auch *Lange*, Politische Sozio-

sphäre des einzelnen nicht lückenlos im Sinne eines bestimmten Sozialkonzeptes verplant wird[242].

Dagegen erscheint die Schaffung einer gegliederten „staatlichen Obrigkeit", die den Parteien und (!) Verbänden als Ausgleichsinstanz gegenüberstehen würde[243], als Ablehnung einer Integration der Gesellschaft in den Staat[244], die zugleich eine Zurückdrängung des demokratischen Prinzips bedeutet[245], das im Sozialstaat notwendig die die Gesellschaft repräsentierenden Interessengruppen über die Leistungen des Staates mitbestimmen lassen muß[246], will es den einzelnen nicht, bei den im Sozialstaat stark relativierten rechtsstaatlichen Garantien, einer zentralistischen Zwangsläufigkeit ausliefern[247]. Es ist andererseits auch nicht ersichtlich, von welcher realen politischen Po-

logie, S. 81: „Der demokratische Charakter der Partei ist gegeben, wenn sich die ‚höheren Rollen' in ihren Entscheidungen an dem ständigen Strom der spontanen Antworten der ‚unteren Rollen' auf die Handlungen und Reden der Führung orientieren. Er ist bedroht, wenn diese unangefochtenen freiwilligen Rückkoppelungen ausbleiben, und die Entscheidung oben und der Effekt unten nicht mehr integriert werden."

242 Zu der hier lauernden Gefahr der Entstehung eines „neofeudal(en), ständisch-korporativ(en)" Staates, *Kaiser*, Prolegomena, S. 53; vgl. auch *Jeserich*, Die Zukunft der gemeindlichen Selbstverwaltung, S. 80 und *Eschenburg*, Staatsautorität und Gruppenegoismus, S. 45.

243 Sie fordert *Weber*, Spannungen und Kräfte, S. 157, in offensichtlicher Restauration der Gedanken von *Lorenz v. Stein* (vgl. Verwaltungslehre Bd. I, 2. Aufl. 1869, S. 26 ff. und 133 ff.). Wie *Weber*, a.a.O., fordert auch *Forsthoff*, Verfassungsprobleme des Sozialstaats, S. 18 ff., allerdings unter ausdrücklicher Berufung auf *Lorenz v. Stein*, a.a.O., nicht in den Parteien, sondern in einem Bundespräsidenten und einem Berufsbeamtenkorps, die den gesellschaftlichen Kräften gegenüberstehen sollen, eine zu schaffende, am Gemeinwohl orientierte Staatlichkeit. *Weber*, a.a.O. und *Forsthoff*, a.a.O., folgen damit *C. Schmitt*, Das Problem der innerpolitischen Neutralität des Staates, S. 47 ff. Zu einer ähnl. Forderung gelangt vom Boden einer katholischen Naturrechtsauffassung aus, *Hauser*, Der Staat als sittliches Problem, S. 15.

244 Die Auslegung der Verfassung als Integrationsmaxime verkennt *C. Schmitt*, Verfassungslehre, S. 305, wenn er in der Integration nur die Balancierung von vorkonstitutionellen „Staatsform-Elementen" sieht und diesen Elementen Eigengesetzlichkeiten impliziert, die die Verfassung zu koordinieren habe. Er relativiert damit die normative Geltung der Verfassung zugunsten außerverfassungsrechtlicher Maximen, die von der Verfassung zwar benutzt werden können, nicht jedoch die Verfassungsnormen durch die ihnen innewohnenden (regelmäßig historisch erfaßten) Eigengesetzlichkeiten umformen können. Es bleibt festzuhalten: Die Verfassung wird nicht durch in ihr etwa enthaltene „Staatsformelemente", sondern diese werden durch die in der Gesamtverfassung liegende Teleologie determiniert. Gegen die historisierende Fixierung politischer Institutionen durch *C. Schmitt*, insbesondere *Kaufmann*, Carl Schmitt und seine Schule, S. 376.

245 *Ziebill*, StT 1959, S. 591 (593).

246 *Hartmann*, Interessenpluralismus, S. 50.

247 Vgl. *Fechner*, Freiheit und Zwang, S. 17. Über eine Aktivierung innerparteilicher Demokratie allein, wie sie z. B. *Leibholz*, Der Parteienstaat, S. 107, fordert, kann schon angesichts der im Verhältnis zu den Verbänden geringen Mitgliederzahlen der Parteien dieses Ziel nicht erreicht werden; vgl. *Scheuner*, Grundfragen, S. 145.

tenz diese „staatliche Obrigkeit" ausgefüllt werden könnte, wenn nicht von den Parteien[248].

Schließlich sind solche Forderungen Ausdruck der von *Dahrendorf*[249] untersuchten „mystischen Sehnsucht nach Synthese", d. h. des Strebens nach „Lösung" von Konflikten à tout prix, dem das dem demokratischen Prinzip gemäße Fortbestehen von Interessengegensätzen und deren Regulierung[250] von Fall zu Fall unerträglich ist[251].

---

[248] Dagegen wollen *Weber*, Spannungen und Kräfte, S. 161 u. Staats- und Selbstverwaltung in der Gegenwart, S. 87 ff. und *Forsthoff*, Verfassungs-Probleme des Sozialstaats, S. 21 ff., das Berufsbeamtentum unter dem Patronat eines erstarkten Bundespräsidenten zum Träger dieser Obrigkeit machen. *Thieme*, Der öffentliche Dienst in der Verfassungsordnung, S. 24, stützt diese Forderung mit der Erwägung, einmal dienten die Parteien nicht nur dem Allgemeinwohl, wodurch auch die Parlamentsentscheidung betroffen werde, und zum anderen sei das Beamtentum eine bestimmte, von der Staatsform unabhängige (S. 22) intermediäre Gewalt im politischen Kräftespiel (S. 24), der die Bedeutung eines Integrationsfaktors zukomme. Dem ist entgegenzuhalten, daß die Positivierung überkommener Grundsätze (die ja, weil sie „überkommen" sind, in einer anderen sozialen Realität wurzeln, nämlich, unter Vermittlung der „wohlerworbenen Rechte" der WV, in der konstitutionellen Monarchie des 2. Reiches) in Art. 33 Abs. 5 GG nicht soweit gehen kann, die Konstituanten des Sozial-, des Rechtsstaats und der Demokratie in ihrer wechselseitigen Verschränkung gegenüber neutralen Kriterien zu relativieren, was letztlich zu einer Selbstaufhebung der Verfassung als staatlicher Konstituante führen müßte (vgl. hierzu insbes. *Jesch*, Gesetz und Verwaltung, S. 5 ff. und S. 171 ff.). Dem kann auch nicht entgegengehalten werden, das Beamtentum als „Negation des Pluralismus" (*Thieme*, a.a.O., S. 26) rechtfertige sich aus einer von der Repräsentation getrennten Staatsidee als der „Rechtfertigung des Staats ... (durch) die Gewährleistung einer Gesellschaft, die auf den Grundwerten: Freiheit, Gleichheit, Recht und sozialer Wohlstand aufgebaut ist" (*Thieme*, a.a.O., S. 27; vgl. dagegen insbes. *Smend*, Verfassung und Verfassungsrecht, S. 160 f.), da der demokratische Rechtsstaat vielmehr gerade den Pluralismus zur obersten Konstitutionsnorm erklärt und so auch dem Beamtentum den Besitz des Steines der Weisen nicht zubilligen kann (vgl. auch *Peters*, Die Wandlungen der öffentlichen Verwaltung, S. 27 f.), sondern vielmehr den Inhalt der Staatsidee in einer statischen Form zur Auseinandersetzung aller Kräfte hin zu einer „freien Gemeinschaft freier Menschen" (*Kägi*, Rechtsstaat und Demokratie, S. 107) findet. Gegen die Konstituierung eines eigengewichtigen Berufsbeamtenkorps, auch *Leibholz*, Strukturprobleme, S. 111 f., mit dem darauf hinzuweisen ist, daß mit einer solchen Ablehnung nicht einer parteipolitischen Durchdringung der Berfsbeamtenschaft, sondern nur ihrer Loyalität gegenüber dem Parteienstaat das Wort geredet wird. Vgl. weiter *Ehmke*, Staat und Gesellschaft, S. 42 f.; *Peters*, Lehrbuch, S. 239; *Lerche*, Die Gemeinden in Staat und Gesellschaft, S. 17; *Ziebill*, Die politischen Parteien und die kommunale Selbstverwaltung, S. 52, 64 f.

[249] Gesellschaft und Demokratie in Deutschland, S. 161 ff., insbes. S. 225 ff.; vgl. auch *Scheuner*, Grundfragen, S. 142 f., der in dem Wunsch nach einer überparteilichen Einheit des Staates einen Nachhall monarchischer Antipathie gegen „Parteiungen" sieht; vgl. auch *v. d. Heydte-Sacherl*, Sozilogie der deutschen Parteien, S. 70.

[250] Diesem „immerwährenden Zwang zur Synthesenfindung" betonen auch *v. d. Heydte-Sacherl*, a.a.O., S. 71.

[251] Vgl. in diesem Zusammenhang *Forsthoff*, Die Verwaltung als Leistungsträger, S. 17, der aus Gründen der „Vermenschlichung" des Zusammenlebens

Das Ziel, Individualrechtsschutz und sozialstaatliche Daseinsvorsorge über die Demokratie[252] miteinander zu koordinieren, kann daher nur durch die Errichtung von dezentralen Plattformen für parteipolitische Gliederung der Parteien, als den Trägern der Staatlichkeit einerseits und den Plattformen der Verbandsauseinandersetzungen andererseits, nach den Grundsätzen des funktionshemmenden Rechtsstaats erreicht werden[253], die dem einzelnen ein Optimum an eigenverantwortlicher Mitwirkung sichern. Angesichts der Verlagerung des Sozialstaates auf das Gebiet der klassischen Exekutive, die sich zugleich in einer verstärkten parlamentarischen Tätigkeit auf diesem Gebiet durch Maßnahmegesetze äußert, kann der Individualschutz nur durch vertikal gestaffelte Ebenen zur staatlichen Willensbildung innerhalb der klassischen Exekutive gewährleistet werden, die die Parteien und damit zugleich die über die Parteien wirkenden Verbände zwingen, auf jeder dieser Ebenen aktiv zu sein und so ihre Machtfülle zugunsten des Individuums zu hemmen[254].

Eine Vermehrung der notwendigen Schaltstellen zwischen den Parteien und Verbänden auch im Bereich der klassischen Exekutive führt zugleich zu einer verstärkten Ver-Öffentlichung der vielfachen Ver-

---

im Staate den Rechtsstaat als „Dinggehorsam" ablehnt und im Führertum den adäquaten Ausdruck menschlichen Gemeinschaftsdenkens, das den Menschen in ein „angemessenes Verhältnis zu den Dingen" setzt, sieht. Hier zeichnet sich die Folge einer Ablehnung der Staatlichkeit als einer Auseinandersetzung konträrer Kräfte im Rahmen statischer Spielregeln ab: die Diktatur einer dieser Kräfte, die dann alle anderen in ein „angemessenes Verhältnis zu den Dingen" setzt. Zu dieser Konsequenz vgl. *Ellwein*, Regierungssystem, S. 99; *Lange*, Politische Soziologie, S. 107; vgl. auch *Leibholz*, Wesen der Repräsentation, S. 241, der die Gefährlichkeit einer Neoromantik betont, die in den Parteien „nur oligarchische Herrschaftsgruppen, die infolge ihrer gesellschaftlichen Verflechtung die politische Einheit von Volk und Staat und damit die ‚wahre Demokratie' gefährden", sehen, da diese Betrachtungsweise geeignet sei, Liberale, die zum 19. Jahrh., Konservative, die zum Obrigkeitsstaat zurück wollen und schließlich jene, die zu einem totalitären Staat wollen, zu einer Opposition gegen die freie Teilhabe aller politischen Kräfte an der Staatswillensbildung zusammenfinden zu lassen.

252 Über den Zusammenhang aller drei Konstitutionsprinzipien zum Zwecke der Realisierung der Fundamentalnorm des Art. 1 Abs. 1 GG, vgl. *Bachof*, Begriff und Wesen des sozialen Rechtsstaats, S. 45 ff.; *Fechner*, Freiheit und Zwang, S. 9 ff.; *Jahrreiß*, Freiheit und Sozialstaat, S. 9 ff.; *Abendroth*, Zum Begriff des demokratischen und sozialen Rechtsstaats, S. 280.

253 Nur so wird man auch der Eigenheit vertikaler Funktionshemmung, „mit Hilfe gestaffelter Schnitte durch die Wirklichkeit immer neue Flächen zu schaffen, in denen das Engagement der Bürger zum Gemeinwohl gebunden wird" (so treffend, *Lerche*, Verfassungsfragen, S. 115) gerecht. Vgl. auch *Köttgen*, Innerstaatliche Gliederung, S. 96 f. und *v. d. Heydte-Sacherl*, Soziologie der deutschen Parteien, S. 71: „Auch gewinnt der Staat um so mehr an Niveau, je differenzierter ... er in seinen Gliederungen ist."

254 *Hesse*, Der unitarische Bundesstaat, S. 31 und *Köttgen*, Innerstaatliche Gliederung, S. 96; vgl. auch *Ellwein*, Regierungssystem, S. 37.

flechtungen zwischen den Parteien als staatlicher und den Interessenverbänden als gesellschaftlicher Institutionen[255].

Die Öffentlichkeit aber ist nicht nur „auf lange Sicht der Schiedsrichter aller Interessenkonflikte“[256], sondern ermöglicht auch dem einzelnen die ihm seine Individualfreiheit letztlich wahrende[257] Teilhabe an der Koordinierung der Notwendigkeiten. Dies ist insbesondere deshalb wichtig, weil die Verbände für die Wahrnehmung ihrer Interessen, „die ihrer Natur nach zur Verdunkelung und Verheimlichung der Einflußnahme“[258] tendiert[259], keinerlei politische Verantwortung tragen; die Behörden aber, „die auf dem Betreuungsprinzip (hier: Sozialstaatsprinzip) beruhen“, selten den Vertretern der Interessenverbände, die „zuweilen im Gegensatz zur allgemeinen Verwaltungspolitik und zum Interesse der Allgemeinheit stehen“ entgehen[260]. Der Begriff des Öffentlichen enthält so „eines der wichtigsten Momente neuzeitlicher konstitutioneller Staatlichkeit“[261]. Zugleich steht in der Öffentlichkeit dem Staat die Gesellschaft, die ihre pluralistischen Interessen regelmäßig durch eine Vielzahl von Verbänden zur Geltung bringt, in der Gestalt der öffentlichen Meinung geschlossen gegenüber[262, 263], die als solche die staatlichen Willensbildungsgremien zwi-

---

[255] Zur Erreichung dieses Zieles fordert *Habermas*, Strukturwandel der Öffentlichkeit, S. 228 f., ein Dreifaches: Die Verbände müssen intern nach dem Prinzip der Öffentlichkeit organisiert sein, die verbandsinternen Vorgänge müssen nach außen öffentlich sein, und schließlich müssen die Verflechtungen zwischen den einzelnen Verbänden einerseits und die zwischen den Verbänden und dem Staat andererseits öffentlich einsichtig sein.

[256] *Kaiser*, Repräsentation, S. 356; vgl. auch *Smend*, Zum Problem des Öffentlichen und der Öffentlichkeit, S. 469, der von der Öffentlichkeit als der Kraft spricht, von der die letzte Instanz der Demokratie lebt.

[257] *Fechner*, Freiheit und Zwang, S. 17.

[258] *Kaiser*, a.a.O., S. 243; *v. d. Heydte-Sacherl*, Soziologie der deutschen Parteien, S. 173.

[259] *Ellwein*, a.a.O., S. 117, weist zu Recht darauf hin, daß noch bedenklicher als der Mangel an Öffentlichkeit des Verbandseinflusses, der Mangel an verbandsinterner Öffentlichkeit ist; ähnl. *Lange*, Politische Soziologie, S. 93.

[260] *Meyer*, Verwaltungsorganisation, S. 83.

[261] *Smend*, Zum Problem des Öffentlichen und der Öffentlichkeit, S. 20, der dem Begriff des Öffentlichen folgende Bedeutungsinhalte entnimmt: „Das Offenbarsein, die Zugänglichkeit zu den Bereichen von allgemeinem Interesse, Öffentlichkeit als Selbstzweck, Öffentlichkeit als Lebenselement moderner Staatlichkeit sowie schließlich, normativ, Öffentlichkeit als das eigentlich aufgegebene Wesen moderner Staatlichkeit.“

[262] *Kaiser*, Repräsentation, S. 267. Damit soll jedoch nicht verkannt werden, daß auch sie regelmäßig nicht spontan ist, sondern vielfältig gelenkt werden kann (*Hesse*, Grundzüge, S. 59 f.; über die Grenzen dieser Manipulation, vgl. *v. d. Heydte-Sacherl*, Soziologie der deutschen Parteien, S. 106, aber auch S. 117 ff.).

[263] Diese Duplizität der Integrationsvorgänge der Gesellschaft in den Staat: einmal über Verbände, die durch die Parteien hin zum staatlichen Gemeinwohl eingebunden werden, zum anderen als öffentliche Meinung, die akkla-

schen den Wahlen demokratisch legitimiert[264]. Da die öffentliche Meinung auch, soweit ihr zugänglich, den Einfluß der Verbände auf die staatliche Parteiensphäre kontrolliert, die Verbände ihrerseits aber ebenfalls um die öffentliche Meinung werben, erscheint eine verstärkte Ver-Öffentlichung des Verbandseinflusses geeignet, die öffentliche Meinung zum Verbündeten der Staatlichkeit gegenüber Vertretern partikularer Interessen zu machen, da die Durchsetzbarkeit von Verbandsinteressen nicht zuletzt von der Einstellung der öffentlichen Meinung abhängt[265].

Diese Ver-Öffentlichung der konkreten Einflußnahme von Verbänden über Parteien auf die staatliche Zielsetzung und deren Realisierung, kann angesichts der komplexen, den Verbänden zur Verfügung stehenden Einflußmöglichkeiten, ebenfalls nur über eine institutionelle Aufspaltung staatlicher Kompetenz in der Vertikalen erreicht werden[266, 267]. Vertikal-rechtsstaatliche Funktionshemmung und egalitär-sozialstaatliche Demokratie spielen nicht in Form der Balance eines „Antagonismus zwischen Ländern und Verbänden, zwischen regionalem Föderalismus und funktionalem Pluralismus"[268] zusammen, sondern die staatlichen Gliederungen bilden statische Elemente, die den

---

miert oder ihr Vertrauen verweigert, schließt eine Aktivierung der öffentlichen Meinung zum alleinigen Integrationmittel aus, da hierdurch die Mitwirkungsmöglichkeit des einzelnen beschränkt und die staatliche Willensbildung irrationalisiert und letztlich so auch weniger öffentlich werden würde. Vgl. demgegenüber *C. Schmitt*, Verfassungslehre, S. 244 ff., der den Ort von Parteien und Verbänden nur in deren Funktion der öffentlichen Meinungsbildung sieht (S. 247); wie hier: *Kaufmann*, Zur Problematik des Volkswillens, S. 278, der auf die umgekehrte Proportionalität zwischen einer unmittelbaren Willensäußerung des Volkes und der sachlichen Einflußmöglichkeit hinweist.

264 *Leibholz*, Strukturprobleme, S. 95; *Hennis*, Amtsgedanke und Demokratiebegriff, S. 60 f.

265 *Hartmann*, Interessenpluralismus, S. 45; *Kogon*, Wirkungen der Konzentration auf die Demokratie, S. 1741; *Lange*, Politische Soziologie, S. 103.

266 Ähnl. wohl auch *v. d. Heydte-Sacherl*, Soziologie der deutschen Parteien, S. 281. Zum Zusammenhang zwischen formaler Gewaltenteilung und „substantieller Rationalität", als der „Verstehbarkeit, Geformtheit, Übersichtlichkeit, Klarheit", vgl. *Hesse*, Rechtsstaat im Verfassungssystem, S. 84.

267 Dies stellt eine interessante Umkehrung eines historischen Prozesses dar: Wurde der liberale Einheitsstaat Ziel eines Liberalismus, der den einzelnen aus seiner Gefangenschaft in intermediären Ständen und Duodezfürstentümern befreien wollte, kann die Individualfreiheit heute, gerade umgekehrt, nur durch eine veröffentlichende Gliederung der zentripetalen Totalität funktionaler Interessen wirksam geschützt werden. Nur sie ist auch geeignet, den von *Eschenburg*, Staatsautorität und Gruppenegoismus, S. 19, scharf kritisierten nicht öffentlichen und freiheitsbedrohenden „Gefälligkeitsstaat" abzubauen.

268 *Kaiser*, Repräsentation, S. 359; vgl. auch *Eschenburg*, Herrschaft der Verbände, S. 87, der von einem „Bund der vereinigten Verbände, Kirchen, Kreis- und Stadtrepubliken" spricht.

Parteien eine sich unter den Augen der Öffentlichkeit vollziehende Integration der die Gesellschaft repräsentierenden Verbände gerade auch auf dem Gebiet der Verwaltung ermöglichen. Sie stellen so zugleich ein Element der „Rationalisierung des öffentlichen Gesamtzustandes“[269] dar.

Diese Funktion gegliederter Staatlichkeit kann nur dadurch erreicht werden, daß auf der jeweiligen Ebene eine effektive Kompetenz zur Bestimmung sozialstaatlicher Leistungen besteht, da nur dann ein ausreichendes gesellschaftliches Interesse entstehen kann, sich verbandsmäßig zur Einflußnahme auf die Leistungsvergabe auf diesen Ebenen zu organisieren[270]. Das heißt aber zugleich, daß nur dann die Parteien die Chance haben, die gewünschte Integration[271] unterhalb der Bundesebene zu realisieren[272]. Angesichts der notwendigen Egalität sozialstaatlicher Materien kann dies jedoch regelmäßig nicht durch eine Kompetenz, das „ob“ einer Leistung zu bestimmen als vielmehr nur durch die, das „wie“ zu konkretisieren, erreicht werden.

e) Ergebnis: Die Stellung der bürgerschaftlichen Selbstverwaltung in diesem System Die Unmöglichkeit einer Aufspaltung des Selbstverwaltungsbegriffs

Die durch das Grundgesetz vorgenommene Konstituierung der Verwaltung als Bundes-, Landes- und kommunale Selbstverwaltung erscheint angesichts der auf jeder dieser Stufen gewährleisteten Mitwirkung des Volkes (Art. 28 Abs. 1 S. 2 GG), d. h. wie wir gesehen haben, der Mitwirkung durch die Verbände über die Parteien, als ein System zur

---

269 *Hesse*, Rechtsstaat im Verfassungssystem, S. 83.

270 *Kuntzmann-Auert*, Rechtsstaat und kommunale Selbstverwaltung, S. 74 f., nennt z. B. an Interessenverbänden, die in den Kommunen aktiv sind, und deren Erfahrung und Stellungnahme innerhalb der Gemeinden oft von großem Gewicht ist, neben den Gewerkschaften und den Kirchen, die Interessenverbände „der Angestellten, Beamten, Land- und Forstwirte, der Haus- und Grundbesitzer, der Handwerker, des Handels und der Industrie, Bürgervereine, Vereinigungen für Erziehung, Erholung und Förderung der Kultur“, die sich untereinander auch zu größeren Blöcken zusammenschließen.

271 Über die Notwendigkeit dieser parteiinternen Interessenkoordinationen gerade auf Gemeindeebene, vgl. *Ziebill*, Die politischen Parteien und die kommunale Selbstverwaltung, S. 75.

272 *Köttgen*, Innerstaatliche Gliederung, S. 97; vgl. auch *Hesse*, Der unitarische Bundesstaat, S. 30. Von seinem Ausgangspunkt her den gleichen Schluß, nur negativ, zieht *Forsthoff*, Krise, S. 57, wo er betont, daß „die Politisierung der Gemeinde ... in erster Linie durch eine nicht mehr haltbare, weil überholte Kompetenzverteilung zwischen Staat und Gemeinde verursacht“ sei. Ähnl. sieht *Koellreutter*, Deutsches Staatsrecht, S. 65, im Gegensatz zu der im Text vertretenen Auffassung, in der kommunalen Selbstverwaltung „vor allem auch die Möglichkeit, dem Einbruch des Parteienstaates in das Gemeindeleben einen Riegel vorzuschieben“.

Koordinierung des Sozialstaats-, Demokratie- und Rechtsstaatsprinzips[273]. Wie die isolierte Betrachtung der körperschaftlichen Selbstverwaltung gezeigt hat, stellte diese sich als die von den Ländern durch jeweilige Abwägung zu realisierende, in ihren Grundzügen vom Grundgesetz vorgezeichnete und durch eine Allzuständigkeitsvermutung gesicherte Institution zur Konkordanzstiftung zwischen Sozialstaat und Rechtsstaat dar, die insoweit die gleiche Funktion wie Bund und Länder erfüllt. Andererseits ergab die Untersuchung des Verhältnisses zwischen Demokratie, Rechtsstaat und Sozialstaat die Notwendigkeit einer vertikalen Gliederung der den Staatswillen bildenden Gremien, also hauptsächlich der Parteien[274] und der Plattformen parteipolitischer Auseinandersetzung. Halten wir weiterhin fest, daß der Sozialstaat die Verwaltung zum Zentrum seiner Aktivität macht, so können wir die bürgerschaftliche Selbstverwaltung als eine Bedingung der Möglichkeit bezeichnen, die geeignet ist, jede der drei Konstitutionsmaximen des Grundgesetzes gleichzeitig zur optimalen Effizienz zu bringen[275] und die insoweit den Ländern und dem Bund als zu diesem Ziel gleichwertige Institution vergleichbar ist. Dient die bürgerschaftliche Selbstverwaltung so der Konkordanzstiftung zwischen Rechts- und Sozialstaat durch Demokratie, realisiert sie zugleich eine statische Plattform zur Integration gesellschaftlicher Interessen hin zu den Maximen staatlichen Gemeinwohls[276].

War aber eine Qualifizierung der körperschaftlichen Selbstverwaltung nur über die ihr zugeordneten Aufgaben möglich, und konnten diese nur in einer jeweiligen Abwägung zwischen den Erfordernissen des

---

[273] D. h. im Sinne *Smends*, Verfassung und Verfassungsrecht, S. 162, daß sich der Staat hierin, nämlich in der „Konkretisierung objektiver Wertgesetzlichkeiten in diesen konkreten geschichtlichen Verhältnissen", zur Einheit integriert.

[274] *Mulert*, DJZ 1931, Sp. 186; *Eulerich*, Dekonzentration der Großstadt, S. 53.

[275] Zu der „spezifischen Publizität" der Gemeinde, vgl. *Köttgen*, Sicherung der gemeindlichen Selbstverwaltung, S. 20.

[276] Zu dieser integrierenden Wirkung der Selbstverwaltung, vgl. *Köttgen*, Krise, S. 9, Fußn. 1, wo er sich gegen die von *Smend*, Verfassung und Verfassungsrecht, S. 271, vertretene Auffassung, die Kommune sei im Gegensatz zu den Ländern nicht zur Integration des Staates berufen, sondern als Verwaltung des Staates nur dessen Hilfseinrichtung, wendet und die Gemeinden in ihrer politischen Integrationsfunktion neben die Länder stellt. Vgl. auch *Köttgen*, Sicherung der gemeindlichen Selbstverwaltung, S. 3; weiter *Lerche*, Die Gemeinden in Staat und Gesellschaft, S. 16, der den Eigenwert der kommunalen Selbstverwaltung letztlich darin sieht, „daß sie den Rahmen herstellt, in dem in größtmöglicher Nähe zum individuellen Leben die politischen Gewalten einander begegnen können"; ähnl. *Mulert*, a.a.O., Sp. 185; *Jeserich*, Die Zukunft der gemeindlichen Selbstverwaltung, S. 181: „Die kommunale Selbstverwaltung verwirklicht für ihren örtlichen Wirkungskreis eine umfassende Friedensordnung zwischen den auseinanderstrebenden Interessen."

Sozialstaats und denen des gewaltenhemmenden Rechtsstaats im konkreten Einzelfall gesehen werden, ist aber andererseits eine Konkordanz zwischen Rechts- und Sozialstaat nur durch demokratische Aktivität, und diese nur durch eine vertikale Gliederung der den Staatswillen bildenden Gremien möglich, so wird die eigentliche Bedeutung der kommunalen Selbstverwaltung nur in der bürgerschaftlichen Verwaltungsteilhabe auf örtlicher Ebene erfaßt.

Der bürgerschaftlichen Selbstverwaltung werden deshalb von der Verfassung Aufgaben nur zum Zwecke der Realisierung einer Konkordanz zwischen den drei Konstitutionsmaximen des Grundgesetzes von Fall zu Fall übertragen[277]. Eine von der bürgerschaftlichen getrennte Betrachtung der körperschaftlichen Selbstverwaltung erscheint daher ausgeschlossen[278].

Eine Trennung der kommunalen Selbstverwaltung in bürgerschaftliche und körperschaftliche, wobei letztere als juristisch allein relevante die wesentliche sein soll[279], beruht, um das in diesem Zusammenhang noch einmal hervorzuheben, auf der Unterscheidung zwischen einem höchsten Souverän, als welcher der Zentralstaat angesehen wird, und von diesem qua Autolimitation abgeleiteten[280] oder ihm als Träger von Grundrechten oder institutionellen Garantien entgegenstehenden Gebietskörperschaften[281]. Sie kann deshalb in einem funktionsteilig, zur Realisierung der Staatszielbestimmungen, verfaßten Staat nicht praktiziert werden[282]. Da sich unter der Herrschaft des Grundgesetzes, wie allgemein, eine Trennung zwischen „rechtsstaatlichen" und „politischen"

---

[277] War die mittelalterliche Gemeinde per se Wertgemeinschaft und deshalb, wie *Smend*, Verfassung und Verfassungsrecht, S. 172 ausführt, das Feld „sachlicher Integration", so ist die heutige pluralistische Gesellschaft primär auf Techniken „funktionaler Integration" (*Smend*, a.a.O.) angewiesen.

[278] Zum gleichen Ergebnis gelangen, allerdings über eine formale Analyse des in dem Begriff „Selbstverwaltung" enthaltenen Doppelsinns: *Ziebill*, Bürgerschaftliche Verwaltung, S. 22 f. und Forsthoff, Krise, S. 19. Dagegen ist eine Trennung hinsichtlich der richterlichen Nachprüfbarkeit von kommunalen Verwaltungsakten erforderlich, die bei politischen Fragen notwendig beschnitten ist (vgl. *Kuntzmann-Auert*, Rechtsstaat und kommunale Selbstverwaltung, S. 141).

[279] Vgl. u. a. *Wolff*, Verwaltungsrecht, Bd. II, S. 164.

[280] Vgl. insbes. *Laband*, Das Staatsrecht des Deutschen Reiches, Bd. I, S. 102 ff., wo er jede Verbindung zwischen der durch Autolimitation des Staates, unter dem er letztlich auch, den Ländern gegenüber, das Reich versteht, entstandenen Selbstverwaltung mit einer politischen Selbstverwaltung als Zwischenbau zwischen Staat und Gesellschaft ablehnt. Demgegenüber ist der Staat des Grundgesetzes nur als ein in mehrere Ebenen gegliedertes System gerade dieser Integration zu verstehen.

[281] Die Gemeinde als Grundrechtsträger unterscheidet sich von der Gemeinde als Träger einer institutionellen Garantie insofern nicht, als beide Begriffe eine Gegnerstellung zwischen Selbst- und Staatsverwaltung implizieren (vgl. *Huber*, Verfassung, S. 214).

[282] Hierzu insbes. *Smend*, a.a.O., S. 196 f.

Verfassungssätzen[283], so auch zwischen „rechtsfähiger" und „politischer" Selbstverwaltung nicht mehr halten läßt[284], muß sich die Rechtswissenschaft, die seit den Tagen *Rudolf v. Gneists*[285] fast ausschließlich die körperschaftliche Selbstverwaltung im Auge hatte, zu einem einheitlichen Selbstverwaltungsbegriff bekehren[286], der seinen Hauptakzent, ja seine ratio essendi in seiner demokratischen Integrationsfunktion findet[287, 288].

B. Die Selbstverwaltung auf unterkommunaler Ebene

Die Untersuchung der kommunalen Selbstverwaltung führte zu ihrer Charakterisierung als einer unter mehreren Ebenen, der der Konkordanzstiftung zwischen den Konstitutionsmaximen des Grundgesetzes dienenden Staatlichkeit. Da der Gemeinde diese Funktion durch eine Verfassungsnorm zugeordnet ist, die Verfassung aber unterkommunale Gebilde nicht mit ähnlichen Funktionen betraut hat, läßt sich der

283 Diese unterscheidet jedoch *C. Schmitt*, Verfassungslehre, z. B. S. 216. Daß insbes. die gesamte Verfassung politisches Recht darstellt, daß ihre Begriffe deshalb auch nur in einer politisch wertenden Abwägung konkretisiert werden können, dazu *Leibholz*, Strukturprobleme, S. 267.

284 Vgl. *Forsthoff*, Krise, S. 9, der hervorhebt, daß die Eliminierung des politischen Elements in der Selbtverwaltung durch die Hegelsche Staatsauffassung als staatlich-politische Einheit bedingt ist, und daß nur auf dieser Basis eine Erfassung der Selbstverwaltung als Dezentralisation möglich ist.

285 *v. Gneist* forderte in der Selbstverwaltung als Zwischenbau zwischen Gesellschaft und Staat (vgl. Rechtsstaat, S. 6; Kreisordnung, S. 6) die Integration der Gesellschaft in den Staat (vgl. Kreisordnung, S. 5), konnte den Staat jedoch, im Gegensatz zu der im Text vertretenen Ansicht, noch nicht als gerade zum Zwecke dieser Integration gliedhaft verfaßt ansehen, da diese Betrachtung einmal einen demokratischen und zum anderen einen Sozialstaat voraussetzt. Es ist daher *C. Schmitt*, a.a.O., S. 258, insoweit zuzustimmen, als er die Gneistsche Selbstverwaltung nicht als Ausfluß demokratischer, sondern liberaler Zielsetzung bezeichnet. Das ergibt sich insbesondere auch aus der von *v. Gneist* vertretenen engen Wechselwirkung zwischen Verwaltungsgerichtsbarkeit mit Laienbeteiligung und Selbstverwaltung.

286 Vgl. *Hettlage*, Gestalt und Bedeutungswandel, S. 116; zur Ablehnung der „politischen" Selbstverwaltung als juristisch irrelevant, vgl. insbes. *Peters*, Grenzen, S. 19.

287 *Lerche*, Verfassungsfragen, S. 114; *Hettlage*, a.a.O., S. 116. Diese Ansicht wurde bereits für Art. 127 WV von *Glum*, AÖR 56, 379 (388) vertreten; vgl. auch *Köttgen*, HDSW Bd. 9, Stichwort „Selbstverwaltung", S. 221.

288 Hierzu bereits *Preuß*, Selbstverwaltung — Gemeinde — Staat — Souveränität, S. 205, der, wenn auch von einer ganz andersartigen Prämisse, nämlich der Rechtsnatur des Aufgabenträgers, herkommend, den Schluß zieht, daß mit der Überwindung der zwischen Staat und Gesellschaft bestehenden „Dissonanz hetorogener Organisationsprinzipien" (S. 230) neben der Unterscheidung zwischen Staats- und Selbstverwaltung auch die zwischen „rechtlicher und politischer, korporativer und bürgerlicher Selbstverwaltung unhaltbar wird".

Bereich kommunaler Selbstverwaltung nicht ohne weiteres auf andere, unter der Gemeinde liegende Träger übertragen. Dies wäre nur dann möglich, wenn unter den Begriff Gemeinde in Großstädten zugleich auch engere Gemeinschaften als gemeindeähnliche Sozialkörper gefaßt werden könnten, wofür der, dem des Art. 28 Abs. 2 GG ähnelnde Wortlaut der Landesnormen zu sprechen scheint, die die Errichtung von Ortsbezirken vorsehen[1], oder wenn in Großstädten die ihnen zugeordnete Selbstverwaltungsfunktion nur durch deren Untergliederung in weitere Selbstverwaltungsträger wirksam realisiert werden könnte. Hierbei wird jedoch immer zu beachten sein, daß insofern eine Vermutung gegen die Errichtung von institutionellen Integrationsebenen neben den von der Verfassung vorgesehenen spricht, als diese notwendig das ausgewogene Zusammenspiel der bereits vorhandenen stören müssen.

I. Der soziologische Unterschied zwischen der Gemeinde und ihren Untergliederungen

Mit der Möglichkeit, in Großstadtuntergliederungen, die eine engere Gemeinschaft darstellen, Ortsbezirke zu errichten und so die Selbstverwaltung zu fördern, knüpfen die Landesgesetzgeber[1] an das Vorhandensein „enger Gemeinschaften" an. Diese Gegenüberstellung der Gemeinde einerseits und der ihr vergleichbaren, nur eben „engeren" Gemeinschaften innerhalb der Gemeinde andererseits zeigt, daß die Landesgesetzgeber diese engeren Gemeinschaften innerhalb der Großstadt als der Großstadt selbst strukturverwandt und so als taugliche Träger lokaler Selbstverwaltung ansehen.

Diese Prämisse der Landesgesetzgeber, die Großstadt selbst sei mit den in ihr vorhandenen engeren Gemeinschaften vergleichbar, bedarf aus folgenden Gründen einer Überprüfung .

Wenn Art. 28 Abs. 2 i. Verb. mit Abs. 1 S. 2 GG die Funktion der kommunalen Selbstverwaltung den vom Verfassungsgeber vorgefundenen Gemeinden zuordnet, so deshalb, weil der mit dem Begriff umschlossene lokale Lebenskreis als Träger einer Integration gesellschaftlicher Interessen im lokalen Bereich tauglich ist. Der Begriff „Gemeinde" im Sinne des Art. 28 Abs. 2 i. Verb. mit Abs. 2 S. 2 GG gewinnt daher Kontur nur dann, wenn er mit der von ihr wahrzunehmenden Funktion, der kommunalen Selbstverwaltung, zusammen gesehen wird.

---

1 Vgl. Art. 60 Abs. 1 bay GO; § 57 rh-pf GO; § 81 HGO.

Wenn die Landesgesetzgeber zur Stärkung kommunaler Selbstverwaltung an großstadtinterne engere Gemeinschaften anknüpfen, so fragt sich, ob diese tatsächlich als gemeindeähnlich angesehen werden können, d. h., ob sie ebenso wie die Gemeinde, sei sie nun Großstadt oder Dorf, zur Wahrnehmung des mit dem Begriff „kommunale Selbstverwaltung" umschriebenen Funktionskreises tauglich erscheinen. In der sozialen Realität müßten engere großstadtinterne Gemeinschaften daher ein ähnlich integrierbares gesellschaftliches Interessenspektrum aufweisen wie die Gemeinden. Die Gemeinde ist durch den Pluralismus verschiedenster Funktionskreise als „globale Gesellschaft lokalen Typs"[2] und so als Mikrokosmos im Vergleich zu höheren Einheiten, wie Länder und Staaten[3], soziologisch geradezu definiert.

Betrachtet man dagegen Untergliederungen von Großstädten, so zeigt sich, daß diese sehr stark zu einer von Gliederung zu Gliederung unterschiedlichen sozialen Homogenität ihrer Bevölkerung tendieren.

Diese „natural areas"[4] bilden keine Totalität von Funktionskreisen, sondern mehr kulturelle Gegebenheiten, denen eine spezifische Interaktion nicht eignet[5], so daß die Grundlagen für ein gemeinsames politisches Handeln nicht gegeben sind[6]. Selbst eingemeindete Gemeinden verlieren innerhalb der sie eingemeindenden Stadt sehr schnell ihren globalen Charakter und spalten sich in kleinere Bezirke, die dann in sich wiederum eine relativ homogene Bevölkerungsschicht beherbergen[7].

Die Großstadt gliedert sich so nicht in „funktionsteilige Untergruppen"[8], sondern in Teile, die etwa als Villenviertel, Arbeiterviertel oder Mittelstandsviertel von relativ homogener Bevölkerung bewohnt, die für die Gemeinde typische Interaktion von Trägern pluralistischer Interessen nicht aufweisen. Ist es Aufgabe und ratio essendi der Staatlichkeit die auseinanderstrebenden Interessen hin zum Gemeinwohl zu integrieren, und ist kommunale Selbstverwaltung eine Ausformung so verstandener Staatlichkeit, so zeigt sich, daß engere lokale Gemeinschaften in der Großstadt, die sich als lokale Erscheinungsform des

---

[2] *König*, Soziologie (Fischer-Lex.), Stichw. „Gemeinde", S. 75; *Grauhan* AfK 1965, S. 87 (95).

[3] *König*, Grundformen der Gesellschaft: Die Gemeinde, S. 26.

[4] *König*, HBkWP I, S. 18 (30).

[5] *König*, HBkWP I, S. 18 (32).

[6] *Pfeil*, AfK 1963, S. 39 (45) und Soziologie der Großstadt, S. 259; *König*, Grundformen der Gesellschaft: Die Gemeinde, S. 113: „Der Raum als Integrationsfaktor spielt praktisch keine Rolle."

[7] *Pfeil*, a.a.O., S. 44.

[8] *Wolff*, Die Grundlagen der Organisation der Monopole, S. 66, der zwar bei „Riesenstädten", nicht jedoch bei Großstädten gemeindeähnlich strukturierte Untergliederungen findet.

Zusammenschlusses funktionaler Interessenträger darstellen, allenfalls eine der verbandsinternen ähnliche, nicht aber der staatlichen vergleichbare Integrationsplattform bilden können.

Grauhan[9] weist zu Recht darauf hin, daß die kommunalpolitische Interesselosigkeit der Bürger darauf beruht, „daß auf Grund falscher Begriffe von Staat und Gemeinde das Interesse der Bürger an der falschen Stelle erwartet wird. Gehört die Stadt nicht in die Nähe des bürgerlichen Vereins, sondern zu den politischen Einheiten, so kann die Einstellung des Bürgers zur Stadt auch keine qualitativ andere sein, als die zum Staat". Durch eine Institutionalisierung von Bezirken, deren Bewohner regelmäßig eine soziale Homogenität aufweisen, wird aber nicht die Stadt als Mikrokosmos der Staatlichkeit auf eine tiefere Ebene projiziert, sondern vielmehr eine der alten, vereinsähnlich verstandenen Selbstverwaltung, entsprechende Interessenvertretung geschaffen[10].

II. Der Unterschied zwischen kommunaler und unterkommunaler Selbstverwaltung

Da die Untergliederung von Großstädten nicht wie die Gemeinden globale Gesellschaften darstellen, in denen ein breites Spektrum gesellschaftlicher Interessen zum Ausgleich drängt, können sie nicht als den Gemeinden im Sinne des Art. 28 Abs. 2 i. Verb. mit Abs. 1 S. 2 GG ähnlich und damit auch nicht als taugliche Träger einer Integrationsfunktion, wie sie die kommunale Selbstverwaltung impliziert, angesehen werden.

Im folgenden sind die sich aus dieser Feststellung ergebenden Konsequenzen für eine Stärkung des Selbstverwaltungsgedankens durch innerkommunale Gliederungen nach den Gesichtspunkten der in Art. 28 Abs. 2 i. Verb. mit Abs. 1 S. 2 GG definierten Selbstverwaltung zu ziehen.

Insbesondere wird sich auf unterkommunaler Ebene das Zusammenspiel der in nuce gegenläufigen fundamentalen Verfassungsmaximen, Rechtsstaat, Sozialstaat und Demokratie, in dessen Formung und Ermöglichung wir oben das Wesen der Selbstverwaltung ausmachten, anders darstellen als auf der kommunalen Ebene, der das GG die Selbstverwaltung zuordnet.

---

9 AfK 1965, S. 87 (109).

10 Vgl. auch *Thieme*, Verwaltungslehre, Rdnr. 452, der alle Versuche, „auf der Grundlage nachbarschaftlicher Verbände zu einer Vorformung des gesellschaftlichen Willens ... zu gelangen", als „soziologisch irreal" bezeichnet.

1. Aufgaben

Die Aufgaben, die in unterkommunaler Selbstverwaltung wahrgenommen werden könnten, könnten grundsätzlich in bezirkseigenen Aufgaben oder in übertragenen Gemeindeaufgaben bestehen. Eigene Angelegenheiten der Bezirke, im Sinne der der Gemeinde zustehenden, die wir oben als die der Bundes- und Landesverwaltung gleichwertige Ausübung der dreigliedrig verfaßten Staatsfunktion Verwaltung kennzeichneten, können jedoch deshalb nicht in Betracht kommen, weil Bezirke von Gemeinden den spezifischen Interessenpluralismus, um dessen Willen das GG den Gemeinden Selbstverwaltung zuordnet, nicht aufweisen[11]. Es kann deshalb bereits vorab festgehalten werden, daß die von einer unterkommunalen „Selbstverwaltung" wahrzunehmenden Aufgaben jedenfalls nicht den von der kommunalen Selbstverwaltung wahrzunehmenden essentiell vergleichbar sein können.

a) Bezirkseigene Angelegenheiten

Eigene Angelegenheiten, also solche, die nicht die Gemeinde auf den Bezirk delegiert, könnten dem Bezirk der Gemeinde gegenüber dann zustehen, wenn ihnen der Landesgesetzgeber einen solchen Wirkungskreis unmittelbar zuweisen könnte. Dieser würde dann von sich aus, ohne Bezug auf Art. 28 Abs. 2 i. Verb. m. Abs. 1 S. 2 GG eine Verselbständigung der großstädtischen Untergliederungen vornehmen.

Gegen ein solches Vorgehen wäre jedoch einzuwenden, daß der Landesgesetzgeber primär verpflichtet ist und sogar im Zuge der Bundesexekution dazu angehalten werden kann, die Selbstverwaltung der Gemeinden zu gewährleisten. Wir sahen oben[12], daß ihm hierbei die Aufgabe obliegt, die Notwendigkeiten des Sozialstaatsprinzips mit der rechtsstaatlichen Forderung nach Individualschutz und der demokratischen nach optimaler Teilhabe zu koordinieren und so Art. 28 Abs. 2 i. Verb. m. Abs. 1 S. 2 GG jeweils von Fall zu Fall zu konkretisieren. Diesem Verfassungsauftrag würde er zuwider handeln, wenn er die vom GG gewählten lokalen Selbstverwaltungsträger, die Gemeinden, in ihrer Integrationsfunktion dadurch beschneiden würde, daß er Aufgaben, die bislang der kommunalen Selbstverwaltung oblagen, verselbständigten Großstadtuntergliederungen zuordnen würde, die eine gemeindeähnliche Integrationsplattform nicht abgeben können.

---

[11] Wenn *Bahrdt*, Die Gemeinde in der Industriegesellschaft. S. 34 f., selbst die Gemeinde als nicht hinreichend vom politischen Leben erfüllte Institution deshalb kritisiert, weil „die in ihr handelnden Menschen, trotz guten Willens, nicht die Chance haben, wichtige politische Themen in dieser Instanz zu behandeln und praktische Fragen zu lösen", so muß das nach dem Dargelegten in noch viel stärkerem Maße für großstädtische Untergliederungen gelten.

[12] Siehe A. I. 3. d) und e).

Das egalitäre Sozialstaatsprinzip, das eine möglichst gleichartige Versorgung gleicher Sozialeinheiten fordert und in Verbindung mit dem Demokratieprinzip eine optimale Teilhabe an der Leistungsvergabe gewährleisten will, wäre bei Errichtung einer, wenn auch beschränkten, bezirklichen Selbstverwaltung, da die Bezirke auch hinsichtlich einzelner Aufgaben nur in ihrer wechselseitigen Verflechtung, d. h. aber, nur insgesamt, als Gemeinde, gesehen werden können, in so unerträglicher Weise zurückgedrängt, daß von einer Konkordanz aller Konstitutionsmaximen des GG auf Gemeindeebene keine Rede mehr sein könnte.

Eine landesrechtliche Errichtung selbständiger Großstadtbezirke zur Wahrnehmung eigener Aufgaben kann daher mit der Pflicht der Landesgesetzgeber zur Gewährleistung kommunaler Selbstverwaltung nicht in Einklang gebracht werden[13].

b) Übertragene Gemeindeaufgaben

Da kommunale Untergliederungen so allenfalls von der Gemeinde abgeleitete Aufgaben wahrnehmen können, ist zu klären, welche Aufgaben die Gemeinde, die in ihrer internen Organisation zur Wahrnehmung von Verwaltungsaufgaben, wie alle Verwaltung, primär den Erfordernissen sozialstaatlicher Zweckrationalität verpflichtet ist, ohne hiergegen zu verstoßen, auf gewählte Repräsentanten kommunaler Untergliederungen übertragen kann. Anders ausgedrückt: Inwieweit ist die Gemeinde im Rahmen der ihr aus Art. 28 GG zustehenden Organisationsfreiheit an das Demokratiegebot und die funktionshemmenden Prinzipien des Rechtsstaats gebunden[14]?

---

[13] Dem steht auch Art. 60 Abs. 1 bay GO nicht entgegen, der zwar eine Einteilung von Städten mit einer 100 000 übersteigenden Einwohnerzahl in Bezirke zwingend gebietet, Konsequenzen aus dieser Aufteilung jedoch in das Ermessen der Gemeinden stellt (vgl. Art. 60 Abs. 2 bay GO, wonach Bezirksausschüsse und -verwaltungsstellen von den Gemeinden gebildet werden „können").

[14] Es ist aus diesem Grunde nicht angängig, innerkommunale Bezirke hinsichtlich der ihnen zu übertragenden Aufgaben den Gemeinden selbst a priori gleichzusetzen. Vgl. jedoch *Bauer*, Dezentralisation der Großstadtverwaltung, S. 28 ff., der, ausgehend von der Modellvorstellung einer eigengesetzlichen Dezentralisation, die überall in der Verwaltung vorkomme, die Gemeinden in dem gleichen Sinne den Bezirken gegenüber als „Zentrale" ansieht, wie den Staat gegenüber der Gemeinde und hieraus, unter Übergehung der spezifischen Bedeutung, die Art. 28 Abs. 2 i. Verb. m. Abs. 1 S. 2 GG zukommt, konkrete Schlüsse auf den Aufgabenbereich der Bezirke in Analogie zu dem der Gemeinden zieht. Ebenso muß der Aussage *Ziebills*, Die politischen Parteien und die kommunale Selbstverwaltung, S. 70, Prinzipien seien immer unteilbar und deshalb auf den „Rathauszentralismus" ebenso anwendbar wie auf den „Landes- oder Bundeszentralismus", entgegengetreten werden. Auch *Ziebill*, a.a.O., übersieht, daß Art. 28 GG nicht Ausformung eines abstrakten Dezentralisationsprinzips ist, sondern vielmehr eine Norm, durch die eine Integrationsform der Staatlichkeit in ganz spezi-

Art. 28 Abs. 1 S. 2 GG begründet, da in der kommunalen Selbstverwaltung, anders als in der Bundes- und Landesverwaltung, die bürgerschaftliche Mitwirkung gerade wesensbestimmend ist, und sich die Kommunalbürokratie auch in der Großstadt nur als Instrument dieser bürgerschaftlichen Verwaltung darstellt, für den hier interessierenden kommunalen Bereich eine Vermutung zugunsten einer möglichst umfassenden Heranziehung der Gemeindebürgerschaft auch außerhalb des Gemeinderates[15]. Die Gemeinde hat demnach bei der kommunalinternen Aufgabenverteilung von Fall zu Fall abzuwägen, ob bei der in Frage stehenden Aufgabe das egalitäre Sozialstaatsprinzip, das ihre Übertragung auf einen Berufsbeamten fordert, das Demokratieprinzip, für das angesichts der das Wesen der kommunalen Selbstverwaltung bestimmenden Bürgerrepräsentation eine nur begründet widerlegbare Vermutung spricht, überwiegt.

Ganz anders jedoch stellt sich die Frage im Blick auf eine kommunalinterne vertikale Aufgabenteilung dar, die allein, wird sie durch auf unterkommunaler Ebene gewählte Vertreter dieser Untergliederungen und deren Kompetenz, spezifische Angelegenheiten dieser Untergliederungen wahrzunehmen, realisiert, als Selbstverwaltung angesehen werden könnte.

Hier, im innerkommunalen Bereich, erscheint eine nach Bezirken unterschiedliche Wahrnehmung von Verwaltungsaufgaben aus mehreren Gründen problematisch.

Der sich aus dem egalitären Sozialstaatsprinzip ergebende Anspruch des Bürgers auf gleichmäßige Versorgung muß hier, wo eine von Bezirk zu Bezirk unterschiedliche Leistungsvergabe von den Bürgern der Großstadt nicht gebilligt würde, den Prinzipien vertikaler Funktionshemmung vorgehen. Selbst bei relativ untergeordneten Angelegenheiten, wie z. B. der Straßenbeleuchtung, ist man nicht bereit, sie in dem Sinne als bezirkspezifisch zu betrachten, daß man eine schlechtere Beleuchtung als die eines Nachbarbezirks in Kauf nähme, selbst wenn

---

fischer Weise konstituiert wird, und die deshalb unbesehen auf andere Sozialstrukturen keine Anwendung finden kann (ähnl. bereits *Augustin*, Zentralisation und Dezentralisation in der Organisation der Stadt Berlin, S. 60; a. A. *Gönnenwein*, Gemeinderecht, S. 369; *Masson*, Bay Bürgerm. 1950, S. 219). Auch *Preuß*, HBkW Bd. 1, S. 538, zieht, ausgehend von seiner genossenschaftlichen Anschauung der Selbstverwaltung eine Analogie von der Aufgabenverteilung Staat — Gemeinde zu der Großgemeinde — Ortsteil, wiewohl er anerkennt, daß diese Abgrenzung noch größeren Schwierigkeiten begegnen muß, als die erstere.

[15] Ein Recht auf aktive Mitwirkung von Privaten am staatlichen Leben allgemein, bejahen unter Berufung auf das Demokratieprinzip: *Maunz-Dürig*, Rdnr. 42 zu Art. 20 GG; *v. Mangold-Klein*, Anm. V, 1 zu Art. 20 GG; *Hamann*, Einf., I D 3.

dieser Mangel durch andere besondere Bezirksleistungen kompensiert würde[16].

Die durch das Demokratieprinzip geforderte Aufgabenübertragung auf gewählte Kollegien, kann kommunalintern durch eine Ansiedlung eigenständiger Entscheidungsbefugnisse kommunaler Untergliederungen nicht ohne Verstoß gegen das in diesem Bereich überwiegende Egalitätsprinzip des Sozialstaats realisiert werden. Ein solches Vorgehen erscheint zugleich geeignet, als eine Form unterkommunaler Integration, die nach den sozialen Vorgegebenheiten nicht erreicht werden kann und die deshalb auch angesichts des Art. 28 GG nicht wünschbar sein kann, die tatsächliche Integrationsplattform, die Gemeindevertretung, zu schwächen und die tatsächlichen Verwaltungsabläufe, die sachnotwendig auch nach dieser Konzeption weiterhin durch eine zentrale Kommunalbürokratie wahrgenommen werden, mehr zu verschleiern als zu veröffentlichen[17].

---

[16] Vgl. *Ziebill*, in: Die Stadt muß leben, S.43 (45); *Meß*, Gemeindendämmerung, S. 13; *Hettlage*, Der Gestalt- und Bedeutungswandel, S. 113. Für eine innerkommunale Realisierung eines formalen Subsidiaritätsprinzips, wie sie etwa *Zier*, Die Verwaltung der Großstädte, S. 76 und *Berkenhoff*, Kommunalverfassungsrecht in N-W, S. 190, vertreten, fehlen somit die realen Voraussetzungen.

[17] Anders liegt demgegenüber das Problem in den Stadtstaaten. In ihrem Mischstatus fallen zwei Integrationsplattformen der Staatlichkeit, Land und Gemeinde, zusammen. Deshalb wird das Konkordanzsystem zwischen den leitenden Konstitutionsmaximen des GG, das organisatorisch durch die Gliederung der Staatlichkeit in Bund, Länder und kommunale Selbstverwaltung gewährleistet ist, bei den Stadtstaaten durchbrochen. Diese Durchbrechung bedeutet insbesondere eine Zurückdrängung des Gewaltenhemmungsprinzips. Aus diesem Grunde spricht in Stadtstaaten, anders als bei den Großstädten der Flächenstaaten, aus der allgemein üblichen vertikalen Dreiteilung der Staatsfunktionen eine Vermutung *für* eine stadtstaatsinterne vertikale Aufgabenteilung, da nur durch sie auch im Stadtstaat die allgemeine Gliederung der Integrationsplattformen der Staatlichkeit annähernd wieder hergestellt wird (vgl. *Püttner*, JR 1966, S. 82; *Ipsen*, Hamburgs Verfassung u. Verwaltung, S. 417 und *Thieme*, DVBI. 1966, S. 325). Es ist auch zu beachten, daß z. B. in Berlin (vgl. *Fischer-Goetz*, Die Deputationen in der Berliner Bezirksverwaltung, S. 96), bedingt durch die Größe der Bezirke, die der durchschnittlichen Größe von Großstädten in den Flächenstaaten entsprechen, auch auf Bezirksebene ein Spektrum mannigfacher Interessen, repräsentiert durch eine lebendige Interaktion von auf Bezirksebene etablierten Interessenverbänden, besteht, so daß in den Bezirken solcher Riesenstädte, andes als sonst die Voraussetzungen einer Integrationsfunktion annähernd gegeben sind (vgl. auch *Wolff*, Die Grundlagen der Organisation der Monopole, S. 66). Spricht daher in der normalen Großstadt eine Vermutung zwar für das Sozialstaats- und Demokratiegebot, aber gegen das Gewaltenhemmungsprinzip, so spricht im Stadtstaat eine Vermutung gerade gegen das egalitäre Sozialstaatsprinzip, dessen Realisierung durch Zentralisation daher von Fall zu Fall als die Erfordernisse des Gewaltenhemmungsprinzips überwiegend begründet werden muß (vgl. auch *von der Groeben*, Verw. Arch. 49, S. 231 (236), der die Hamburger Bezirksregelung als einen gewissen Ersatz für kommunale Formen innerhalb des Hamburger Staatsgebiets ansieht). Diese Widerlegung wird zu einem gewissen Grade insoweit nicht schwerfallen, als sie durch das enge Zusammenleben vieler Menschen

Diese Folgerung wird durch die Praxis bestätigt[18]. Man denke nur an einen Aspekt, der regelmäßig die Grundlage und Gewähr für eine eigenständige Kompetenz zur Entscheidung bildet, nämlich die Koppelung dieser Kompetenz mit dem Budgetrecht. Ein Blick auf die sozialstaatlich-egalitäre Aufgabenfinanzierung der Gemeinden selbst durch Länder und Bund zeigt sogleich die praktische Unmöglichkeit einer unterkommunalen Budgetfreiheit. Eine Verfügungskompetenz der Bezirke über Mittel der Kommune[19] bietet aber allen Erfahrungen nach nicht die Gewähr einer verantwortlichen Haushaltsführung.

Schließlich erschöpfen sich die von den Bezirken, soweit ihnen Entscheidungskompetenz, wie sie in den Gemeindeordnungen vorgesehen ist, ausnahmsweise auch tatsächlich eingeräumt ist, als bezirksspezifisch in eigener Verantwortung wahrgenommenen Aufgaben auf einer Ebene, die bürgerschaftliches Interesse regelmäßig nicht wecken kann[20].

2. Repräsentation

Wir sahen oben in der durch Art. 28 Abs. 2 i. Verb. m. Abs. 1 S. 2 GG konstituierten Zuordnung von Verwaltungsaufgaben auf eine gewählte Gemeindevertretung zur eigenverantwortlichen Wahrnehmung, das wesentliche Merkmal der kommunalen Selbstverwaltung, nämlich die Konstituierung einer unter mehreren Plattformen zur Austragung der parteipolitischen und damit zugleich der Verbandsinteressen in den Parteien zum Zwecke der Erhaltung einer die Privatsphäre schützenden Demokratie gegenüber den im Gefolge des Sozialstaates erstarkten Interessenverbänden. Demgegenüber kann sich auf der Ebene von Gemeindeuntergliederungen, da diese keine umfassenden Funktionskreise umgreifen, sondern vielmehr von relativ homogenen Bevölkerungsschichten bewohnt werden, keine vergleichbare Auseinanderset-

---

im Stadtstaat einfach notwendig ist (vgl. *Kreutzer*, DÖV 1959, S. 429 (433)). Im Ergebnis ist deshalb die in Berlin und Hamburg getroffene institutionelle Dezentralisation von Entscheidungsbefugnissen auf die (nicht rechtsfähigen) Bezirke zu begrüßen, wenn auch die formelle Regelung leider zu den tatsächlich übertragenen Aufgaben im Mißverhältnis steht.

18 Vgl. etwa *Bauer*, in: Die politische und administrative Gliederung der großen Stadt, S. 55, der sich, obwohl er die Übertragung eigener Entscheidungskompetenz auf Bezirksgremien fordert, außerstande sieht, solche Aufgaben zu benennen.

19 Sie fordert *Meurers*, Die kommunalrechtliche Idee der Dekonzentration, S. 37, in Form eines bezirklichen Sonderhaushaltes; ähnl. *v. Coppenfels*, Komm. pol. Bl. 1952, S. 268.

20 Vgl. das eindrucksvolle Beispiel *Püttners*, in: Die politische und administrative Gliederung der großen Stadt, S. 86 (87): Die Beratung über die Kündigung eines Mieters von Räumen in einem Gebäude der Bezirksverwaltung durch das Bezirksamt, als eine der wichtigeren Aufgaben der Bezirksvertretung.

zung zwischen den ein gesellschaftliches Interessenspektrum repräsentierenden Verbänden etablieren[21]. Demzufolge erscheinen auch Parteigliederungen, die ja berufen sind, auf den verschiedenen Integrationsebenen die Gesellschaftsinteressen hin zum Gemeinwohl zu integrieren, und infolgedessen auch Plattformen zur Austragung parteipolitischer Gegensätze in Form von Bezirksvertretungen nicht wünschenswert. Parteien erscheinen auf Bezirksebene als organisatorische Ableger ihres Ortsverbandes[22], die aus einer Zeit stammen, in der die Parteiorganisation oft mehr der einer Kampfgemeinschaft als der von staatstragenden Integrationsorganen entsprach und die heute weniger bei der innerparteilichen Willensbildung als bei der beitragsmäßigen Mitgliedererfassung und parteiinternen nachbarlichen Geselligkeit eine Rolle spielen[23]. Steht die Sektion der Partei zu ihrem Ortsverband in dem beschriebenen Verhältnis, das sich von dem Verhältnis zwischen dem Ortsverband einer Partei und höheren Parteigliederungen maßgeblich dadurch unterscheidet, daß regelmäßig zwar im Ortsverband und in den höheren Gliederungen, nicht aber in der Sektion Verbandsinteressen abgestimmt werden, und widmet sie sich der innerparteilichen Vertretung lokaler Bezirksinteressen, die sich oft mit den Interessen bestimmter funktionaler Interessenverbände decken werden, so reiht sie sich in die funktionalen Interessenverbände[24] auf Gemeindeebene ebenso ein[25], wie die kommunalen Spitzenverbände auf Landes- oder Bundesebene in die dort organisierten funktionalen Spitzenverbände.

---

[21] a. A. *Fröhner-Bran*, Die bürgerschaftliche Selbstverwaltung, S. 27 f., die die in den Stadtteilen beheimateten Bürgervereine und -gemeinschaften als gemeinsame Basis und Klammer der Parteien ansehen, hieraus jedoch nur den Schluß ziehen, die Bürgervereine sollten in den Parteien aktiv werden, wodurch sie ihrer Prämisse gerade widersprechen, da sie den Bürgervereinen letztlich die Stellung von Interessenverbänden und nicht den Parteien übergeordneter Plattformen zubilligen.

[22] Zu den beschränkten Möglichkeiten einer einflußnehmenden Willensbildung auf dieser Ebene, deren Parteiorganisation regelmäßig nur als Akklamationsforum „höheren Orts" gefaßter Parteibeschlüsse dient, vgl. *v. d. Heydte-Sacherl*, Soziologie der deutschen Parteien, S. 150 und *Mayntz*, Parteigruppen in der Großstadt, S. 93 ff., die diese These mit empirischem Material, das sie bei der Untersuchung einer Berliner Ortsgruppe der CDU gewann, erhärtet.

[23] Vgl. *Mayntz*, Parteigruppen in der Großstadt, S. 158; *v. d. Heydte-Sacherl*, Soziologie der deutschen Parteien, S. 184.

[24] Wenn *Surên-Goetz*, Die zweckmäßige Unterteilung der Verwaltung einer großen Stadt, S. 43 i. V. m. S. 38 Bürgerversammlungen, die mit Vertretern von Bürgergruppen beschickt werden, die den „bereits bestehenden Interessengemeinschaften der einzelnen Lebenskreise" entsprechen, fordern, so übersehen sie, daß die Interessen der meisten Lebenskreise überlokal organisiert sind, und daß deshalb bei einer Ausklammerung der Parteien die Gefahr besteht, daß sich die Verbände dieser Versammlungen als Plattformen der Einflußnahme auf die Parteien bedienen — ein Ergebnis, das der bürgerschaftlichen Integration gerade widerspricht.

[25] Vgl. auch *Kuntzmann-Auert*, Rechtsstaat und kommunale Selbstverwaltung, S. 74.

Eine Integrationswirkung kann daher auf Bezirksebene gewählten Gremien nicht eignen, da einmal die relativ homogene Einwohnerschaft von Ortsteilen real durch Interessenverbände repräsentiert wird, die auf Bezirksebene in ihren Forderungen nicht divergieren und die sich zum anderen stark von den die Bevölkerung anderer Bezirke überwiegend repräsentierenden Verbänden absetzen. Dies kann leicht zu der Gefahr einer Hausmachtbildung verwandter Verbände in den einzelnen Bezirken und so gerade zur Desintegration der Gemeinde führen.

III. Folgerungen

Es wurde gezeigt, daß die Ortsbezirke, als auch soziologisch durchaus von den Gemeinden verschiedene Erscheinungen, nicht Träger einer der kommunalen vergleichbaren Selbstverwaltung sein können[26]. Spricht eine grundgesetzliche Vermutung für die Zuständigkeit der Kommune, so spricht zugleich eine Vermutung gegen die Errichtung unterkommunaler Selbstverwaltung, da diese notwendig die kommunale Allzuständigkeit nicht durch begründete sozialstaatlich-egalitäre, sondern allenfalls durch Argumente des funktionshemmenden Rechtsstaates widerlegen könnte. Da diese aber unterhalb der Kommune die Argumente des egalitären Sozialstaats nicht widerlegen können, ist die Möglichkeit einer Konkordanz beider Maximen, wie sie das Prinzip der kommunalen Selbstverwaltung erstrebt, nicht gegeben.

Andererseits hat jedoch die Gemeinde bei der internen Aufgabenverteilung von Fall zu Fall das sie als Träger primär bürgerschaftlicher Selbstverwaltung unmittelbar verpflichtende Demokratieprinzip mit den Erfordernissen einer sozialstaatlichen Verwaltung abzuwägen, d. h. jeweils zu überprüfen, ob und inwieweit Aufgaben nur von Mitgliedern der Kommunalbürokratie oder auch von gewählten Bürgern außerhalb der Gemeindevertretung wahrgenommen werden können.

---

[26] Anderer Ansicht, ausgehend von einem die gesamte Staatsverwaltung durchziehenden Dezentralisationsprinzip, dem sowohl die kommunale Selbstverwaltung wie auch Formen unterkommunaler Selbstverwaltung unterschiedslos unterfallen sollen, *Bauer*, Dezentralisation der Großstadt, S. 28, 30, 44; vgl. auch *Gönnenwein*, Gemeinderecht, S. 369 und *Meurers*, Die kommunalrechtliche Idee der Dekonzentration der Großstadt, S. 15, der allerdings den Begriff der Dekonzentration gerade im Gegensatz zu dem mehrheitlich im Anschluß an *Peters*, Zentralisation und Dezentralisation, S. 4 ff., gebräuchlichen Sprachgebrauch, benutzt. Wie hier dagegen bereits die *Denkschrift des Preußischen Städtetages*, Grundfragen der kommunalen Neugliederung, wo insbesondere auf die Gefahr einer Hemmung der gesamtkommunalen Integration und eines Auseinanderstrebens der Gemeindeteile hingewiesen wird. Gegen einen „Selbstverwaltungsersatz" auf Bezirksebene, vgl. auch *Stern-Püttner*, Grundfragen zur Verwaltungsreform, S. 25.

Bei dieser Abwägung spricht angesichts der Natur der kommunalen Bürokratie als eines Hilfskorps der Gemeindevertretung eine Vermutung zugunsten bürgerschaftlicher Erledigung, die allerdings häufig gerade in der Großstadt durch die Notwendigkeit fachgerechter rationaler Aufgabenwahrnehmung widerlegt wird.

Es wird daher im folgenden[27] darauf ankommen, einen Weg zu finden, der trotz notwendiger Rationalität und Effizienz der sozialstaatlichen Verwaltungstätigkeit eine möglichst weitgehende Bürgerbeteiligung an den Geschicken der *Gesamt*gemeinde ermöglicht.

Exkurs II: Die eingemeindete Stadtumlandgemeinde als Ortsbezirk

Während im Vorstehenden vornehmlich Bestrebungen, die Großstadt wieder zur Basis bürgerschaftlicher Selbstverwaltung zu machen, untersucht wurden, soll hier der Großstadtbezirk in seiner zweiten möglichen Zwecksetzung, der Folgenmilderung bei Eingemeindungen von Umlandgemeinden in zentrale Städte, untersucht werden.

Insoweit intendiert die Errichtung eines Ortsbezirks weniger die Reaktivierung bürgerschaftlicher Aktivität als vielmehr die Bewahrung des in der eingemeindeten Gemeinde vordem vorhandenen Selbstverwaltungswillens und zugleich dessen Nutzbarmachung für eine lebendige Integration des neuen Stadtteils in die Gesamtstadt[1] Da nach den Regelungen der Gemeindeordnungen der hier interessierenden Bundesländer zwischen innerstädtischen und Vorortbezirken Unterschiede allenfalls hinsichtlich der zu errichtenden Verwaltungsstellen (also Außenstellen der kommunalen Zentralverwaltung) bestehen, kann ich mich im folgenden darauf beschränken, diese Vorschriften in ihren Auswirkungen auf die spezifische Situation eingemeindeter Stadt-Umlandgemeinden darzustellen[2].

1. Gründe einer Eingemeindung

Nach den Gemeindeordnungen aller hier in Frage kommenden Bundesländer[3] kann nur bei Gründen des öffentlichen Wohls eingemeindet werden.

---

[27] Vgl. dazu u. § 3.

[1] Vgl. *Zuhorn-Hoppe*, Gemeindeverfassung, S. 124.

[2] Sonderregelungen, wie sie sich, in Abweichung von den allgemeinen Regelungen von Fall zu Fall aus Auseinandersetzungsverträgen ergeben können, sollen hier, da sie den Rahmen dieser Arbeit sprengen würden, außer Betracht bleiben.

Diese Gründe sind solche, die nicht nur dem Wohl des Staates, der betroffenen Gemeinden und Landkreise oder der in diesen wohnenden einzelnen, sondern die der diese übergreifenden Gesamtheit zugute kommen[4]. Was aber das allgemeine Wohl als säkularisiertes bonum commune[5] inhaltlich fordert, kann im staatlichen Bereich eines Verfassungsstaates einzig durch die Fundamentalstaatszielbestimmungen der geltenden Verfassung konkretisiert werden[6]. In erster Linie kommen hiernach dem Staat, seinen Untergliederungen, dem einzelnen und der alle diese umfassenden Gesamtheit, da die gesamte staatliche Grundordnung hin zum einzelnen verfaßt ist[7], die Maßnahmen zugute, die die geforderte Konkordanz der leitenden Staatszielbestimmungen realisieren[8]. Da die Gemeinde ihren verfassungsrechtlichen Wert darin findet, Träger kommunaler Selbstverwaltung, d. h., wie gezeigt, einer Form zur Konkordanz von Staatsbestimmungen auf örtlicher Ebene zu sein, können sich Gründe des allgemeinen Wohls, die eine Eingemeindung rechtfertigen könnten, nur aus der Tatsache ergeben, daß die betroffene Gemeinde kein tauglicher Träger kommunaler Selbstverwaltung mehr ist.

Das wird regelmäßig dann der Fall sein, wenn im Einzelfall die Erfordernisse des egalitären Sozialstaats die des funktionshemmenden Rechtsstaats überwiegen, weil die Gemeinde ein eigenständiges Interessenspektrum deshalb nicht mehr aufweist, weil die in ihr wirkenden Interessen faktisch bereits ein größeres Gebiet umgreifen. Insbesondere ist daran zu denken, daß sie sich nach einer benachbarten großen Stadt hin dann ausrichten, wenn zu deren Funktion als Arbeitgeber der Umlandbevölkerung eine starke bauliche Verflechtung zwischen der Stadt und der benachbarten Gemeinde besteht[9] und die Stadt deshalb tatsächlich auch einen Großteil an Leistungen für die Bewohner der Umlandgemeinden erbringt[10]. In diesen Fällen gebietet das egalitäre

---

[3] § 8 Abs. 1 b-w GO, § 16 Abs. 1 H GO, § 17 Abs. 1 ns GO, § 10 Abs. 1 rh-pf GO; dagegen spricht § 14 Abs. 1 n-w GO von „dringenden Gründen des übergemeindlichen öffentlichen Interesses".

[4] *Becker*, Rechts- und Verwaltungsfragen der kommunalen Neugliederung, S. 105.

[5] Zum bonum commune als naturrechtlichem Regulativ der Subsidiarität, vgl. *Isensee*, Subsidiaritätsprinzip, S. 31 f.

[6] Vgl. insbesondere *Rupp*, Wohl der Allgemeinheit und öffentliche Interessen, S. 124: „Das Wohl der Allgemeinheit, das öffentliche Interesse oder ähnliche Begriffe sind Spiegelungen der hinter einem Normgefüge sichtbar werdenden Wertungen."

[7] Art. 1 Abs. 1 GG.

[8] *Rupp*, a.a.O., S. 117: „Wenn also überhaupt Aussagen für den Gemeinwohlbegriff, wie ihn das Grundgesetz verstanden wissen will, gewonnen werden können, dann nur aus dem Grundgesetz selbst und nicht aus der Sphäre überirdischer Harmonien ..."

[9] *Ziebill*, Entwicklungen und Tendenzen, S. 48.

[10] *Becker*, Rechts- und Verwaltungsfragen der kommunalen Neugliederung, S. 82; vgl. auch *Pünder*, Die deutschen Gemeinden, S. 130 f.

Sozialstaatsprinzip, von dessen Blickwinkel aus die in der Großstadt zu befriedigenden Interessen mit denen der Umlandgemeinden dann großteils identisch sind, eine Verlagerung der Konkordanzfunktion der kommunalen Selbstverwaltung auf eine höhere Ebene[11]. Die Gemeinde ist zwar nicht in dem gleichen Maße wie die kommunale Selbstverwaltung, als Bestandteil verfassungsmäßiger Staatlichkeit, sondern nur institutionell, in ihrer überkommenen Gestalt, grundsätzlich als Gattung garantiert. Es gilt jedoch zweierlei zu beachten.

Einmal ist dies die Frage der Reichweite des institutionell geschützten Wesenskerns des überkommenen Gemeindebegriffs.

Es liegt nahe, die institutionell garantierte Gemeinde zusammen mit dem Zweck ihrer Garantie, nämlich Träger kommunaler Selbstverwaltung zu sein, zu sehen und so den absolut geschützten Kernbestand an Gemeinden zu umreißen als die Summe aller als Träger von kommunaler Selbstverwaltung, wie sie Art. 28 Abs. 2 i. Verb. m. Abs. 1 S. 2 GG konstituiert, geeigneter Sozialkörper.

Eine Eingemeindung würde demnach dann gegen die institutionelle Garantie der Gemeinde und damit gegen das Gemeinwohl verstoßen, wenn die betroffene Gemeinde nach wie vor tauglicher Träger kommunaler Selbstverwaltung ist, d. h., wenn sie eine Plattform zur wirksamen Interessenkoordination darstellt.

Hiermit zusammen hängt ein weiterer Gesichtspunkt, der zu einer Verstärkung der nur institutionellen Garantie der Gemeinde aus der kommunalen Selbstverwaltung, als eines durch Art. 28 Abs. 2 i. Verb. m. Abs. 1 S. 2 GG konstituierten Bestandteils verfassungsmäßiger Staatlichkeit führt.

Ist es nämlich richtig, daß, wie wir oben sagten, der Kern kommunaler Selbstverwaltung in ihrer primär durch Art. 28 Abs. 1 S. 2 konstituierten Integrationsfunktion besteht, so wird sie durch die im Gefolge einer Verringerung der Gemeindezahl statthabende Verdünnung bürgerschaftlicher Vertretung mittelbar deshalb in Mitleidenschaft gezogen, weil in toto damit die Zahl der Integrationsplattformen sinkt und so die durch die Verfassung intendierte Integration der Fundamentalstaatszielbestimmungen auf drei Ebenen in ihrem Wechselspiel verändert wird.

Zwar bleiben alle Ebenen vorhanden, jedoch werden die Möglichkeiten des einzelnen, dessen Gemeinde eingemeindet wird, Einfluß auf die

---

[11] Vgl. *Bahrdt*, Die Gemeinde in der Industriegesellschaft, S. 45, der als Träger kommunaler Selbstverwaltung „die wirtschaftliche und gesellschaftliche Einheit" fordert, „welche die kommunalpolitische Thematik liefert und produziert und deshalb auch das Feld für eine demokratische Selbstverwaltung abgibt".

sozialstaatliche Leistungsvergabe zu nehmen, verringert[12]. Dadurch wird aber letztlich auch sein Status aus Art. 1 Abs. 1 GG und so auch das Gemeinwohl tangiert. Dies deshalb, weil die Eingemeindung die bisherige Konkordanz zwischen Sozialstaat und Rechtsstaat durch Demokratie, die eine potentielle Verwaltungsteilhabe gewährleistete, einseitig zugunsten des Sozialstaatsprinzips aufhebt[13].

Beide Gesichtspunkte zusammen führen zu folgendem Ergebnis: Kann eine Gemeinde nicht mehr taugliche Plattform für eine Integration der drei Konstitutionsmaximen in ihrem Bereich sein, so kann sie in diesem Fall der institutionellen Garantie nicht unterfallen und aufgelöst werden. Mit anderen Worten: Widerlegen die Erfordernisse des Sozialstaatsprinzips begründet und auf Dauer die jeweiligen Forderungen des Rechtsstaats- und des Demokratieprinzips, ist die Auflösung einer Gemeinde und damit zugleich die Übertragung kommunaler Selbstverwaltung auf einen räumlich größeren Funktionskreis — die eingemeindende Gemeinde — durch Art. 28 Abs. 2 i. Verb. m. Abs. 1, S. 2 GG geradezu geboten[14].

Diese Überlegungen zeigten, daß Gründe des öffentlichen Wohls, die nach den Gemeindeordnungen der Länder Eingemeindungen ermöglichen, solche sein müssen, die aus dem Wesen der Selbstverwaltung als der von der Gemeinde getragenen Ebene der Staatlichkeit erwachsen.

2. Besonderheiten bei der Bezirksbildung

In den Fällen, in denen nach vorstehenden Kriterien Eingemeindungen geboten sind, stellt die eingemeindete Gemeinde im Verband der eingemeindenden auch nach soziologischen Kriterien einen gemeindeähnlichen Sozialkörper nicht mehr dar[15] und ist insoweit den innerkommunalen „engeren Gemeinschaften" als Kriterium zur Bezirkseinteilung zur Seite zu stellen und damit wie diese als zu einer innerkommunalen Integration untaugliche Einheit zu bezeichnen.

Bildet aber die Umlandgemeinde mit der eingemeindenden Großgemeinde keine so dichte soziologische Einheit[16], daß die Notwendig-

---

[12] Vgl. *Thieme*, DVBl. 1966, S. 325 (326); *Stern-Püttner*, Grundfragen zur Verwaltungsreform, S. 68 f.

[13] *Becker*, Öffentliche Interessen bei der gemeindlichen Neugliederung, S. 79: „Die Forderung nach Einheitlichkeit der Lebensverhältnisse im Bundesgebiet an Gesetz und Verwaltung kann nur gleichwertige Voraussetzungen zur freien Entfaltung der Persönlichkeit, nicht aber uniforme Lebensverhältnisse zum Ziele haben."

[14] *Monz*, StT 1968, S. 565 (566 f.); ähnl. auch *Thieme*, DVBl. 1966, S. 325 (328); *v. Unruh*, Die Gemeinde 1968, S. 137 (139).

[15] *Pfeil*, AfK 1963, S. 39 (44).

[16] *Becker*, Rechts- und Verwaltungsfragen, S. 105.

keiten des Sozialstaatsprinzips eine Höherverlagerung des Selbstverwaltungsträgers zur Gewährleistung kommunaler Selbstverwaltung fordern, so ist eine Eingemeindung auch dann nicht berechtigt, wenn beabsichtigt ist, ihre Wirkungen durch die Umformung der eingemeindeten Gemeinde in einen Großstadtbezirk irgendwie zu mildern und so die bisherige Integrationsplattform und die nunmehr für erforderlich erachtete miteinander zu kombinieren, da, wie gezeigt wurde, die Bildung solcher Bezirke nur zu Formen gesamtkommunaler, nicht aber bezirklicher Selbstverwaltung führen kann.

Die Kombination von Eingemeindung und Bezirksbildung ist also kein Kompromiß zwischen einer kommunalen Integration im Bereich der eingemeindeten Gemeinde und einer durch das Sozialstaatsprinzip etwa geforderten Verlagerung der Selbstverwaltung auf einen räumlich größeren Bereich, sondern stellt allenfalls die Verschleierung einer nach unseren obigen Kriterien unzulässigen, weil gegen das Gemeinwohl verstoßenden, Eingemeindung dar[17].

Es kann daher festgehalten werden, daß die Kombination von Eingemeindung und Bezirksbildung entweder, wenn die Eingemeindung dem öffentlichen Wohl entspricht, eine Frage kommunalinterner Selbstverwaltung ist oder aber, wenn die Eingemeindung dem öffentlichen Wohl widerspricht, sie auch durch die gleichzeitige Umformung der eingemeindeten Stadt-Umlandgemeinde zu einem Ortsbezirk nicht zu einer mit dem Gemeinwohl in Einklang stehenden Eingemeindung werden kann.

Etwas anderes muß allerdings, was ohne den Rahmen der Arbeit zu sprengen, hier nicht näher untersucht werden kann, dann gelten, wenn Kompromisse zwischen der Dynamik des Sozialstaats und der Statik der gegebenen Gemeindestruktur unter Wahrung der verfassungsrechtlichen Systematik durch die Bildung von Zweckverbänden, modifizierten Kreisen und ähnlichen Kooperationsformen erreicht werden sollen[18], wiewohl in diesen Fällen starke Bedenken gegen die zunehmende Undurchschaubarkeit der Wahrnehmung von Selbstverwaltungsaufgaben bestehen[19].

---

[17] Vgl. auch *Eulerich*, Dekonzentration der Großstadt, S. 69: „Wenn man in einem Atemzuge vereinigt und zerlegt, so liegt jedenfalls bei der Vereinigung die Voraussetzung des öffentlichen Wohls, die bei einer Zwangseingemeindung vorliegen muß, nicht vor." Ähnl. *Pünder*, Die deutschen Gemeinden, S. 131; *Stern-Püttner*, Grundfragen zur Verwaltungsreform, S. 29.

[18] Vgl. hierzu *Stern-Püttner*, a.a.O., S. 12 f.

[19] Zur Kritik an diesen „Stadt-Landkreis", „Industriekreis" oder „erweiterter Stadtkreis" genannten Einrichtungen, die bislang im sog. Göttingen-Gesetz und im Großraum-Hannover-Gesetz annähernd realisiert wurden, vgl. *Becker*, Rechts- und Verwaltungsfragen, S. 48; vgl. auch *Thieme*, DVBl. 1966, S. 325 (326).

Gänzlich anders wiederum müßte die Region als Träger „kommunaler" Selbstverwaltung[20], zu dem sie nur durch eine Verfassungsänderung werden könnte[21], die die institutionelle Garantie der Gemeinden und Kreise, die hier ebenfalls betroffen würden, als Selbstverwaltungsträger durch zwischen beiden stehende Träger regionaler Selbstverwaltung einschränken würde, betrachtet werden.

C. Die Stärkung der kommunalen Selbstverwaltung durch Selbstverwaltung auf unterkommunaler Ebene — Kritik der landesrechtlichen Regelungen

Die Kritik der die Errichtung von Bezirken als innerkommunaler politischer Einheiten vorsehenden Gemeindeordnungen hat die Überprüfung dieser Regelungen anhand der oben gewonnenen Erkenntnisse über das Wesen der Selbstverwaltung einerseits und die Unmöglichkeit eines eigenen Aufgabenkreises und einer eigenständigen Integration in kommunalen Untergliederungen andererseits zum Gegenstand.

Bei aller Verschiedenheit im Detail gehen die landesgesetzlichen Regelungen von dem Vorhandensein „engerer Gemeinschaften" innerhalb der Großgemeinden aus und versuchen, sie mit einer innerkommunalen Verwaltungseinheit, dem Bezirk, deckungsgleich werden zu lassen.

I. Das Gemeindebild der Gesetzgeber

Mit der Verknüpfung der Verwaltungseinheit Bezirk mit „engeren Gemeinschaften" bekennen sich die Gesetzgeber zu einer Betrachtung der Gemeinde als einer in lokaler Einheit nachbarschaftlich-persönlich verbundener Bürger. Da diese Qualitäten, die oft irrtümlich der kleinen Gemeinde schlechthin zugeschrieben werden, am wenigsten gerade in der Großstadt gefunden werden können, bemüht man sich diese in Gemeinschaften zu untergliedern, um auf diesem Wege das als richtig erkannte Gemeindebild, eben das der nachbarschaftlich vertrauten Genossenschaft, innerhalb der Großstadt zu realisieren. Aus dem gleichen Grund werden Vororte, die oft im Wege der Eingemeindung in die Großgemeinde eingegliedert werden, als gegebene Gemeinschaften innerhalb der Großgemeinde zu konservieren gesucht[1].

---

[20] Hierzu vgl. *Isbary*, Regionale Probleme der Raumordnung, S. 18 f.
[21] *Bahrdt*, Die Gemeinde in der Industriegesellschaft, S. 46 ff.
[1] *Gönnenwein*, Gemeinderecht, S. 367 und o. Exkurs II.

Da aber diese Sicht der Dinge an der sozialen Realität vorbei geht, in der die kleine Gemeinde strukturell der Großstadt durchaus vergleichbar ist, und sich innerhalb der Großstadt oder gar in Mittelstädten[2] ähnlich übergreifende Funktionszusammenhänge, wie sie die Gemeinden als globale Gesellschaften darstellen, nicht finden lassen, ist die These der Landesgesetzgeber, soziologisch gesehen, eine Fiktion.

Nun ist der Gesetzgeber nicht darauf beschränkt, soziale Realitäten gesetzlich zu sanktionieren, sondern kann die soziale Realität auch hin zu einer künftigen Realität durch eine Sollensordnung zu programmieren suchen. Er ist hier jedoch an zweierlei gebunden. Soll seine Norm überhaupt die Chance haben, einmal real zu werden, darf sie die Eigengesetzlichkeit des Stoffes, den sie zu gestalten sucht, die gesellschaftliche Wirklichkeit, nicht völlig außer acht lassen[3]. Zum andern ist er, will er zugleich eine Verfassungsnorm, hier Art. 28 Abs. 2 i. Verb. m. Abs. 1 S. 2 GG konkretisieren, auf eine dem Leitbild der fraglichen Verfassungsnorm adäquate gesetzliche Ausformung verwiesen[4]. Da aber, wie wir festgestellt haben, einmal das Leitbild der Verfassung von der kommunalen Selbstverwaltung dem einer vertrauten genossenschaftlichen Verbindung nicht entspricht, sondern vielmehr die Integration überlokal wirkender funktionaler politischer Kräfte in optimaler Nähe zur Sachindividualität hin zum Gemeinwohl zum Gegenstand hat, zum anderen aber in kommunalinternen Bezirken ein dem kommunalen vergleichbares, integrierbares Interessenspektrum nicht vorfindlich ist, muß schon dem Ausgangspunkt der gesetzlichen Regelung Kritik begegnen.

II. Die Bezirksgröße

Ausgehend von ihrer Absicht, innerhalb der Großstädte das „Gemeinschaftsleben zu stärken“[5], stellen die Landesgesetzgeber bei der Einteilung der Großstadt in Bezirke auf engere kulturelle, wirtschaftliche oder historische Zusammenhänge ab[6] und bedingen so notwendig eine recht unterschiedliche Bezirksgröße[7]. Eine unterschiedliche Größe

[2] Diese bezieht § 57 rh-pf GO mit ein.

[3] Vgl. *Fechner*, Rechtsphilosophie, S. 269 f.; *Lerche*, Gemeinden in Staat und Gesellschaft, S. 13; *Köttgen*, Sicherung der gemeindlichen Selbstverwaltung, S. 5.

[4] Vgl. *Lerche*, Verfassungsfragen, S. 116.

[5] § 75 Abs. 1 b-w GO.

[6] z. B. Art. 60 Abs. 1 bay GO; § 13 Abs. 1 n-w GO.

[7] Vgl. hierzu das von *Zier*, Die Verwaltung der Großstädte, S. 17, Fußn. 5, mitgeteilte Beispiel: Nach dem Stand vom 1. Januar 1966 war der kleinste Stadtbezirk Münchens mit 4343 Einwohnern der Bezirk Langwied, der größte mit 86 968 Einwohnern der Bezirk Milbertshofen.

der Bezirke führt jedoch zu einer unterschiedlichen Verteilung von Verwaltungsaufgaben auf die einzelnen Bezirke, da manche Angelegenheiten effektiv zwar von großen, nicht jedoch von kleineren wahrgenommen werden können[8]. Bei stark divergierenden Bezirksgrößen steht die Gemeinde deshalb bei der Zuordnung von Verwaltungsaufgaben vor folgender Alternative: Teilt sie, Gesichtspunkten einer rationalen Verwaltungsorganisation, d. h. aber zugleich ihrem sozialstaatlichen Auftrag folgend, kleinen Bezirken weniger Aufgaben zu als großen, so verstößt sie gegen die ihr aus dem egalitären Sozialstaatsprinzip ebenfalls erwachsende Verpflichtung, wesentlich Gleiches nicht ungleich zu behandeln, da allein die Tatsache eines engeren kulturellen oder wirtschaftlichen Zusammenhanges eine schwächere Verwaltungsorganisation in einem Bezirk und die damit verbundene Benachteiligung des verwalteten Bürgers nicht zu rechtfertigen vermag.

Stattet die Gemeinde aber große und kleine Bezirke mit dem gleichen Aufgabenkreis aus, so verstößt sie gegen das vom Sozialstaatsprinzip ebenfalls intendierte Ziel einer rational organisierten, an der Effektivität orientierten Verwaltung. Da so eine stark unterschiedliche Bezirksgröße notwendig gegen die Erfordernisse des egalitären Sozialstaats verstößt, ist eine Verwaltungsuntergliederung großer Städte nach kulturellen, wirtschaftlichen und historischen Kriterien auch aus diesem Grunde abzulehnen[9].

III. Die Bezirksvertretung

Dieses „Bezirksbeirat"[10], „Ortsausschuß"[11], „Bezirksausschuß"[12] und „Ortbeitrat"[13] genannte Gremium ist nach den Gemeindeordnungen aller westdeutschen Flächenstaaten Organ der Kommunalverwaltung, da den Bezirken eigene Organschaft nicht zukommt. Die sich aus dem Fehlen eines gesellschaftlichen Interessengegensatzes auf Bezirksebene bereits ergebenden Bedenken werden durch die Betrachtung der Wahl und der Aufgaben der Bezirksvertretungen nach Landesrecht bestätigt.

---

[8] Vgl. auch *Mulert*, Die Neuordnung kommunaler Selbstverwaltung, S. 30.

[9] a. A. *Zier*, Die Verwaltung der Großstädte, S. 17 ff. der, m. E. unhaltbar, argumentiert, gerade *weil* die Bezirke keine Gebietskörperschaften, sondern bloße Verwaltungssprengel darstellten, sei eine annähernd gleiche Bezirksgröße nicht erforderlich, ja nicht einmal erstrebenswert. Wie im Text dagegen, *Mulert*, Die Neuordnung der kommunalen Selbstverwaltung, S. 29 f.; vgl. auch *Laux*, Die Gemeinde 1968, S. 165: „In verdichteten Siedlungsformen ist heute das Historische so weitgehend überlagert, daß es für Gliederungsfragen nicht mehr ausschlaggebend sein kann."

[10] § 75 b-w GO.

[11] § 76 Abs. 1 ns GO.

[12] Art. 60 Abs. 2 bay GO; § 13 Abs. 2 n-w GO.

1. Wahl

Unverzichtbare Voraussetzung einer der kommunalen Selbstverwaltung ähnlichen Integrationsplattform ist die unmittelbare Wahl der politischen Kräfte, die die gesellschaftlichen Interessen auf Bezirksebene in einem statischen Regelsystem zum Gemeinwohl koordinieren sollen.

Wenn daher die Gemeindeordnungen aller Flächenstaaten, mit Ausnahme Niedersachsens, eine nur mittelbare Wahl der Bezirksvertretung durch die Gemeindevertretung vorsehen, so liegt in dieser Bindung der Bezirksvertretung an die kommunalen Parteiverhältnisse das Eingeständnis, daß die Bezirke nur Hilfsorgane gesamtkommunaler Integration sein sollen. Die Gemeindeordnungen erkennen damit das oben abstrakt gewonnene Ergebnis[14] an, wonach den Bezirksvertretungen nur der Rang lokaler Interessenverbände auf Kommunalebene zukommt. Aber auch in dieser Qualität sind sie dadurch beschnitten, daß sie nicht von den Interessenten, den Bezirksbewohnern, sondern von der Gemeindevertretung beschickt werden, die sie gerade für ihre Interessen gewinnen wollen. Stehen die Bezirksvertretungen so aber eigentlich noch unter den funktionalen Interessenverbänden, so könnten sie, geht man einmal von dem Vorhandensein bezirksspezifischer Interessen aus, selbst diese nicht wirksam vertreten, da sie gegenüber den funktionalen Interessenverbänden nicht nur wegen ihrer nur lokalen Anliegen, sondern zusätzlich noch dadurch benachteiligt sind, daß die Sachwalter dieser Bezirksinteressen nicht von der Bezirksbevölkerung selbst bestellt werden und sich deshalb einer massiven Unterstützung von dieser Seite nicht sicher sein können.

Die unmittelbare Interessenvertretung der Bezirke beschränkt sich deshalb auf ihren innerparteilichen Einfluß. Neben diesem tatsächlichen Gang der bezirklichen Interessenvertretung sinkt die Institution der Bezirksvertretung zu einer Plattform für die Selbstdarstellung der Kommunalparteien im Bezirk herab, die zwar geeignet erscheint, kommunalpolitische Positionen im Nachherein zu erklären und zur Akklamation zu stellen[15], der jedoch faktisch nur ein minimaler Einfluß auf die Gemeindevertretung zukommt. Die institutionelle Einflußlosigkeit des Bezirkes auf seine Interessenvertretung wird am deutlichsten in Nordrhein-Westfalen, wo nur die Errichtung von Bezirksausschüssen des Gemeinderats vorgesehen ist, die ebenso wie andere Ausschüsse nur die Funktion ausüben, das Plenum zu entlasten. Auch sind sie ausschließlich von Mitgliedern der Gemeindevertretung besetzt.

---

13 § 82 H GO; § 58 rh-pf GO.
14 Siehe B. II. 2.
15 *Mayntz*, Parteigruppen in der Großstadt, S. 93 ff.

2. Aufgaben

a) Beratung

Alle Gemeindeordnungen billigen den Bezirksvertretungen das Recht aber auch die Pflicht zu[16], in Angelegenheiten der Kommunalverwaltung, die auf bestimmten, näher normierten Sektoren Interessen, die als bezirksspezifisch angesehen werden, verletzen könnten, Stellung zu nehmen. Ihr Votum, sei es daß es sachliche Besonderheiten gegenüber anderen Bezirken geltend macht, sei es, daß es sachliche Gleichbehandlung mit anderen Bezirken fordert, kann als Hilfsmittel der Kommunalverwaltung bei der Realisierung des Gleichheitssatzes auf gesamtkommunaler Ebene eine ähnlich erwünschte Hilfe bedeuten, wie das Votum sachverständiger Bürger, wie sie zu den Beratungen der Fachausschüsse der Gemeindevertretung hinzugezogen werden.

Es zeigt sich so, daß die Beratungsfunktion durchaus geeignet erscheint, kommunale Bürgerinitiative im Dienste gesamtkommunaler Integration zu fördern.

Es ist jedoch die Gefahr zu beachten, die darin liegt, daß die beratenden Bezirksgremien zu Faktoren im parteipolitischen Kräftespiel der Gemeindevertretung werden können[17]. Da die im Bezirk Gewählten regelmäßig Parteien angehören, werden sie auch dazu neigen, ihre Partei auf kommunaler Ebene zu unterstützen. Dies wird von Bedeutung insbesondere dann, wenn die Zusammensetzung einer Bezirksvertretung stark von der der Gemeindevertretung abweicht, da dann das Votum der Bezirksvertretung zum Mittel einer im Bezirk starken aber in der Gemeindevertretung schwach vertretenen Partei zur Durchsetzung gesamtkommunaler und nicht bezirksspezifischer Ziele werden könnte.

Die Gemeindeordnungen haben, mit Ausnahme der ns GO, diese Gefahr dadurch gebannt, daß sie die Bezirksvertretung durch die Gemeindevertretung nach Maßgabe der auf die in der Gemeindevertretung sitzenden Parteien im Bezirk bei den Wahlen zur Gemeindevertretung entfallenden Stimmen wählen lassen[18].

---

[16] Falls sie vom Gemeindevorstand oder der Gemeindevertretung dazu aufgefordert werden; vgl. oben § 1.

[17] Vgl. hierzu *Meyer*, Die Organisation der Verwaltung, S. 117, der darauf hinweist, daß im Falle der „Verbrauchervertretung" regelmäßig unter ihrem Deckmantel politische Ziele vertreten werden. Auch im Falle der Bezirksvertretung besteht die Gefahr, da alle Bewohner der Stadt zugleich auch Bewohner eines Bezirks sind, daß sich die auf kommunaler Ebene organisierten Parteien und Verbände dieser Vertretungen als Hausmacht bedienen. Ähnl. auch, in etwas anderem Zusammenhang, *Denzer*, StkV 1955, S. 69 (70).

[18] Hierdurch wird auch dem von *Pünder*, Die deutschen Gemeinden, S. 123 f., hervorgehobenen Bedenken gegen eine Vermehrung der Wahlakte, die allzuleicht zu einer allgemeinen Wahlmüdigkeit führen könne, Rechnung getragen.

Abschließend ist festzuhalten, daß eine Beratungsfunktion der Bezirksvertretungen nicht als eine Form bürgerschaftlicher Selbstverwaltung, die unterkommunal von der körperschaftlichen getrennt wäre, bezeichnet werden kann, sondern nur und ausschließlich als ehrenamtliche Mitwirkung bei der Kommunalverwaltung selbst. In Niedersachsen, wo die Bezirksvertretung unmittelbar gewählt wird, besteht die eben gezeigte Gefahr einer Hausmachtbildung der Parteien in den Bezirken, in Nordrhein-Westfalen, wo nur Bezirksausschüsse der Gemeinde gebildet werden, keine Aussicht hierdurch den Bereich bürgerschaftlicher Selbstverwaltung zu vergrößern.

b) Entscheidungskompetenz in Bezirksangelegenheiten

Außer Baden-Württemberg sehen die Flächenstaaten, deren Gemeindeordnungen die Errichtung von Großstadtbezirken kennen, die Möglichkeit der Delegation von Entscheidungskompetenzen durch die Gemeindevertretung auf Bezirksvertretungen in solchen Angelegenheiten vor, die einerseits von bezirksspezifischem Interesse sein sollen, andererseits aber auch nicht geeignet sein dürfen, die Einheit der Kommunalverwaltung zu tangieren.

Die Bezirksvertretung nimmt insoweit die Stellung eines beschließenden Ausschusses der Gemeindevertretung ein. Wenn aber so die Entscheidungen der Bezirksvertretung als Entscheidungen der Gemeindevertretung gelten, müßte sich die Bezirksvertretung funktional mit der Gemeindevertretung vergleichen lassen, soll nicht durch die Delegation die eigentliche Aufgabe der Gemeindevertretung, die Integration der kommunalen Interessentotalität zu bewirken, Schaden leiden.

Zunächst wäre an einen Vergleich mit den beschließenden Fachausschüssen der Gemeindevertretung zu denken. Diese jedoch setzen sich regelmäßig nur aus Mitgliedern der Gemeindevertretung zusammen und, was wichtiger ist, ihre Tätigkeit erstreckt sich über das gesamte Gemeindegebiet. Demgegenüber kann die Bezirksvertretung, wiewohl regelmäßig proportional zu dem in der Gemeindevertretung herrschenden Kräfteverhältnis besetzt, nicht als quasi regionaler Fachausschuß angesehen werden. Findet nämlich der Ausschuß der Gemeindevertretung seine Rechtfertigung darin, daß er in der kommunalen Interessenintegration eine wesentliche Vorklärungsfunktion insoweit innehat, als er in einem bestimmten funktionalen Sektor alle insoweit engagierten Interessen der Gemeindebürgerschaft zusammenführt und abstimmt, könnte man dies von der Bezirksvertretung nur dann sagen, wenn ein dem funktionalen ähnliches Interessenspektrum auch lokal gegeben wäre. Neben den Fachausschüssen der Gemeindevertretung, die die funktionalen Interessen der Gemeindebürger integrieren, ständen dann Regionalausschüsse, denen Gleiches bei lokalen Interessen obläge.

Auch abgesehen von der oben erörterten Tatsache, daß der moderne Mensch neben funktionalen lokale Interessen, also solche, die sich, um mit *Forsthoff*[19] zu sprechen, aus seinem „beherrschten Lebensraum" ergeben, jedenfalls in der Großstadt nicht mehr kennt und daß auch andererseits, was wichtiger ist, funktionale Interessen auf Bezirksebene, wegen der relativen sozialen Homogenität der in großstädtischen „engeren Gemeinschaften" wohnenden Bürger nicht integriert und etwa so vorgeformt als lokale Interessen verstanden werden können, müßte ein solches Nebeneinander lokaler und funktionaler Interessenwahrnehmung Bedenken begegnen.

Da lokale Interessen eben nur als funktionale auf lokaler Ebene gesehen werden können, wäre durch die Einrichtung von Ausschüssen sowohl zur Integration funktionaler als auch zur Integration lokaler Interessen die Bedingung für eine permanente Nichtöffentlichkeit des tatsächlichen Weges der Interessenwahrnehmung und ihrer Einbindung nach den Maximen des Gemeinwohls geschaffen. Interessen, die bei der Abstimmung in Fachausschüssen unterliegen, können unter dem Mantel lokaler Interessen erfolgreich werden und umgekehrt.

Die Öffentlichkeit des innergemeindlichen Integrationsvorganges, die wir als conditio sine qua non kommunaler Selbstverwaltung erkannten, wäre zugunsten einer prosperierenden Clique von taktierenden Verbandsfunktionären suspendiert.

IV. Die Bezirksverwaltungsstelle — Die Bezirksdeputationen

Die Gemeindeordnungen sehen neben der Errichtung von Bezirksvertretungen Verwaltungsstellen in den Bezirken vor. Diese sind voll in den organisatorischen Aufbau der Kommunalbürokratie integriert. Sie stellen sich daher als bloße Außenstellen der Kommunalverwaltung (i. e. S., d. h. der Kommunalbürokratie), dar, die vollständig der Weisung des Behördenleiters der Gemeinde unterliegen, und auf deren Handlungen die Bezirksvertretung keinen Einfluß hat. Diese Trennung zwischen Bezirksvertretung und Verwaltungsstelle wird in Hessen durch Bezirksdeputationen zu überwinden gesucht, in denen als Verwaltungsvollzugsgremien sowohl Fachbeamte als auch Mitglieder der Bezirksvertretung, von dieser gewählte sonstige sachkundige Bürger des Bezirks und schließlich auch Magistratsmitglieder Sitz und Stimme haben[20]. Zwar haben diese Deputationen den Vorteil, unmittelbar verfügbare Informationsquelle der Bürokratie zu sein, sie haben andererseits aber auch erhebliche Nachteile:

---

[19] Die Verwaltung als Leistungsträger, S. 4 f.

[20] § 83 i. Verb. m. § 72 HGO.

Die Bezirksdeputation steht am Ende der kommunalen Hierarchie, was bedeutet, daß sie die ihr zugänglichen Informationen nur in einem sehr engen Rahmen bei der Auswahl des zum Letztvollzug geeigneten Mittels in eine Verwaltungsentscheidung umsetzen kann[21]. Da auch dieses geeignete Mittel regelmäßig sinnvoller unmittelbar mit den Betroffenen ausgehandelt werden kann, steht in der Bezirksdeputation ein relativ hohes Maß an Information einer minimalen Umsetzungsmöglichkeit in die Verwaltungspraxis gegenüber, was erfahrungsgemäß zu die Verwaltungsarbeit hemmenden Debatten über Gesichtspunkte führen kann, die außerhalb des sachlichen Wirkungskreises der Deputation liegen. Diesem so modifizierten Vorteil der Deputation als Informationsquelle stehen jedoch die allgemeinen Bedenken gegen entscheidende Kollegialorgane entgegen, wie sie sowohl die Verwaltungslehre[22] wie auch die betriebswirtschaftliche Organisationslehre[23] geltend machen:

Einmal das Fehlen eines unmittelbar Verantwortlichen und zum anderen die mögliche Unwirtschaftlichkeit[24]. Mag ersteres schon in Wirtschaftsorganisationen Bedenken begegnen, sofern nicht die Vorteile der dieser Organisationsform innewohnenden Informationsdichte und der damit möglichen Schnelligkeit der Willens- und Entscheidungsbildung diesen Nachteil aufwiegen, so muß dies insbesondere bei der Kommunalverwaltung gelten, die als im Kern bürgerschaftliche entweder durch unmittelbare Wahl legitimierte Kollegien oder aber hierarchisch streng einem verantwortlichen Leiter untergeordnete Dienststellen erfordert. Deputationen verwischen aber beide Möglichkeiten der Verantwortlichkeit, indem den beamteten Mitgliedern die Überwälzung der Verantwortung auf die (nur mittelbar und nach Sachkunde) gewählten Deputationsmitglieder, den Gewählten dagegen die Überwälzung auf die beamteten Mitglieder möglich wird[25].

Unwirtschaftlich sind Deputationen aus der Erwägung heraus zu nennen, daß die Arbeitszeit der beamteten Mitglieder durch Konfron-

---

21 In Stadtstaaten liegt die Problematik auch hier anders. Vgl. *Fischer-Goetz*, Die Deputation in der Berliner Bezirksverwaltung, S. 65, die Bezirksdeputationen das vornehmste Kennzeichen Berliner Bezirksselbstverwaltung nennen, aber dennoch (S. 122) den minimalen Aufgabenbereich der Bezirksdeputationen beklagen.

22 Vgl. *Cannenbley*, Die Zweckmäßigkeit der Verwendung von Ausschüssen.

23 Vgl. etwa *Kosiol*, Kollegien als Organisationsformen, S. 200 ff.

24 *Kosiol*, a.a.O., S. 202 ff.

25 Ähnliche Bedenken gegen Bezirksdeputationen äußert *Preuß*, HBkW Bd. 1, S. 538; vgl. auch, zu den Hamburger Deputationen, *Ipsen*, Hamburgs Verfassung und Verwaltung, S. 381 f. Für die Berliner Bezirksdeputationen melden *Fischer-Goetz*, Die Deputationen in der Berliner Bezirksverwaltung, S. 123 f., ähnliche Kritik an, der sie durch eine Verlagerung der Deputationen auf die Ebene der Zentralverwaltung abhelfen wollen.

tation mit einem Überangebot an Information der relativ engen Sachentscheidung entzogen und unsachgemäß gebunden wird. Schließlich muß gegen die Teilnahme von gewählten Deputationsmitgliedern in Verwaltungskollegien, denen der Letztvollzug kommunaler Verwaltung obliegt, insbesondere eingewandt werden, daß sie auch geeignet sind, „die politische Kontrolle über die öffentliche Verwaltung zu schwächen"[26]. Dies insbesondere deshalb, weil diese Deputationen regelmäßig nicht öffentlich tagen und, wie bereits erwähnt, eine klare Verantwortlichkeit vermissen lassen.

Öffentlichkeit der Deputationssitzungen würde aber, obwohl sie zwar die Verantwortlichkeit etwas transparent machen würde, auf der anderen Seite dem Informationsangebot, das, wie wir sahen, regelmäßig zu einem Großteil unsachgemäß und für die anstehende Entscheidung überflüssig sein wird, zu noch stärkerem Gewicht verhelfen, was zur Folge hätte, daß eigentliche sachliche Arbeit durch publikumswirksame Argumentation „zum Fenster hinaus" unmöglich gemacht würde[27]. Angesichts der im Blick auf die Kommunalverwaltung rangniedrigen Stellung der Bezirksdeputationen scheinen sie schließlich nur geeignet zu sein, das „Betriebsklima" zwischen Verwaltung und Verwalteten zu verbessern[28].

Die Mitglieder des Kollegiums haben keinen effektiven Einfluß auf das Verwaltungshandeln, der technisch an dieser Stelle der Hierarchie auch gar nicht möglich ist. Ihre Mitwirkung ist daher nur, um in der Diktion der Verwaltungslehre zu sprechen, ein positiver Faktor zur Vermeidung von Kritik an der Verwaltung. Dieser Faktor, den die Verwaltungslehre als Rechengröße vertritt, stellt sich gerade als konsequente Negation einer veröffentlichten Aufgabenwahrnehmung unter den kritischen Augen der Bürgerschaft dar und kann so mit dem oben entworfenen Bild kommunaler Selbstverwaltung nicht in Einklang

---

[26] *Meyer*, Die Organisation der Verwaltung, S. 149.

[27] *Ipsen*, Hamburgisches Staats- und Verwaltungsrecht, S. 22; zu den weiteren Nachteilen, vgl. die von *Meyer*, a.a.O., S. 148 f., zusammengestellten Äußerungen der anglo-amerikanischen Literatur zur Verwaltungslehre.

[28] Ein anschauliches Beispiel für die Wirkweise solcher Gremien bringt *Kosiol*, Kollegien als Organisationsformen, S. 208, aus dem Bereich der Wirtschaft mit den „sog. ‚Befehlskonferenzen', bei denen ein Vorgesetzter die ihm unmittelbar unterstellten Personen zusammenruft und eine bestimmte aktuelle Frage zur Diskussion bringt. Nachdem sich alle Beteiligten ausgesprochen haben, erteilt der Vorgesetzte eine Anordnung, die er meist bereits vor der Sitzung ausgearbeitet hatte. Die Kollegialzusammenkunft erfolgt hier letzten Endes nur, um den Untergebenen das Gefühl der Mitwirkung zu vermitteln und auf diese Weise die interessierte Ausführung des Befehls zu fördern ... Im Falle der nur zum Schein durchgeführten Beratung hätte der Befehl auch auf dem schriftlichen Anordnungsweg erteilt werden können. Die Bildung des Kollegiums verfolgte lediglich den — mitunter nur schwer zu erreichenden — Zweck einer Verbesserung der zwischenmenschlichen Beziehungen".

gebracht werden. Eine Durchmischung von bürokratischem und Laienelement, d. h. aber zugleich zwischen den Prinzipien des Sozialstaats und der Demokratie, wie sie die Bezirksdeputationen darstellen, ist deshalb, weil sie weder der Rationalität des einen noch der Publizität des anderen optimal gerecht werden kann, abzulehnen.

V. Der Bezirksvorstand

Die Spannung zwischen der Maxime, dem Bezirk größtmögliche Eigenständigkeit unter unmittelbarer Verantwortung der Bezirksbürgerschaft zu gewähren, und der Maxime, die Einheit der Gemeindeverwaltung möglichst nicht zu gefährden, findet ihren beredten Ausdruck in der insbesondere von der rh-pf GO dem Bezirksvorstand eingeräumten Stellung.

Diese ist dahin angelegt, beide konträren Ziele dadurch zu versöhnen, daß der Bezirksvorstand einmal als Leiter der Bezirksverwaltungsstelle voll und ganz den Weisungen des kommunalen Behördenleiters unterworfen, andererseits aber auch stimmberechtigtes Mitglied der Bezirksvertretung ist und zudem deren Vorsitz führt.

Dieser Verbindung zwischen demokratischem und bürokratischem Prinzip in der Person des Bezirksvorstands muß Kritik begegnen.

Einmal besteht erfahrungsgemäß die Möglichkeit, daß sich der Bezirksvorstand in seinen Entscheidungen, obwohl formell strikt dem Gemeindevorstand untergeordnet, dennoch von im Bezirksrat vorherrschenden Meinungen leiten läßt, um in anderen Bereichen dafür von diesem wiederum mehr Entgegenkommen zu erzielen. Damit besteht aber die Möglichkeit eines öffentlich nicht legitimierten Abweichens von den Anordnungen des Behördenleiters und so mittelbar auch von den Beschlüssen der Gemeindevertretung, die vor dem behördenintern geltenden Gleichheitssatz eine Rechtfertigung nicht finden kann.

Zum anderen könnten, was wahrscheinlicher ist, durch den Vorsitz des Bezirksvorstands in der Bezirksvertretung deren Mitglieder durch das verwaltungsmäßige Übergewicht des Vorsitzenden und dessen „guten Verbindungen" zum Gemeindevorstand, auf die man angewiesen ist, leicht überspielt werden[29].

Einer öffentlich einsichtigen Trennung zwischen Bezirksvertretung unter dem Vorsitz eines aus ihrer Mitte Gewählten und dem Leiter

[29] *Pünder*, Die deutschen Gemeinden, S. 161. Das von *Mulert*, Die Neuordnung der kommunalen Verwaltung, S. 82, demgegenüber vertretene Argument der Verwaltungseinheit kann nichts verschlagen, da es bei der Institution der Bezirke überhaupt in erster Linie um eine Aktivierung der innerkommunalen Demokratie geht.

der Verwaltungsstelle, die gewährleistet, daß die Bezirksvertretung sich bei ihren Beratungen „unter sich ... (und) von der Bürokratie möglichst unbeeinflußt fühlt"[30] ist daher der Vorzug zu geben.

VI. Folgerungen

Vorstehende Erörterungen haben gezeigt, daß die landesrechtlich zur Stärkung bürgerschaftlicher Selbstverwaltung für Großstädte vorgesehene Errichtung von Bezirksvertretungen mit einer selbständigen Entscheidungskompetenz in bezirksspezifischen Angelegenheiten, in durch wirtschaftliche oder historische Homogenität indizierten engeren örtlichen Gemeinschaften das von ihr angestrebte Ziel nicht erreichen kann.

Die Divergenz zwischen den Erfordernissen des egalitären Sozialstaats, die großstadtintern auf eine stark zentralistische Organisation hinauslaufen, und den Forderungen des Art. 28 Abs. 2 i. Verb. m. Abs. 1 S. 2 GG, die eine optimale Mitwirkung der Gemeindebürger an den Angelegenheiten der Gemeinde im Auge haben, läßt sich mittels der von den Landesgesetzgebern vertretenen Lösung — faktische Zentralverwaltung einerseits und scheinbare Einflußnahme auf Bezirksebene andererseits — nicht zur erforderlichen Konkordanz bringen.

Die Auslegung des Art. 28 Abs. 2 i. Verb. m. Abs. 1 S. 2 GG und die daraus sich ergebende Stellung der Gemeinde als Träger kommunaler Selbstverwaltung zeigte vielmehr eine tiefgreifende Verschiedenheit zwischen den möglichen Funktionen, die eine Gemeinde und die ein Bezirk wahrnehmen können. Der Bezirk findet als Sprengel der in ihm wirkenden Kommunalorgane seine Bestimmung nur im Blick auf die Großstadt in ihrer Gesamtheit. Ein taugliches Mittel, Konkordanz zwischen gemeindeinterner Demokratie und egalitärer Sozialstaatlichkeit auf kommunaler Ebene, also Selbstverwaltung, zu stiften, bildet eine Bezirkseinteilung dann, wenn sie die komplexe Ganzheit der Großstadt auf überschaubarer Ebene einerseits modellhaft erfahrbar macht, zum anderen aber zugleich auch die Chance effektiver bürgerschaftlicher Teilhabe an der Verwaltung der Stadt in ihrer Gesamtheit bietet.

Hierzu erscheint es geboten, die Bezirksvertretung unter Beibehaltung ihrer Beratungsfunktion auch anderweitig, wenn auch in anderer Weise als die vorstehend erörterten landesgesetzlichen Regelungen, zur Hilfe der Gemeindevertretung heranzuziehen. Bedenkt man, daß das Hauptfeld der Gemeindevertretung in der Überwachung der Kommunal-

---

[30] *Pünder*, a.a.O.

bürokratie liegt, daß diese aber für die Gemeindevertretung auf Grund ihres fortlaufenden Wachstums immer weniger transparent ist, so muß die kommunalinterne Lösung der Kontroverse von Demokratie und Sozialstaat in einer transparenten Behördengliederung gesucht werden, die die Chance optimaler Kontrolle bei optimaler Verwaltungseffizienz bietet. Es wird also darauf ankommen, die Kommunalbürokratie, nicht aber die kommunalen Willensbildungsgremien zu unterteilen. Eine solche Unterteilung müßte allerdings den Eigengesetzlichkeiten der bürokratischen Organisation folgen, d. h., daß die Überwachung an Stellen innerhalb der bürokratischen Organisation erfolgen müßte, die sich einmal als transparente Schnittflächen der Organisation darstellen, zum anderen aber trotz des Einbaus eines Überwachungsgremiums weiter an Effizienz möglichst wenig einbüßen.

Könnte ein solcher Weg gefunden werden, so wäre dadurch das demokratische Prinzip, für das kommunalintern, wie wir sahen, eine Vermutung spricht, gegenüber dem sozialstaatlich-bürokratischen in doppelter Weise gestärkt. Einmal wäre die Gemeindevertretung in den Stand gesetzt, den Vollzug ihrer Beschlüsse im entscheidenden Moment der Umsetzung in Verwaltungsanordnungen des Behördenleiters überwachen zu können, da alle Letztvollzugsangelegenheiten nunmehr durch andere Gremien auf einer tieferen Vollzugsstufe überwacht würden, zum anderen wäre eine Möglichkeit eröffnet, eine größere Zahl von Bürgern an der Kommunalverwaltung teilnehmen zu lassen. Schließlich würde auch eine verstärkte Veröffentlichung kommunalen Verwaltungshandelns erreicht, die als die Grundvoraussetzung gesteigerter Bürgerinitiative anzusehen ist.

D. Zusammenfassung zu § 2

1. Die kommunale Selbstverwaltung wird herkömmlich in körperschaftliche und bürgerschaftliche unterteilt.

2. Der Schlüsselbegriff der körperschaftlichen Selbstverwaltung sind die ihr als eigene zustehenden Aufgaben. Diese können weder als dezentralisierte Staatsaufgaben noch als originär außerstaatliche Aufgaben aus einem Gegensatz von Staatssouveränität und kommunaler Gebietskörperschaft hergeleitet werden.

3. Das Grundgesetz selbst ordnet durch Art. 28 Abs. 2 GG den von ihm vorgefundenen und als solche institutionell garantierten Gemeinden, die von diesen als eigene wahrzunehmenden Aufgaben zu. Wie das Grundgesetz den Staat in Funktionen, nämlich Legis-

lative, Exekutive, Jurisdiktion und diese wiederum in Bundes- und Landeskompetenzen verfaßt, so verfaßt es auch eine Funktion der Staatlichkeit als kommunale Selbstverwaltung. Wie jede Staatsfunktion ist auch sie der Realisierung der fundamentalen Konstitutionsmaximen des Grundgesetzes, dem Rechtsstaat, dem Sozialstaat und dem Demokratieprinzip verpflichtet.

4. Den Ländern kommt die Kompetenz zu, gem. Art. 70 GG den Kreis der den Kommunen zur Selbstverwaltung zustehenden Aufgaben zu konkretisieren. Sie sind hierbei verpflichtet, von Fall zu Fall die Erfordernisse des egalitären Sozialstaats mit denen des funktionshemmenden Rechtsstaats abzuwägen, so daß sie nur dann nicht gegen die Selbstverwaltungsgarantie verstoßen, wenn sie Aufgaben der Kommune entziehen oder nicht überlassen, bei denen die sozialstaatliche Notwendigkeit das funktionshemmende Rechtsstaatsgebot überwiegt, und so die Allzuständigkeitsvermutung des Art. 28 Abs. 2 GG widerlegt.

5. Ein Bereich von Aufgaben, die sich a priori als örtlich ansprechen ließen, besteht nicht. Er ergibt sich nur jeweils negativ von Fall zu Fall bei unverhältnismäßigen Eingriffen in den Wesensgehalt der kommunalen Selbstverwaltung, der in der örtlichen Konkordanz zwischen den Forderungen des Rechtsstaats und des Sozialstaats im jeweils konkreten Einzelfall einer zu regelnden Verwaltungsagende zu suchen ist.

6. Eine Konkordanz zwischen Rechts- und Sozialstaat erscheint nur über Demokratie möglich.

7. Das Sozialstaatsprinzip verlagert den Schwerpunkt staatlicher Tätigkeit auf das Gebiet der Verwaltung. Es bedingt zugleich eine Integration der Gesellschaft in den Staat, ohne daß allerdings hierdurch Staat und Gesellschaft identisch würden.

   Repräsentanten der dynamischen Gesellschaftinteressen sind die Interessenverbände. Diese integrieren die Parteien in den Bereich der Staatlichkeit, einer material an den Maximen des Gemeinwohls ausgerichteten statischen Form; sie sind so die Brücke zwischen Gesellschaft und Staat und damit die eigentlichen Träger der Staatlichkeit wie sie durch die Integrationsnormen des Grundgesetzes verfaßt ist.

8. Zum Zwecke der Integration stehen den Parteien verschiedene Plattformen zur Verfügung: Bund, Länder und Gemeinden. Diese Plattformen gewährleisten ein Doppeltes: einmal ermöglichen sie eine verstärkte Mitwirkung des einzelnen in Verbänden und Parteien und führen so zu vermehrten individualschützenden Reibungsflächen bei der staatlichen Willensbildung, zum anderen ermög-

lichen sie den Parteien die Abwehr der zentralistisch orientierten Interessenverbände, um ihnen den Verbänden gegenüber das zur Integration der von diesen vertretenen Interessen erforderliche Übergewicht zu erhalten.

9. Da eine Konkordanz zwischen den Fundamentalsstaatszielbestimmungen des Rechtsstaats und des Sozialstaats nur durch Demokratie möglich ist, diese als Form staatlicher Willensbildung gegen die Gesellschaftsinteressen nur durch eine vertikale Gliederung der staatswillensbildenden Gremien gewährleistet ist, hat das bürgerschaftliche Element der Selbstverwaltung, das die Integration zwischen Staat und Gesellschaft auf örtlicher Ebene gewährleistet, den Vorrang vor dem körperschaftlichen Element, dessen Aufgabenwahrnehmung erst aus dem Gesichtspunkt der Integration ihre Bedeutung erhält.

10. Gewinnt die körperschaftliche Selbstverwaltung als die Wahrnehmung von Aufgaben zur Konkordanzstiftung zwischen Rechts- und Sozialstaat ihren eigentlichen Sinn aus der demokratisch-sozialstaatlichen Integration der Gesellschaft in den Staat, so ist zugleich eine Trennung zwischen körperschaftlichem und bürgerschaftlichem Selbstverwaltungsbegriff hinfällig geworden.

11. Ist das Prinzip der Dezentralisation als solches der Verfassung nicht immanent, sondern ist der Staat durch die Verfassung funktionsteilig zur Verwirklichung der fundamentalen Staatszielbestimmungen verfaßt und nimmt die kommunale Selbstverwaltung insoweit staatliche Funktion wahr, so muß für eine Selbstverwaltung auf unterkommunaler Ebene etwas anderes als für die kommunale Selbstverwaltung gelten.

12. Außerhalb der durch die Verfassung institutionalisierten Integrationsplattformen spricht eine Vermutung gegen weitere solche Plattformen, da sie regelmäßig das Wechselspiel der bereits vorhandenen zu stören geeignet sind.

13. Kommunalintern ist die Selbstverwaltung primär dem Sozialstaats- und dem Demokratieprinzip verpflichtet, es spricht eine Vermutung gegen das funktionshemmende Rechtsstaatsprinzip. Dagegen folgt aus der Hilfsfunktion der Bürokratie eine Vermutung zugunsten des Demokratieprinzips.

14. Soziologisch sind in der Großgemeinde engere Einheiten, die strukturell einer Gemeinde als mögliche Träger einer selbstverwaltungsähnlichen Integrationsfunktion zur öffentlichen Einheitsbildung der Totalität funktionaler Gesellschaftsinteressen auf lokaler Ebene vergleichbar sind, nicht auffindbar.

15. Eine der kommunalen vergleichbare Selbstverwaltung ist deshalb auf unterkommunaler Ebene nicht möglich.

16. Bezirksvertretungen können nur die Funktion haben, Hilfe zur kommunalen Integration zu sein. Sie sind es insbesondere, wenn sie die Gemeindevertretung beraten und ihr so bei der Aktualisierung des Gleichheitssatzes helfen.

17. Die Wahrnehmung einer Entscheidungsfunktion durch Bezirksvertretungen in bezirksspezifischen Angelegenheiten ist nicht geeignet, gesamtkommunale Selbstverwaltung zu veröffentlichen und so zu aktivieren. Sie eignet sich vielmehr gerade im Gegensatz dazu, die tatsächlich bestehenden Verflechtungen durch die Fiktion einer bezirklichen Selbstverwaltungsidylle zu verschleiern und so den Bedingungen innerkommunaler Demokratie zuwiderzulaufen.

Exkurs III: Zur Stärkung bürgerschaftlicher Selbstverwaltung durch Vergemeinschaftung

Dieser Exkurs findet seine Rechtfertigung in der von den Landesgesetzgebern vorgenommenen Verknüpfung zwischen engerer Gemeinschaft, indiziert durch geographische, wirtschaftliche, historische oder sonstige Homogenität, und verstärkter Bürgermitwirkung bei den Angelegenheiten kommunaler Selbstverwaltung. Diese Verknüpfung läßt ein Kausalitätsverhältnis zwischen engerer Gemeinschaft und politischem Engagement assoziieren[1]. Im folgenden soll kurz auf diese in weiten Kreisen verbreitete Ansicht eingegangen werden.

1. Gründe für eine Vergemeinschaftung

Die Verfechter eines Konnexes zwischen engerer Gemeinschaft und politischer Aktivität erhofften und erhoffen sich durch eine Totalintegration des Großstädters in Nachbarschaftseinheiten ein Gegengewicht zu der zunehmenden Mobilität und den überwiegend funktionalen Bindungen, die den Menschen nach Ansicht der Zivilisationskritik nur je als Teilpersönlichkeit unter wechselnder Sozialmaske erfassen[2], zu schaffen.

---

[1] Vgl. insbes. *Buch*, Die hessische Gemeindeordnung, S. 33 f.

[2] *Scheuner*, StT 1954, 329 (332 f.); *Röpke*, Die Massengesellschaft und ihre Probleme, S. 35.

Baulich streng geschiedene Wohneinheiten mit eigenen wirtschaftlichen und kulturellen Schwerpunkten und eigener Verwaltung[3] sollen eine fortschreitende Entwurzelung und Vermassung des Großstädters, die durch den Umschlag von der gewachsenen Lebensform der Gemeinschaft in die künstliche der Gesellschaft herrühren soll[4], auffangen[5].

Um diese lokalen Kerngemeinschaften von etwa jeweils 500 Menschen könnten sich dann entweder weitere Gemeinschaften legen[6] und so eine „Republik der Nachbarn" strukturieren[7], oder aber sie bilden einen ruhenden Pol im funktionalen Staatsgetriebe[8].

2. Kritik

Um es vorweg zu sagen: Die bisherigen Versuche, auf dem Wege über Nachbarschaftseinheiten zu lokalen Gemeinschaften zu gelangen, sind gescheitert[9]. Die insbesondere in den Vereinigten Staaten mit sog. „neighborhood-units" angestellten Versuche setzen uns in den Stand, den Ansatz, kleine kommunale Untereinheiten zu dem Ziel eines verstärkten politischen Engagements zu vergemeinschaften, anhand der gewonnenen Erfahrungen auf seine Realisierbarkeit hin zu überprüfen.

Aus den Gründen des Scheiterns dieser Versuche in Nordamerika ergibt sich zugleich die Kritik an den Prämissen der zu prüfenden These.

Es zeigte sich, daß den Bewohnern der Nachbarschaftseinheiten, die durch die erstrebte Vergemeinschaftung bedingte, weitgehende Veröffentlichung ihres Privatlebens ebenso unangenehm war wie die Privatisierung der von ihnen nach wie vor großstädtisch geforderten Öffentlichkeit[10]. Anstelle einer „vertrauten, heimlichen Lebensgemeinschaft"[11] trat die Forderung nach Sichtblenden, und an die Stelle eines verstärkten politischen Engagements trat die totale Abkehr von einer für die eigentlichen Funktionszusammenhänge nicht repräsentativen Scheinöffentlichkeit[12].

---

[3] *Pfeil*, Soziologie der Großstadt, S. 271.

[4] *Tönnies*, Gemeinschaft und Gesellschaft, S. 3 ff., 246 ff.

[5] *Pfeil*, AfK 1963, 39 (42).

[6] So *Mahraun*, Jungdeutsches Manifest, S. 85.

[7] *Maste*, Republik der Nachbarn, S. 92.

[8] So *Scheuner*, StT 1954, 329 (331 ff.).

[9] *Rüstow*, Vitalpolitik gegen Vermassung, S. 225; *Pfeil*, AfK 1963, 39 (40).

[10] Vgl. u. a. die Stadtdefinition von *Haseloff*, Großstadt als Umwelt des Menschen, S. 323, der in ihr eine „Form selbstgeschaffener menschlicher Umwelt" sieht, die sowohl maximale Freiheit als auch Bedürfnisbefriedigung zu gewährleisten vermag.

[11] *Tönnies*, Gemeinschaft und Gesellschaft, S. 3.

[12] Vgl. zum Ganzen, *Pfeil*, a.a.O., S. 53; *Reschke*, Wesen und Bedeutung

Gerade diese von den Bewohnern der Nachbarschaftseinheiten bereits rein gefühlsmäßig abgelehnte Vermischung von öffentlicher und privater Sphäre ist auch der Kernpunkt der soziologischen Kritik an dieser Konzeption[13]. Als „globale Gesellschaft des lokalen Typs"[14] umfaßt die Gemeinde sowohl Sphären der Privatheit wie solche der Öffentlichkeit. Nach der Stadtdefinition *Max Webers*[15], die er aus der Funktion der Stadt als Markt entnimmt, bedingt die Stadt gerade typischerweise eine Polarisierung zwischen öffentlicher und privater Sphäre[16]. Da in dieser nicht völlig integralen Sphäre die Möglichkeit bleibt, seine Kontakte zu anderen Menschen selbst zu bestimmen, kann der einzelne anderen sowohl in seiner vollen Individualität, wie auch gesellschaftlich funktional begegnen[17].

So bedingen sich die Möglichkeit der Öffentlichkeit und die der Privatheit gegenseitig: Nur derjenige, der den Schutz eines bestimmten Sozialverhaltens genießt, kann sich die Freiheit der Privatsphäre sichern[18].

Werden nun aber Öffentlichkeit und Privatheit im Rahmen der Nachbarschaftseinheit zugunsten einer Vergemeinschaftung durchmischt, entfällt mit der Möglichkeit einer freien Privatsphäre zugleich auch die Möglichkeit öffentlicher Repräsentation und damit sowohl die Freiheit der Überzeugungsbildung als auch die Möglichkeit, diese Überzeugung politisch relevant werden zu lassen[19].

---

der Großstadt, S. 23 und *Surén-Goetz*, Die zweckmäßige Unterteilung, S. 37, die darauf hinweisen, daß der *Mahraun*schen Nachbarschaftsbewegung mit ihren Fünfhundertschaften „gerade in einer Großstadt mit ihrer zusammengewürfelten, in sozialer, wirtschaftlicher, politischer und kultureller Hinsicht völlig unterschiedlichen Bevölkerungszusammensetzung alle psychologischen Voraussetzungen" fehlen.

[13] *Pfeil*, AfK 1963, S. 39 (53).

[14] *König*, Grundformen der Gesellschaft: Die Gemeinde, S. 28.

[15] Wirtschaft und Gesellschaft, S. 732.

[16] Vgl. auch *Bahrdt*, Die moderne Großstadt, S. 38; *Haseloff*, Die Großstadt als Umwelt des Menschen, S. 322 f.; *Hellpach*, Mensch und Volk der Großstadt, S. 76.

[17] *Pfeil*, Soziologie der Großstadt, S. 245; *Schelsky*, magnum 1956 (Heft 9), S. 33 f.

[18] Vgl. *Wagener*, Unbeantwortete Fragen, S. 39, der darauf hinweist, daß bei einer „Ausgangszahl von einigen Tausend ... die Entscheidungsgrundlagen in solchen Gebilden in Primitivstrukturen ruhen" und daß unterhalb einer bestimmten Größe die „Beeinflussung durch Cliquen so dicht zu werden beginnt", daß ein demokratischer Willensbildungsprozeß in Frage stehen muß. Vgl. auch *Friedrich*, Der Verfassungsstaat der Neuzeit, S. 277, nach dessen Ansicht ideologisierte kleine Gemeinwesen „weit eher einer autokratischen Herrschaft als einer konstitutionellen Freiheit" entsprechen. Ähnlich auch *Haseloff*, a.a.O., S. 323 und *Hoesli*, Die Bedeutung großstädtischer Konzentration, S. 521.

[19] Vgl. *Grauhan*, AFK 1965, S. 87 (100); *Smend*, Zum Problem des Öffentlichen und der Öffentlichkeit, S. 16 ff.

Insbesondere aber ist das Gemeinschaftskonzept geeignet, den einzelnen, der ausnahmslos unter der Kontrolle der Gemeinschaft steht, beliebigen Zielen dienstbar zu machen, was sich insbesondere an den Blockgemeinschaften des Nationalsozialismus zeigte[20].

Sieht man in einer so verfaßten Gemeinschaft den Kern der Selbstverwaltungsidee, zeigt sich deutlich die Gefahr ihrer Pervertierung durch die Überbetonung einer fingierten Gemeinschaft, die unbesehen nach familiären Vorbildern in den politischen Bereich transplantiert wird.

Dies muß insbesondere für die Selbstverwaltung in einem Staat gelten, dessen Verfassung nicht irgendwelchen Gemeinschaftswerten, sondern der Sicherung der Freiheit und der Förderung der Wohlfahrt des Individuums verpflichtet ist[21].

Es bleibt daher als Ergebnis dieses Exkurses festzuhalten, daß nach allen Erfahrungen eine Vergemeinschaftung kleinerer lokaler Einheiten einem politischen Engagement der Gemeinschaftsmitglieder nur abträglich und als gefährliche Sozialutopie abzulehnen ist[22].

---

20 Zu der erstrebten Identifikation von engeren Gemeinschaften mit den Parteigliederungen der NSDAP, vgl. *Lehmann*, Volksgemeinschaft aus Nachbarschaften, S. 12 ff., der (S. 30) in der Nachbarschaft „zugleich jene Gemeinschaft, die auf der Grundlage der Siedlung jeden Volksgenossen *unmittelbar* erfaßt und der Volksgemeinschaft einzuzellen (!) vermag".

Zu den Möglichkeiten der Manipulation des einzelnen, die diese nationalsozialistische Variante der Nachbarschaftsbewegung in sich barg, vgl. auch *Voigt*, Die Selbstverwaltung, S. 201 ff., der (S. 222) die kleineren, engeren Gemeinschaften adäquate Willensbildung nicht in der Abstimmung, sondern in der abwägenden Führerentscheidung sieht und diese Gemeinschaften, die zwar im Gegensatz zu allen gemeinschaftsfernen Staatssystemen stünden, mit der nationalsozialistischen Volksgemeinschaft für deckungsgleich erklärt, so daß ein Gegensatz im Sinne einer vertikalen Gewaltenteilung zwischen Gemeinde und Staat nicht mehr vorhanden sei (S. 206), und sich die bürgerschaftliche Mitwirkung in weiteren und engeren Gemeinschaften in der Gefolgschaftstreue erschöpfe. Ähnlich auch *Göbel*, Bezirke und Bezirksvorsteher, S. 93 ff.

21 Vgl. demgegenüber etwa *Bach*, Die Großstadt als Gemeinwesen, S. 46, der Gemeinschaft als Gegensatz zur Masse, diese aber zur Bedingung der Demokratie deklariert und letztere damit abwertet.

22 *Grauhan*, AfK 1965, S. 87 (101); *Bahrdt*, Die moderne Großstadt, S. 119; *Pfeil*, AfK 1963, S. 39 (53); *König*, Gemeinde, S. 113.

§ 3 Vorschläge zu einer Regelung de lege ferenda

A. Soziologische Vorüberlegung

Eine gesetzliche Normierung von Institutionen zur Realisierung und Aktivierung innerkommunaler Demokratie kann nicht auf real vorgegebene innerkommunale Gemeinschaften aufbauen.

Wie der vorstehende Exkurs zeigte, würde eine Konzeption, die über Vergemeinschaftung verstärktes politisches Engagement zu erreichen suchte, damit zugleich auch den hierzu denkbar schlechtesten Weg beschreiten, da gerade nicht die Gemeinschaft, sondern vielmehr ein System der Spannung zwischen Privatheit und Öffentlichkeit die sozialen Bedingungen einer funktionierenden Demokratie darstellt. Bei der globalen Natur der kommunalen Gesellschaftsform kann eine Untergliederung der Gemeinde nur dann zum erwünschten Erfolg führen, wenn sie dem Großstädter auch in der Untergliederung eine politische Öffentlichkeit und damit zugleich, vice versa, die Möglichkeit intakter Privatsphäre bietet. Während die Großstadt fortlaufend an Struktur verliert und infolgedessen für den einzelnen in ihren Wirkweisen immer weniger überschaubar wird, hört sie auf öffentlich zu sein. Der Großstädter sieht sich daher gezwungen, sich ganz in seine Privatsphäre zurückzuziehen[1], die er, um sie zu retten[2], möglichst weit von der Stadtmitte weg in die Peripherie oder gar in das Stadtumland verlegt. Hierdurch aber schließt sich der Teufelskreis: Gerade durch diese Zersiedelung des Umlands wird der Konturverlust der Stadt fortlaufend vergrößert[3].

---

[1] Und dadurch, „der ins Riesenhafte gewachsenen Öffentlichkeit genau die Kräfte (zu entziehen), die sie braucht, um menschlich gemeistert zu werden" (*Plessner*, Das Problem der Öffentlichkeit und die Idee der Entfremdung, S. 20). Ähnl. *Ernst*, Die Gemeinden in der Raumordnung, S. 37.

[2] Zur „Entsicherung der privaten Sphäre", vgl. insbes. *Plessner*, a.a.O., S. 9 ff., der ihre Ursache insbesondere in der „beängstigenden Manipulierbarkeit des Menschen, der Totalität des Anonymen" (S. 13) sieht, der aber nicht mit einer Synthese zwischen Öffentlichkeit und Privatheit begegnet werden kann (S. 19), sondern nur durch eine entmythologisierte, d. h. wohl als überschaubar erfahrbare Öffentlichkeit (S. 21). Ähnl. insoweit auch *Forsthoff*, Die Daseinsvorsorge und die Kommunen, S. 18.

[3] Zum Ganzen: *Bahrdt*, Die moderne Großstadt, S. 104 f.; vgl. auch *Pfeil*, Soziologie der Großstadt, S. 259.

Eine kommunalpolitische Aktivierung des Großstädters kann daher nur über die Veröffentlichung der in der Großstadt insgesamt wirkenden Kräfte und Sachgesetzlichkeiten erreicht werden[4].

Diese Veröffentlichung leistet zugleich die Möglichkeit einer als sicher empfundenen privaten Sphäre auch im Stadtinnern. Mit einem Wort: Die öffentliche und die private Sphäre müssen wieder in ein stadtspezifisches Verhältnis gebracht werden, der Großstädter muß ein positives Verhältnis zur Großstadt erreichen[5].

Dieses Ziel kann dadurch erreicht werden, daß die Großstadt in Bezirke derart untergliedert wird, daß in diesen Bezirken die Zwangsläufigkeiten der allgemeinen großstädtischen Verwaltungsmechanismen deutlich werden. Das setzt neben einer gewissen Mindestgröße der Bezirke aber zugleich voraus, daß sie hinsichtlich ihres Wirtschaftscharakters und ihrer Bevölkerungszusammensetzung großstadtspezifisch sind[6]. Eine modellhafte Veröffentlichung großstädtischer Wirkweisen kann jedenfalls nicht dadurch erreicht werden, daß die Errichtung von Bezirken an „geschichtliche Zusammenhänge und Namen sowie Besonderheiten der Bevölkerungs- und Wirtschaftsverhältnisse“[7] anknüpft.

Ebensowenig sind räumlich abgetrennte Wohnbezirke taugliche Großstadtmodelle. Die Bestrebungen sollten vielmehr dahin gehen, solche Bezirke schon bei der Stadtplanung zu vermeiden[8].

Auf dieser Basis wird es im folgenden darauf ankommen, eine veröffentlichende Gliederung der Kommunalbürokratie und so die Chance verstärkter effektiver Einflußnahme des einzelnen auf deren Handeln zu finden.

---

[4] *Bergstraesser*, Die Zukunft der städtischen Lebensform, S. 21; *Grauhan*, AfK 1965, S. 87 (95); *Pfeil*, a.a.O., S. 258.

[5] Vgl. *Haseloff*, Die Großstadt als Umwelt des Menschen, S. 327 f., der in der Beseitigung der Gleichgewichtsstörung zwischen „der technisch-zivilisatorischen Vervollkommnung des Lebens einerseits und dem vergleichsweise unterentwickelten Situationsbewußtsein andererseits“ eine zukünftig lebenswichtige Aufgabe sieht; vgl. auch *Grauhan*, a.a.O., S. 99 f.

[6] Vgl. *Grauhan*, a.a.O., S. 104, der weiterhin zu Recht darauf hinweist, daß eine Großstadtgliederung in Anlehnung an die städtischen Schulbezirke (wie sie *Bahrdt*, a.a.O., S. 119 f., vorschlägt), da sie von einer „genuinen Gemeinschaft nach dem Maß personaler Überschaubarkeit“ ausgeht, der erforderlichen großstadt-spezifischen Bezirksöffentlichkeit nicht genügen kann.

[7] Vgl. etwa Art. 60 Abs. 1 S. 2 bay GO und § 13 Abs. 1 S. 2 n-w GO.

[8] *Grauhan*, AfK 1965, S. 87 (104).

B. Möglichkeiten einer Konkordanz zwischen Demokratie und egalitärem Sozialstaatsprinzip innerhalb der Großstadt

Art. 28 Abs. 1 S. 2 GG begründet, wie oben näher dargelegt, eine Vermutung zugunsten verwaltungsinterner Demokratie als Spezifikum bürgerschaftlicher Selbstverwaltung. Im innerkommunalen Bereich gilt es daher die organisatorischen Bedingungen einer jeweils optimalen Realisierung sowohl des Demokratiegebotes als auch — zugleich — des verwaltungsimmanent geltenden egalitären Sozialstaatsprinzips aufzuspüren.

I. Leitende Gesichtspunkte

Eine innerkommunale Organisation, die sowohl egalitär-sozialstaatliche Effizienz als auch, und zwar gleichzeitig, die Möglichkeit einer optimalen demokratischen Einflußnahme auf die sozialstaatliche Leistungsvergabe im Kommunalbereich realisieren will, muß notwendig beide Maximen in bezug zu den ihnen vorgegebenen realen Verwaltungskräften setzen, will sie nicht an den Eigengesetzlichkeiten der Realität scheitern[9].

Im innerkommunalen Bereich sind dem Organisator zwei Personengruppen als mögliche Verwaltungsträger vorgegeben: Die Kommunalbürokratie einerseits und die Kommunalbürgerschaft als Reservoir potentieller ehrenamtlicher Tätigkeit andererseits.

1. Die Bedeutung der Bürokratie

Als Schöpfung des modernen Staates, der durch die absolutistische Monarchie aus der Taufe gehoben wurde[10], ist die Bürokratie[11] primär striktem Weisungsvollzug verpflichtet[12]. Sie zeichnet sich deshalb durch

---

[9] *Weber*, DÖV 1951, S. 509 (512).

[10] Zu dem grundsätzlichen Unterschied zwischen der feudalen Abhängigkeit vorabsolutistischer Ministerialen im Gegensatz zur Bürokratie des modernen Staates, vgl. *Morstein Marx*, Bürokratie, S. 50; *Max Weber*, Staatssoziologie, S. 41 f.; *Lange*, Politische Soziologie, S. 164.

[11] Zu den unterschiedlichen Inhalten, deren dieser Begriff fähig ist, vgl. *Morstein Marx*, Bürokratie, S. 28 ff. Im folgenden soll er als „Bezeichnung einer Institution und der Gruppe der Inhaber bürokratischer Positionen in einer bestimmten Organisation" (*Lange*, Politische Soziologie, S. 163) gebraucht werden.

[12] Dies kann jedoch für die Gemeindeordnungen die, wie die rheinland-pfälzische sogenannte „Bürgermeisterverfassung", dem beamteten Gemeindevorstand, der zugleich Behördenleiter ist, im Bereich laufender Geschäfte

zweckrationale interne Organisation und voll auf die Wahrnehmung der ihnen zugewiesenen Aufgaben hin ausgebildete und spezialisierte Beamte aus[13]. Angesichts dieses auch im kommunalen Bereich vorgegebenen Funktionärskörpers liegt es nahe, sich seiner dort zu bedienen, wo es auf schnelles und gleichartiges Verwaltungshandeln ankommt[14]: in der vom Sozialstaat egalitär gewährten allgemeinen Daseinsvorsorge[15]. Die Kommunalbürokratie erscheint so als Personalbestand, der geeignet ist, die im Bereich kommunaler Selbstverwaltung anfallende und ständig mit dem allgemeinen technischen Fortschritt wachsende Aufgabenfülle der allgemeinen Daseinsvorsorge in der erforderlichen Egalität und Effizienz zu bewältigen.

2. Der Funktionswandel des Ehrenamtes

Das zweite Potential zur Wahrnehmung von Verwaltungsaufgaben geeigneter Kräfte ist in der Bürgerschaft der Gemeinde als des Reservoirs potentiell ehrenamtlich tätiger Bürger zu sehen. Diese ehrenamtliche Tätigkeit läßt sich nach den sie begründenden Anstellungsmodalitäten[16], auf die hier nicht näher eingegangen werden soll, in die Tätigkeit von Ehrenbeamten und in ehrenamtliche Tätigkeit i. e. S. untergliedern[17]. Der Ehrenbeamte, als Vollzugsorgan fremden Willens funktional dem Berufsbeamten gleichzusetzen[18], kann angesichts der einer Großstadt obliegenden Aufgabenfülle und der durch sie erforderlich gewordenen fachlichen Ausbildung und Spezialisierung, als neben seinem eigentlichen Beruf Tätiger mit der Kommunalbürokratie nicht mehr konkurrieren.

Immerhin könnten in seiner Tätigkeit die Anforderungen an einen sozialstaatlich egalitären Verwaltungsvollzug mit denen der kommunalintern geltenden Vermutung zugunsten des Demokratiegebotes eine akzeptable Verbindung eingehen. Im Verlauf der Arbeit ist bereits verschiedentlich auf den Gestaltwandel der herkömmlichen Ausformung des Demokratiegebotes hingewiesen worden, dessen dieses durch die Konstituierung der sozialstaatlichen Demokratie teilhaftig wurde, und der sich primär in den Parteien als Integrationsorganen und dem Erstarken von Interessenverbänden als faktischer Gesellschaftrepräsentation manifestiert.

---

eine Organstellung zuweisen, insoweit nur unter Ausnahme dieses Bereichs im übrigen gelten.

[13] *Max Weber*, Staatssoziologie, S. 41.

[14] *Lange*, a.a.O., S. 166.

[15] *Max Weber*, a.a.O., S. 33: „Zunehmende ‚Sozialisierung' bedeutet heute unvermeidlich zugleich zunehmende Bürokratisierung."

[16] *Peters*, Ehrenbeamte, S. 104 f.

[17] *Peters*, a.a.O., S. 100.

[18] *Peters*, a.a.O., S. 105.

Die den Ehrenbeamten auf den ersten Blick charakterisierende Verbindung von demokratischer Legitimität und sozialstaatlich-egalitärer Effizienz schrumpft bei näherer Betrachtung zu einer Verbindung zwischen einer bestimmten Partei oder gar Interessengruppe, der der Ehrenbeamte entstammt, mit seiner Stellung in der Hierarchie der Kommunalbürokratie zusammen. Da gerade im Bereich der Verbände noch am ehesten fachlich für bestimmte Verwaltungsmaterien ausreichend Vorgebildete zu finden sind, die wenigstens annähernd mit Berufsbeamten verglichen werden können, stellen die Verbände — wenn auch regelmäßig über die Parteien, die dann die zu vergebenden Stellen proportional unter sich aufteilen — den bei weitem größten Teil der Ehrenbeamten. Die Verwaltungslehre versucht zwar, diese Praxis mit der Erwägung zu rechtfertigen, der Ehrenbeamte verursache weniger Kosten als der Berufsbeamte; es liegt jedoch auf der Hand, welche Gefahren in einer solchen „Realisierung des Demokratiegebotes" liegen.

Der Ehrenbeamte, beamtenrechtlich dem Berufsbeamten großteils gleichgestellt, ist wie dieser als „Diener der Gesamtheit"[19] striktem Weisungsvollzug verpflichtet und steht so in einem unlösbaren Zwiespalt zwischen seinen beamtenrechtlichen Dienstpflichten und den von ihm in seiner demokratischen Funktion zu propagierenden Partei- oder gar Verbandsinteressen. Der Ehrenbeamte stellt sich so als eine Art „Integrationsperson" dar, d. h. als Träger eines Amtes, das in der Person seines Trägers die demokratische wie die sozialstaatlich-egalitäre Maxime zur Konkordanz zu bringen sucht. Es braucht nicht auf die hierbei unmöglich erreichbare Öffentlichkeit des Abstimmungsvorgangs, der funktionale Verbandsinteressen hin zum Gemeinwohl einbindet und nur wegen seiner Öffentlichkeit das Attribut demokratisch trägt, hingewiesen zu werden, um die in der durch das Grundgesetz konstituierten Demokratie unmögliche Position des Ehrenbeamten zu erkennen[20].

Pluralistische Interessen können notwendig, das liegt in der Natur der Sache, nur in Kollegien zwischen den Vertretern dieser Interessen, nicht aber in der Brust eines einzelnen abgestimmt werden, der zudem strikter Unterordnung verpflichtet ist[21] und dem es somit schließlich auch an jeder Möglichkeit mangelt, eigenverantwortlich den

[19] Art. 130 Abs. 1 GG.

[20] Vgl. *Thieme*, DVBl. 1966, S. 325 (326) und Verwaltungslehre, Rdnr. 298.

[21] Sein Verbleib in einer ehrenamtlichen Stellung hängt aber andererseits auch regelmäßig von seiner fortdauernden Verbandszugehörigkeit ab (*Evers*, Verbände — Verwaltung — Verfassung, S. 51); wodurch er mittelbar zumindest faktisch sogar dem ihn anstellenden Verwaltungsträger gegenüber einer Pflichtenaporie ausgeliefert ist.

geringsten Einfluß gesellschaftlicher oder parteipolitischer Zielsetzungen über seine Tätigkeit zu realisieren[22].

Der Ehrenbeamte kann daher die ihm im 19. Jahrhundert durchaus noch zukommende Integrationsfunktion zwischen gesellschaftlichem Interesse, das ja damals das Interesse der kommunalen Genossenschaft war, und dem Gemeinwohl verpflichteter Staatlichkeit weder in seiner Funktion als Beamter noch in seiner Funktion als Gewählter auch heute leisten .

Die oben erwähnte kommunalverwaltungsintern geltende Vermutung zugunsten des Demokratieprinzips kann nach dem Gesagten nurmehr durch Kollegien realisiert werden, die eine Plattform für die Austragung von in den Parteien auf das Gemeinwohl hin abgestimmten Gesellschaftsinteressen, wie sie von den Interessenverbänden vertreten werden, bilden. Nicht mehr das Ehrenamt, sondern nurmehr die ehrenamtliche, d. h. parteipolitische, Tätigkeit auf kommunaler Ebene steht somit im Mittelpunkt der kommunalen Selbstverwaltung.

3. Abstimmung der bürokratischen Notwendigkeiten mit dem Erfordernis bürgerschaftlicher Steuerung und Überwachung

Das Sozialstaatsprinzip, das auf der einen Seite die Demokratie, als die Form der Einheitsbildung pluralistischer Forderungen an die zur Leistungsvergabe zuständigen Instanzen der Daseinsvorsorge, modifiziert, fordert andererseits im formalen Kleid des Gleichheitssatzes zweckrationale, effektive Leistungsvergabe.

Das entscheidende Problem innerkommunaler Organisation ist es deshalb, die organisatorischen Voraussetzungen einer Konkordanz beider prima facie antinomer Maximen zu erzielen. Es stellt sich somit die Aufgabe der Zuordnung und Abstimmung von Aufgaben der Kommunalbürokratie als der Trägerin eines zweckrationalen Verwaltungshandelns einerseits und der Gemeindevertretung als der Plattform der um die auf kommunaler Ebene zu vergebenden Leistungen der Daseinsvorsorge ringenden, durch die Parteien disziplinierten, pluralistischen Gesellschaftsinteressen, andererseits. Mit der Forderung der Erzielung organisatorischer Konkordanz ist deshalb diese Aufgabe zu-

[22] Vgl. *Evers*, a.a.O., S. 46 f., der ausführt, „Verbandsinteressen können ... nur noch Maxime seines (des Verbandsfunktionärs, der in den öffentlichen Dienst überwechselte) Handelns sein, wenn sie Teil des Gemeinwohls sind, dessen Forderungen vom Staat formuliert werden". Da zudem auf die Aktualisierung dieser Gemeinwohlforderungen die Verbände über die Parteien an anderer Stelle Einfluß nehmen, zeigt sich, daß der Verbandsfunktionär durch seine Zugehörigkeit zum öffentlichen Dienst von der spezifischen Interessenwahrnehmung ebenso absorbiert ist wie jeder andere Beamte auch. Vgl. auch *Morstein Marx*, Bürokratie, S. 52.

gleich dahingehend konkretisiert, daß die Träger beider kommunalintern geltenden Maximen zugleich optimal wirksam werden können müssen, was nur durch eine der Grenzwertberechnung zweier Größen ähnliche sukzessive Angleichung beider Funktionsträger unter Wahrung ihrer spezifischen Eigenart erreichbar ist.

Es kann also nicht darum gehen, worauf bei der Kritik der geltenden landesgesetzlichen Regelungen über Großstadtbezirke hingewiesen wurde, Demokratie in die Kommunalverwaltung unterhalb der Gemeindevertretung nach Kriterien einzubauen, die denen einer zweckrationalen bürokratischen Verwaltung zuwiderlaufen. Ein solches Vorgehen führt nämlich, da es die Sachgesetzlichkeiten der Verwaltungsmaterie Daseinsvorsorge außer acht läßt, dahin, daß das so „eingegliederte" demokratische Gremium allenfalls das Gefühl der Mitwirkung und -verantwortung bei seinen Mitgliedern hervorruft, das in der Realität, dem notwendig zweckrationalen Vollzug, keine Entsprechung findet. Das bedeutet aber eine Verschleierung der tatsächlichen Abhängigkeiten des Bürgers von der bürokratischen Realität und steht so der Grundvoraussetzung jeder Demokratie, der Öffentlichkeit, gerade entgegen[23].

Eine Konkordanz der bürokratisch vollziehenden und der demokratisch willensbildenden Organisationsform kann dadurch zu erreichen versucht werden, daß die typische Organisationsform der Demokratie, das durch Wahl legitimierte willensbildende Kollegium, unter dem Gesichtspunkt verwaltungstechnischer Rationalität, und die typische Organisationsform der Bürokratie, die hierarchische Befehls- und Gehorsamspyramide, unter dem Gesichtspunkt demokratischer Willensbildung geprüft werden, und nach den so gewonnenen Kriterien unter geringstmöglichem Verlust ihrer jeweiligen Eigenart kombiniert werden.

a) Die zweckrationale Organisation der Kommunalbürokratie

Hier ist zu untersuchen, inwieweit sich die demokratische Organisationsform der Einheitsbildung durch kollegiale Interessenabstimmung mit den Kriterien einer effektiven Verwaltung vereinbaren läßt.

Eine Verwaltungsbehörde als bürokratische Organisationseinheit arbeitet rationell[24] dann, wenn sie die ihr gestellte Aufgabe in optimaler

---

[23] Vgl. *Grauhan*, AfK 1965, S. 87 (95).

[24] Zum Begriff der Rationalität in der Verwaltungslehre vgl. *Meyer*, Die Verwaltungsorganisation, S. 50, wo er folgende Kriterien aufzeigt: „a) Um eine rationale Verwaltungsentscheidung treffen zu können, muß das entscheidende Individuum vor allem alle sachlichen Fakten und Wertvoraussetzungen des Falles kennen. b) Das entscheidende Individuum muß alle Alternativhandlungen kennen, die infolge der Fakten und Wertvoraus-

Schnelligkeit unter minimalen Kosten und unter Anwendung des geeignetsten Mittels in einer Art und Weise löst, die jederzeitige Nachprüfung und Kontrolle ermöglicht[25].

Es wird sogleich deutlich gemacht, daß das Problem in der Anforderung geeigneten Vorgehens liegt: Gerade die Bestimmung des richtigen Vorgehens benötigt Zeit und Kosten. Das richtige Mittel, das nicht nur im naturwissenschaftlichen Sinne geeignet, sondern auch das erforderliche und am geringsten in den Rechtsbestand des Bürgers eingreifende darstellen muß, kann nur durch, schematisch betrachtet, mehrere Arbeitsgänge erreicht werden. Es sind dies die Sammlung und Sichtung der die soziale Realität, auf die eingewirkt werden soll, charakterisierenden Daten, wobei der Schwerpunkt auf dem Erfordernis ausreichender Information liegt[26] und weiter ein Vorausdenken der Auswirkungen verschiedener möglicher Mittel auf die so analysierten sozialen Vorgegebenheiten, sowie schließlich deren Bewertung im Blick auf die zu erfüllende Aufgabe und endlich die Bestimmung des im konkreten Fall geeigneten Vorgehens[27].

Theoretisch kann der Ort eines demokratisch beschickten Gremiums im System dieser zweckrationalen Entscheidungsfindung der der anweisenden, die wahrzunehmenden Aufgaben überhaupt erst artikulierende Instanz, der kontrollierenden, der informierenden wie schließlich auch der entscheidenden Instanz sein.

Da es hier nicht um die Ebene der kommunalen Verfassungsorgane, also der Gemeindevertretung und des Bürgermeisters, sondern um den Vollzug von Verwaltungsbeschlüssen der Gemeindevertretung geht, kann als anweisendes Gremium nicht mehr die Gemeindevertretung, sondern können nurmehr Kollegien unterhalb dieser Ebene in Frage kommen.

Die in den geltenden landesrechtlichen Regelungen mit Ausnahme von Baden-Württemberg vorgesehene Anweisungsbefugnis der Bezirksvertretungen haben wir oben als mit der in dieser Arbeit vertretenen Auffassung von kommunaler Selbstverwaltung nicht zu vereinbarende Form unterkommunaler Selbstverwaltung abgelehnt. Es bleiben daher

---

setzungen möglich sind. c) Es muß ferner imstande sein, alle Konsequenzen des Falles zu erkennen, d. h. die sozialen Auswirkungen, die sich aus jeder dieser Handlungen ergeben. d) Schließlich muß es die Verhaltenstrategie wählen, deren Wirkung dem Verwaltungsziel näher kommt als irgend eine andere Strategie." Vgl. auch *Morstein Marx*, Bürokratie, S. 48 ff.

[25] Vgl. *Thieme*, Verwaltungslehre, Rdnr. 332 und *Meyer*, a.a.O., S. 58, die zur Leistungsfähigkeit der Verwaltung auch das jeweils von ihr gewährleistete Maß an Rechtssicherheit zählen.

[26] *Morstein Marx*, a.a.O., S. 221.

[27] *Peters*, Lehrbuch, S. 62.

nur entscheidende, informierende und schließlich auch kontrollierende Kollegialfunktionen.

Wir haben oben die Entscheidung der Frage, welches konkrete verwaltungstechnische Mittel angewandt werden soll, als den Abschluß des bürokratischen Arbeitsgangs im konkreten Einzelfall bezeichnet. Zur Fällung dieser Entscheidung ein Kollegium heranzuziehen, kann nur dann rationell sein, wenn dieses die getroffenen Recherchen schneller auswerten und auf Grund dieser Auswertung ein ausgewogeneres Mittel festsetzen kann[28]. Dies ist aber nur in einem Bereich anzunehmen, der einmal in der Entscheidungshierarchie des Vollzugs soweit oben steht, daß die zu treffende Verwaltungsentscheidung eine Vielzahl gleichgelagerter Fälle betrifft und demgemäß nicht Letztvollzug, sondern konkretisierte Anweisung zum Letztvollzug darstellt.

Auf Bezirksebene gewählten Gremien könnte demnach etwa die Funktion zukommen, von der kommunalen Behördenspitze ausgehende Anweisungen für den jeweiligen Bezirksbereich zu konkretisieren.

Bei zweckrationaler Betrachtung dieser Konzeption zeigt sich, daß der durch die Kollegialentscheidung entstehenden Verlangsamung und damit zugleich Verteuerung des Verwaltungsablaufs[29] ein gleichwertiger Gewinn an ausgewogener, die Sozialtatsachen analysierender Mittelauswahl allein schon deshalb nicht gegenübersteht, weil gerade ein integrierbares Interessenspektrum auf Bezirksebene, das ein Bedürfnis für eine weiterreichende Modifikation kommunaleinheitlicher, nach Verwaltungsmaterialien funktional erlassener Anweisungen der kommunalen Behördenspitze rechtfertigen könnte, nicht besteht. Auch die Erwägung, die Mitglieder eines solchen Kollegiums ermöglichten eine Beschleunigung des Verwaltungsablaufs deshalb, weil ihre Kenntnis zugleich eine optimale Informationsquelle darstelle, kann eine Entscheidungsfunktion demokratisch legitimierter Gremien auf Bezirksebene im Verbund mit der innerkommunalen Bürokratie nicht rechtfertigen, da dem minimalen Entscheidungsspielraum, den bezirksspezifische Gesichtspunkte bei funktionalen Verwaltungsanweisungen allenfalls gestatten, ein Zuviel an Information gegenübersteht, das regelmäßig zu der zu entscheidenden Angelegenheit nicht verwertbar

---

[28] Vgl. *Canenbley*, Die Zweckmäßigkeit der Verwendung von Ausschüssen in der Verwaltung, S. 40: „Ein Ausschuß ist dann zweckmäßig, wenn er bei gleicher Leistungsstärke wie eine Einzelperson oder andere Einrichtungen dem Staat weniger Kosten verursacht oder rationeller arbeitet bzw. sonst geeignet ist, einzelne Verwaltungsziele zu verwirklichen und die Verwirklichung verzichtbarer Ziele unter Berücksichtigung der verursachten Kosten geboten erscheint."

[29] Vgl. *Canenbley*, Die Zweckmäßigkeit der Verwendung von Ausschüssen, S. 140 ff.; *Merkl*, Allgemeines Verwaltungsrecht, S. 329.

sein und deshalb letztlich das Kollegium auch zu sachfremder Tätigkeit verführen dürfte[30].

Schließlich ist noch auf einen grundsätzlichen Mangel, der einer Entscheidungskompetenz von Bezirkskollegien wie entscheidenden Ausschüssen allgemein anhaftet, hinzuweisen: Die Unmöglichkeit, Verantwortung gegenüber Ausschußmitgliedern geltend zu machen[31], was angesichts der Tatsache, daß auch das durch die Verwaltung gewährleistete Maß an Rechtssicherheit Bestandteil ihrer Leistungsfähigkeit ist[32], bei der im Rechtsstaat zu fordernden jeweils erkennbaren Verantwortlichkeit[33] besonders schwer wiegt[34].

Zwar sind Mittel denkbar, die Mängel von Kollegialentscheidungen etwa in Form von „Genehmigungs-, Beanstandungs-, Korrektur-, Anfechtungs- und Kassationsrechten Einzelner"[35] zu korrigieren, die nachträgliche Ersetzung kollegialer Entscheidungen durch solche eines einzelnen stellt aber letztlich vom verwaltungsrationellen Standpunkt aus die Tätigkeit des Kollegiums überhaupt in Frage[36].

An verwaltungstechnisch rationaler Mitwirkung von Kollegialorganen innerhalb des kommunalen Verwaltungsvollzuges verbleiben daher nur Beratungs- und Kontrollfunktionen. Bei der Kontrollfunktion gilt es zu bedenken, daß im Bereich des Letztvollzugs die jeweils vorgesetzte Instanz, die ja auch die konkrete Anweisung über Art und Weise der Erledigung gibt, auf Grund ihrer Sachkenntnis wohl auch am zweckmäßigsten überwachen kann[37], so daß, rein verwaltungstechnisch ge-

---

[30] Vgl. hierzu, im Blick auf die Bezirksorganisation Berlins der 20iger Jahre, *v. Leyden*, Das Problem der Großgemeinde, S. 45. Weiter insbes. *Bahrdt*, Die neue Gesellschaft 1961, S. 22 (25): „Je komplexer die Entscheidungen sind, die ein gewähltes Gremium zu fällen hat, ..., desto häufiger schrumpft die Funktion dieses Gremiums auf periphere Kritik mit geringen Abänderungsvorschlägen und einen Akt zusammen, der sich von der Akklamation kaum unterscheidet."

[31] Vgl. *Merkl*, Allgemeines Verwaltungsrecht, S. 332; *Wolff*, Organschaft und juristische Person, Bd. II, S. 276.

[32] *Meyer*, Die Verwaltungsorganisation, S. 58.

[33] BVerfG NJW 1959, 11 172.

[34] Vgl. *Baring*, DVBl. 1955, S. 685 (690 f.).

[35] *Canenbley*, Die Zweckmäßigkeit der Verwendung von Ausschüssen, S. 174.

[36] *Canenbley*, a.a.O. Dies wird völlig übersehen von *Zier*, Die Verwaltung der Großstädte nach Art. 60 der bay GO, S. 51 f., der dann (S. 56 f.) zu dem seltsamen Ergebnis kommt, daß, trotz intendierter optimaler bezirklicher Eigeninitiative, die erfahrungsgemäß große Versuchung der Gemeindevertretung, Entscheidungen des Bezirksrats aufzuheben, ohne Verstoß „gegen Aufbau und System des Gemeinderechts" nicht gebannt werden kann. Hier zeigen sich die Ergebnisse einer von der Realität des zweckorientierten Verwaltungsablaufs absehenden Konstruktion: Das angestrebte Ziel bleibt praktisch illusorisch.

[37] *Morstein Marx*, Bürokratie, S. 57; *Canenbley*, a.a.O., S. 186, der aber andererseits (S. 212) die Zweckmäßigkeit eines kontrollierenden Repräsentationsorgans bejaht.

sehen, auch ein kontrollierendes Kollegium innerhalb des kommunalen Verwaltungsvollzugs als unzweckmäßig bezeichnet werden kann.

Gleiches muß schließlich auch für die beratende Funktion gelten, da einmal Informationen für den Letztvollzug einfacher, schneller und kostensparender von den durch eine bestimmte Verwaltungsmaßnahme Betroffenen unmittelbar erfragt werden können[38], Informationen allgemeinerer Art, wie spezifische Gruppeninteressen, dagegen im allgemeinen der originär beschließenden Instanz (Gemeindevertretung) bereits über die Interessenverbände vorliegen.

b) Möglichkeiten und Bedingungen einer Demokratisierung

Der zentrale Ort demokratischer Willensbildung in der kommunalen Selbstverwaltung ist die Gemeindevertretung. Ihr eignet die Entscheidungskompetenz über das „ob" und das „wie" kommunalbürokratischer Tätigkeit bei reinen Selbstverwaltungsangelegenheiten, über das „wie" bei Selbstverwaltungspflichtaufgaben und schließlich auch, in beschränkterem Maße, soweit sie in den Gemeindeordnungen vorgesehen sind, bei den sog. „Pflichtaufgaben nach Weisung". Die Kommunalbürokratie nimmt insoweit zur bürgerschaftlichen Vertretung die Stellung einer quasi mechanischen Hilfsapparatur ein. Angesichts der bereits öfter erwähnten kommunalintern geltenden Vermutung zugunsten des Demokratieprinzips gilt es an dieser Stelle zu untersuchen, inwieweit die unter a) erörterten Gesichtspunkte verwaltungsrationeller Effizienz von im Range unter der Gemeindevertretung und ihren Ausschüssen stehenden, demokratisch gebildeten Verwaltungskollegien diese Vermutung begründet zu widerlegen vermögen und insoweit einen Vorrang der das egalitäre Sozialstaatsprinzip in der Gemeinde verkörpernden Kommunalbürokratie legitimieren können.

Eine mögliche Aktualisierung des gemeindeinternen Demokratiegebots könnte durch eine Entscheidungskompetenz, im Sinne einer Kompetenz, generelle Anweisungen der Verwaltungsspitze zu konkretisieren und so modifiziert als Weisungen weiterzugeben, erreicht werden.

Eine Rückbesinnung auf das im Vorstehenden über die sozialstaatliche Demokratie Gesagte läßt aber sogleich auch daran erinnern, daß ein in den kommunalen Verwaltungsvollzug auf Bezirksebene eingebautes gewähltes Kollegium einer Einheitsbildung gesellschaftlicher Interessen hin zu einem bezirklichen Gemeinwohl nicht leisten kann. Wird der Beschluß der Gemeindevertretung, der die Integration gesellschaftlicher Interessen im Kommunalbereich obliegt, nochmals, im Wege der Konkretisierung letztlich den gleichen gesellschaftlichen Kräften

[38] *Canenbley*, Zweckmäßigkeit der Verwendung von Ausschüssen, S. 180.

zur Entscheidung zu überlassen, so hätte dies, weil wie oben ausgeführt, sich auf Bezirksebene Verbandsinteressen nicht artikulieren, zur Folge, daß die gleichen politischen und gesellschaftlichen Kräfte, die in der Gemeindevertretung mit ihren Forderungen unterlagen, diese nunmehr, quasi eine Etage tiefer, durch die Hintertür dennoch zu realisieren versuchten[39], was nicht nur die demokratische Legitimation der Gemeindevertretung auszuhöhlen, sondern zugleich den gesamten kommunalen Willensbildungs- und Entscheidungsprozeß zu verschleiern geeignet wäre. Dies auch deshalb, weil die für die Entscheidungen in Selbstverwaltungsangelegenheiten politisch allein verantwortliche Gemeindevertretung, da sie auf die Entscheidungen des Bezirkskollegiums, soll diesem ein effektiver Entscheidungsspielraum offenstehen, keinen Einfluß nehmen kann und so auch die Verantwortung für dessen Beschlüsse nicht übernehmen kann[40].

Eine andere, für die Demokratie gleich negative Folge wäre die, wenn entscheidungsbefugte Kollegien — zur Vermeidung der soeben aufgezeigten Gefahr — im eigentlichen Sinne gar nichts zu entscheiden hätten, sondern bereits getroffene Entscheidungen nachträglich nochmals, nur um bei der Bürgerschaft das bloße Gefühl einer Mitwirkung auch beim Vollzug zu wecken, zu akklamieren hätten. Sie wären dann primär Faktoren, die zur Vermeidung von Kritik tauglich wären, gerade dadurch aber notwendig der Veröffentlichung innerkommunaler Abhängigkeiten entgegenstünden und so letztlich ein Bild demokratischer Effizienz nur vorgaukelten und dem demokratischen Gedanken des Grundgesetzes den denkbar schlechtesten Dienst erwiesen[41]. Es ist daher festzuhalten, daß auch vom demokratischen Gedanken her eine Entscheidungskompetenz von im Range unter der Gemeindevertretung stehenden demokratisch beschickten Kollegien nicht bejaht werden kann.

Anderes gilt demgegenüber von einer Informations- und Kontrollfunktion, die von einem Kollegium gewählter ehrenamtlich tätiger Bürger wahrgenommen wird[42].

---

39 Vgl. auch, mit einem treffenden Bild, *Eschenburg,* Staatsautorität und Gruppenegoismus, S. 9.

40 Ähnl. für Beschlußausschüsse der Staatsverwaltung, *Thierfelder,* Verw. Arch. 49, S. 249 (262).

41 Nach *Canenbley,* Die Zweckmäßigkeit der Verwendung von Ausschüssen, S. 178, sind Ausschüsse, die „einzig zur Aktivierung von Bürgerinitiative oder politischer Erziehung errichtet werden", zudem im Sinne der Verwaltungsrationalität auch unzweckmäßig. *Canenbley,* a.a.O., S. 177 deutet im übrigen, ganz im Sinne dieser Arbeit, auch an, daß diese Erziehung zur Demokratie „angesichts der starken Mitgliedschaft der Bürger in Verbänden ... hierdurch besser erreicht werden kann". Ähnl. *Schröder,* Die Laienbeteiligung in Gremien der Staatsverwaltung, S. 75 ff.; *Schmidt-Brücken,* DÖV 1951, S. 565 (566).

42 Dies geschieht in der Verwaltung regelmäßig in Anpassung an das

Zwar mag, wie oben gezeigt wurde, rein verwaltungstechnisch gesehen, eine durch ein gewähltes Gremium wahrgenommene Überwachungsfunktion kostspielig und auch angesichts der Kontrollmöglichkeit der vorgesetzten bürokratischen Instanz als überflüssig erscheinen[43]. Allein diese Argumente können die kommunalinterne Demokratievermutung nicht widerlegen. Denn auf dem Dienstweg von der Spitze der Kommunalbürokratie bis zum Letztvollzug können in die die ursprüngliche, generelle Anweisung fortlaufend konkretisierenden Weisungen immer niederer Instanzen leicht bürokratisch-schematische Wertungen einfließen, die zwar der Dienstaufsicht des jeweils Vorgesetzten standhalten, mit zunehmender Entfernung vom Behördenleiter jedoch den von diesem in die Form der Verwaltungsanweisung gekleideten Beschluß der Gemeindevertretung im Sinne der in diesem Gremium gefundenen Interessenabstimmung verfälschen können[44]. Die Gemeindevertretung, der die politische Überwachung der Kommunalbürokratie primär obliegt, muß sich angesichts der Größe und Kompliziertheit des zu überwachenden Objekts in Großstädten praktisch auf eine Überwachung der Spitzenbürokratie beschränken, so daß eine Vollzugsüberwachung durch gewählte Gremien zudem den Vorteil hätte, die Gemeindevertretung zu entlasten und so zugleich eine gegenüber der bisherigen verstärkte Kontrolle der kommunalen Spitzenbürokratie zu ermöglichen.

Weiterhin stellten diese Gremien auch die idealen Adressaten von Bürgerbeschwerden über die untere Kommunalbürokratie dar, da sie einmal, anders als die Gemeindevertretung, gerade mit den Letztvollzugsproblemen vertraut sind und so die Stellung ständiger Untersuchungsausschüsse der Kommunalvertretung auf diesem Gebiet einnehmen könnten.

Während die durch diese Erwägungen erforderlich werdenden organisatorischen Einzelheiten unter II. erörtert werden sollen, gilt es hier festzuhalten, daß die Kontrollfunktion gewählter Kollegien auch im Bereich des Verwaltungsvollzugs als Aktualisierung der Demokratie-

---

parlamentarische Beispiel. Vgl. *Dagtoglou,* Der Private, S. 128 und 151; *Canenbley,* a.a.O., S. 95.

[43] Es ist jedoch auch im Bereich reiner Verwaltungsrationalität zu beachten, daß „Systeme ... umweltoffene, umweltempfindliche, Eindrücke verarbeitende und kompensierende Leistungseinheiten" (*Luhmann,* Zweck- Herrschaft- System, S. 148) sind, so daß das überkommene Vorstellungsbild der Determination zugunsten notwendiger Systemelastizität, als des alleinigen Garanten eines invariablen Bestandes des Systems mehr und mehr abgelöst werden muß (*Luhmann,* a.a.O., S. 184 f.), was im konkreten Zusammenhang bedeutet, daß auch eine Intensivierung der Umweltbeziehungen der Kommunalbürokratie durchaus durch verwaltungsrationale Argumente gedeckt sein kann.

[44] *Morstein Marx,* Bürokratie, S. 41 f., zählt einige typische Mängel, die aus einer verfehlten Selbsteinschätzung des entscheidenden Beamten fließen können, auf.

vermutung durch Erfordernisse der sozialstaatlich-egalitären Kommunalbürokratie nicht begründet widerlegt werden kann.

Die Beratungsfunktion von unter der Gemeinde stehenden Gremien kann aus demokratischer Sicht nicht allzu hoch veranschlagt werden[45], da ihr entscheidendes Gewicht regelmäßig nicht zukommt, weil die ausschlaggebenden Informationen von den in den Parteien wirksamen Interessenverbänden beigebracht werden. Da aber auch verwaltungstechnische Zweckmäßigkeitserwägungen nur sehr schwach gegen eine Beratungsfunktion sprechen, wird man sie, da sie immerhin Kontaktebenen zwischen Gewählten und Bürokratie bildet, eventuell mit der oben erörterten Kontrollfunktion verbinden können, da insbesondere die Eignung der Kontrollgremien zur Entgegennahme von Bürgerbeschwerden die erforderliche Verbindung der Gewählten zu den tatsächlichen Bürgeranliegen ermöglicht.

c) Zusammenspiel zwischen Bürokratie und Bürgerschaft

Die vorstehende Erörterung hat gezeigt, daß eine gegenseitige Abwägung der Notwendigkeiten einer straffen, leistungsfähigen Kommunalbürokratie mit den Forderungen des Demokratieprinzips durchaus eine Möglichkeit kommunalverwaltungsinterner Konkordanz beider Maximen eröffnet, die bislang, soweit ersichtlich, nicht gesehen wurde: Die Kontrolle des Letztvollzuges durch demokratisch gewählte Gremien.

Betrachten wir diesen Vorschlag auf seine Leistungsfähigkeit im Blick auf die Veröffentlichung der realen Abhängigkeiten des Großstädters, dem Kriterium, das wir oben als unverzichtbare Voraussetzung jeder, auch der innerkommunalen Demokratie bezeichneten. Es wird hierbei sogleich deutlich, daß eine veröffentlichende Wirkung von dieser Kontrolle nur dann ausgehen kann, wenn sie da installiert wird, wo Verwaltungsentscheidungen repräsentativ umgesetzt werden[46]. Nur dann hat der Bürger seine Kommunalverwaltung in Sicht, wenn er einmal die Umsetzung der Beschlüsse der Gemeindevertretung in Verwaltungsanweisungen, die die Gemeindevertretung mit Hilfe ihrer Fachausschüsse überwacht, und zum anderen auch den innerbürokratischen Dienstweg, vermittelt durch die Tätigkeit der hier vorgeschlagenen Vollzugskontrollgremien, offen vor Augen hat.

Es ergibt sich so die Frage nach dem Ort solch repräsentativer Schnittflächen durch die Kommunalbürokratie. Die Frage muß ausgehend von der bislang in den Großstädten gegebenen Organisation

---

[45] Vgl. auch *Hahn*, Praktische Kommunalverwaltung, S. 28.

[46] Für eine Anlehnung des bezirklichen Ausschußwesens an die aufzulockernde Gliederung des Verwaltungsapparates auch *Pünder*, Die deutschen Gemeinden, S. 128.

der Kommunalbürokratie, die rein funktional nach verschiedenen Verwaltungsmaterien und innerhalb dieser streng hierarchisch gegliedert ist, verneint werden. Eine solche Verwaltungsorganisation ermöglicht eine Überwachung nur auf der Ebene der jeweiligen Ressortspitze, die die Fachausschüsse der Gemeindevertretung gegenüber den den Fachbereichen vorstehenden Dezernenten wahrnehmen. Eine stärkere Veröffentlichung bürokratieinterner Vorgänge und damit die Grundvoraussetzung einer sinnvollen Tätigkeit gewählter Kollegialorgane und zugleich letztlich auch verstärkten Bürgerinteresses an der Kommunalverwaltung insgesamt, ist daher davon abhängig, ob es gelingt, eine Organisationsform für die großstädtische Kommunalbürokratie zu finden, die eine Chance für repräsentative Schnittflächen bietet, bei denen die Kontrolle gewählter Gremien einsetzen kann.

II. Praktische Folgerungen

Im folgenden soll versucht werden, ein praktikables System aufzuzeigen, das in Großstädten die Kommunalbürokratie bei optimaler Effizienz doch zugleich in hohem Maße überschaubar und kontrollierbar macht und so letztlich den Namen Selbstverwaltung in dem Sinne zu Recht tragen kann, daß es nichtöffentliche bürokratische Eigeninteressen eindämmt und der Kommunalbürokratie ihren angestammten Platz als abhängiges Hilfsorgan der Bürgervertretung wieder zuweist.

1. Der innerkommunale Aufbau der Kommunalbürokratie

Die allgemein anzutreffende Struktur der Kommunalbürokratie ist gekennzeichnet durch horizontale administrative Dezentralisation in der Art, daß je eine Verwaltungsagende, u. U. auch mehrere miteinander verwandte, je einem Dezernenten unterstehen. Diese sind je nach den in den einzelnen Bundesländern geltenden Gemeindeordnungen entweder als Kollegialorgan zusammengefaßt[47] oder aber als gewählte Gehilfen des der Verwaltungsbürokratie vorstehenden Bürgermeisters diesem unterstellt. Ihre Tätigkeit im Bereich der eigentlichen Selbstverwaltungsangelegenheiten (im überkommenen Sinn) besteht in der Umsetzung politischer Entscheidungen auf dem Gebiet der Gemeindevertretung in bürokratieinterne und für die Bürokratie praktikable Verwaltungsanweisungen[48], bei der sie der Überwachung durch

---

[47] So in den Ratsverfassungen. Dagegen steht in den Magistratsverfassungen der Gemeindevertretung ein ihr verantwortlicher mit dem Vollzug betrauter Oberstadtdirektor gegenüber.

[48] Vgl. *Morstein-Marx*, Bürokratie, S. 21 und insbes. S. 51, Fußn. 1.

die einzelnen Fachausschüsse der Gemeindevertretung unterliegen. Die dem Dezernenten unterstehenden Abteilungen und Ämter[49] bedingen eine zentral organisierte, für Außenstehende regelmäßig nur schwer überschaubare, innerbehördliche Willensbildung. Verfolgt man den Verwaltungsablauf, so zeigt sich, daß er in einer fortlaufenden Konkretisierung allgemeiner Weisungen besteht, die unter dauernder Kontrolle bis hin zum Letztvollzug im konkreten Einzelfall führt[50].

Die für die konkrete Art und Weise des Letztvollzugs wesentliche Etappe bilden die Weisungen des jeweils zuständigen Amtsleiters an seine Sachbearbeiter. Ein Aufbau der Kommunalbürokratie, der den Ablauf ihrer Entscheidungen modellhaft verdeutlicht und so auch kontrollierbar werden läßt, müßte demnach eine veröffentlichende Fraktur[51] zwischen der Dezernentenebene einerseits und der Amtsleiterebene andererseits aufweisen. Diese Fraktur aber innerhalb des jeweiligen Fachbereiches isoliert zu sehen, wäre gleichwohl wenig vorteilhaft, da so zwar der Ablauf innerhalb bestimmter Ressorts, nicht aber auch die zwischen den Ressorts statthabenden Wechselbeziehungen veröffentlicht würden.

Eine Fraktur, die die Kommunalbürokratie in ihrer Totalität modellhaft auf Vollzugsebene veröffentlicht, könnte mithin nur durch eine Regionalisierung aller Vollzugsstellen[52] erreicht werden. Der zentralen Umsetzungsfunktion der Dezernentenebene für das gesamte Großstadtgebiet stünden dann weisungsabhängige, in Bezirksverwaltungen zusammengefaßte Dienststellen gegenüber, die dem Vollzug aller auf Dezernentenebene getrennter Agenden verpflichtet sind. Auf Dezernentenebene verbleiben weiterhin alle diejenigen Dienststellen, die nach den Kriterien des sog. „staff-and-line-Prinzips"[53] die Funktion von

---

[49] Zu dieser Dreistufigkeit der Kommunalbürokratie vgl. *Hartfiel-Sedatis-Claessens*, Beamte und Angestellte, S. 69.

[50] So sieht *Glaser*, Verwaltungstechnik, S. 9, das Vorhandensein der drei „Hauptphasen", Planung, Ausführung und Kontrolle geradezu als Kriterium einer „sich im Rahmen ordnungsgemäße(r) Technik" vollziehenden Verwaltung an. Ähnl. auch *Hartfiel-Sedatis-Claessens*, a.a.O., S. 119.

[51] Dazu, daß solche „‚qualitative(n) Brüche' in der Hierarchie ihren guten Sinn habe(n), weil eine Organisation im Verhältnis zu ihrer Umwelt so verschiedene Funktionen erfüllen muß, daß sie nicht in einer einzigen Wechselbeziehung (nämlich zwischen dem hierarchisch Übergeordneten zum Untergebenen) rationalisiert werden können", vgl. *Luhmann*, Zweck- Herrschaft-System, S. 142.

[52] Sog. „Territorialsystem" im Gegensatz zur Untergliederung nach Verwaltungsagenden, dem sog. „Realsystem" (*Merkl*, Allgemeine Verwaltungsrecht, S. 321).

[53] Zu diesem insbes. der amerikanischen Organisationssoziologie entstammenden Einteilungskriterium der Verwaltungsfunktionen, vgl. *Meyer*, Die Verwaltungsorganisation, S. 89 ff.; ähnl. *Glaser*, Verwaltungstechnik, S. 24, der in gleichem Sinne zwischen „Stabs"- und „Fachfunktionen" unterscheidet (S. 23).

Sonderstäben oder Hilfseinheiten[54] wahrzunehmen haben, d. h. also für Tätigkeitsbereiche zuständig sind, die, obwohl sie zwar für alle Verwaltungseinheiten notwendig sind, doch rationeller nicht bei jeder Untergliederung, sondern zentral für alle gemeinsam errichtet werden[55]. Zu denken ist hier etwa an Rechenzentren mit Datenspeichern, Zentralkarteien, Rechtsabteilung, Zentralkasse und Haushaltsabteilung für die Gesamtbürokratie, sowie an Planungs- und Rationalisierungseinheiten bei den jeweiligen Dezernenten.

Demgegenüber wird die gesamte „Linie" aus dem Zentrum weg in die Bezirke verlagert[56]. Nehmen wir zum Beispiel eine Großstadt, in der fünf Dezernate mit jeweils acht Ämtern bestehen, so bedeutet das, wird die Großstadt in vier Bezirke unterteilt, daß diesen fünf Dezernenten einhundertsechzig Untergebene auf Amtsleiterebene unterstehen würden. Diese Zahl erhöht sich nach unten weiter. Es zeigt sich daher schon hier, daß nur bei hinreichender Bezirksgröße eine solche Aufteilung sinnvoll sein kann. Ist diese aber gegeben, so erscheint ein nach Bezirken gegliederter Verwaltungsvollzug aber auch weniger kostspielig als eine rein zentrale Vollzugsabwicklung, bei der in dieser Größenordnung regelmäßig die das Verwaltungshandeln erheblich verteuernde Gefahr der Überorganisation besteht[57].

Auch wird die mit der räumlichen Verlängerung des Dienstweges von den Linieneinheiten zu den Leitungs- und Stabseinheiten verbundene Kostenerhöhung durch den Gewinn an besserer Überwachungs-

---

54 Zur Fragwürdigkeit dieser Unterscheidung, die auch in der Praxis regelmäßig nicht durchgeführt werden kann, vgl. *Meyer*, Die Verwaltungsorganisation, S. 92; *Glaser*, Verwaltungstechnik, S. 87 f.

55 *Morstein Marx*, Bürokratie, S. 24; *Glaser*, a.a.O., S. 25.

56 Diese können dann „als das Territorium, auf das der örtliche Wirkungskreis eines Vollzugsorgans beschränkt ist", mit *Merkl* (Allgemeines Verwaltungsrecht) S. 321 als „Sprengel" der so dekonzentrierten Kommunalverwaltung bezeichnet werden.

57 Durch diese Konzeption würde zugleich auch die von *Wagener*, Unbeantwortete Fragen, S. 51, geforderte „stärkere Koordination unter den Abteilungen auf der gleichen Ebene" realisiert. *Wagener*, (a.a.O.) weist im übrigen zu Recht darauf hin, daß das sog. Liniensystem, wonach eine Koordination der Gesamtverwaltung nur durch deren oberste Spitze erfolgt, bei „modernen betriebswirtschaftlichen Organisationsformen ... längst verlassen ist". Ähnl. auch *Luhmann*, Zweck-Herrschaft-System, S. 143; *Glaser*, a.a.O., S. 74; *Kosiol*, Kollegien als Organisationsformen, S. 195; *Thieme*, *Verwaltungslehre*, Rdnr. 338. Vgl. auch *Bahrdt*, Die neue Gesellschaft 1961, S. 22 (26 f.), der (S. 27) darauf hinweist, daß die „Überlastung der vertikalen Verbindungslinien ... zur Verstopfung der Informationskanäle (führt). Ein Zuviel an Routineinformation in den mittleren Bereichen hat zur Folge, daß selbst diese nicht mehr verarbeitet werden, d. h. streng genommen, gar nicht zu Informationen werden". Insbes. aber wird dadurch die Weiterleitung von „strategischen" Informationen an die Spitzenfunktionäre verhindert. Die im Text vorgeschlagene Form horizontaler Kooperation erscheint demgegenüber geeignet, gerade diesen kritischen „mittleren Bereich" durchsichtiger und für Informationen durchlässiger zu machen.

möglichkeit aufgewogen, insbesondere deshalb, weil das Gros der Verwaltungszüge innerhalb der nach Bezirken organisierten Verwaltungseinheiten verbleibt und so die Zahl der „Weiterleitungszüge" zur Verwaltungsspitze geringer wird[58]. Den Bezirksverwaltungen, richtiger, der nach Bezirken aufgegliederten zentralen Vollzugsverwaltung, stehen das Vollzugshandeln der einzelnen Amtsleiter koordinierende Behördenleiter vor, für die etwa die Bezeichnung „Bezirksbürgermeister" angebracht wäre, die weiterhin als höhere Beamte von der Gemeindevertretung gewählt werden und einen den Dezernenten angenäherten Status erhalten müßten.

2. Die innerkommunale Realisierung des Demokratiegebotes

Wir haben gesehen, daß die Realisierung des Demokratiegebotes in der Großstadt nur in Abstimmung mit den sachgegebenen Notwendigkeiten einer sozialstaatlich-egalitären Verwaltungsagenden verpflichteten Bürokratie, wie sie die Großstadtbürokratie darstellt, geleistet werden kann. Die möglichen Funktionen, die von gewählten Kollegialorganen als Ausformungen des demokratischen Prinzips der Kommunalbürokratie gegenüber wahrgenommen werden können, erkannten wir in der Anweisung, der Entscheidung, der Kontrolle und der Beratung. Die originäre Weisungskompetenz hinsichtlich des „Ob" bei Agenden eigentlicher Selbstverwaltung im überkommenen Sinn und hinsichtlich des „Wie" bei Selbstverwaltungspflichtaufgaben wird von der Gemeindevertretung ebenso wie die Kontrolle der Spitzenbürokratie bei der Ausführung dieser Beschlüsse wahrgenommen. Da eine Entscheidungsfunktion von nach regionalen Kriterien eingesetzten innerkommunalen Kollegialorganen, wie oben gezeigt wurde, den kommunalintern erforderlichen Ausgleich zwischen Bürokratie und Gemeindebürgerschaft nicht gewährleistet, bleibt die Frage der Abstimmung zwischen der sowohl der Gemeindevertretung als auch, nach dem hier vorgeschlagenen Modell, der Bezirksvertretung (nennen wir sie „Bezirksrat") zustehenden Kompetenz zur Vollzugskontrolle und Beratung.

a) Die Gemeindevertretung

Die Gemeindevertretung ist das Zentralorgan kommunaler Selbstverwaltung. Sie hat als Plattform für die Kernfunktion dieser Verwaltungsform, die Integration der auf kommunaler Ebene vorhandenen pluralistischen Gesellschaftsinteressen hin zum Gemeinwohl, eine alle anderen Kommunalorgane beherrschende Stellung inne. Die Konstituierung weiterer Kollegien neben der Gemeindevertretung darf also unter

[58] *Glaser*, Verwaltungstechnik, S. 73.

keinen Umständen dieser Zentralfunktion zuwiderlaufen und kann nur dann sinnvoll sein, wenn sie die gesamtkommunale Integration, als Ausformung der staatlichen Integration auf Ortsebene, fördert. Ist so die Funktion kommunalinterner Kollegien in der Unterstützung der Gemeindevertretung zu sehen, gilt es, die Vorzüge des oben ausgeführten Organisationsmodells der Kommunalbürokratie gerade für die Tätigkeit der Kommunalvertretung aufzuzeigen. Als wichtigster Vorzug wäre zunächst die Veröffentlichung des Handelns gerade der Spitzenbürokratie zu nennen, die durch die Fraktur der Gesamtbürokratie zwischen der die Umsetzung von Gemeindevertretungsbeschlüssen in bürokratieinterne Weisungen bewirkenden Dezernentenebene und der der bürokratieinternen Konkretisierung dieser Weisungen verpflichteten Amtsleiterebene erzielt wird. Steht der Gemeindevertretung und ihren Fachausschüssen, deren sie sich zur Vorbereitung ihrer Beschlüsse und zur Überwachung ihres fachbürokratischen Vollzugs bedient, nurmehr die für die Vollzugsmodalitäten auf Spitzenebene ausschlaggebende Bürokratieinstanz, die Fachdezernenten mit ihren Sonderstäben, gegenüber, so ist deren optimale Kontrolle durch die Gemeindevertretung gewährleistet. Zugleich wird dem außenstehenden Bürger die Funktion der Gemeindevertretung begreiflich und bietet aus diesem Grunde Anreiz, einer gleich einflußreichen Stellung teilhaftig zu werden, sich also politisch aktiv zu engagieren, was bei der herkömmlichen Unüberschaubarkeit einer nach dem sog. „Realsystem" organisierten Großstadtbürokratie regelmäßig nicht erreicht werden konnte.

Der zweite Vorteil liegt in dem unmittelbaren personellen Einfluß der Gemeindevertretung auch auf die Vollzugsinstanz, den sie durch die Wahl des Leiters dieser bürokratischen Untergliederung, die allerdings im Einvernehmen mit dem Gemeindevorstand erfolgen müßte, ausübt. Schließlich ist auch die Kontrolle des Letztvollzugs letztlich durch die Gemeindevertretung gesichert, da die Kontrollfunktion der zu installierenden Bezirksräte für die Kommunalvertretung, die die Bezirksratsmitglieder aus den Bürgern der jeweiligen Verwaltungsbezirke wählen müßte, ausgeübt wird und die deshalb die Stellung permanenter regionaler Untersuchungsausschüsse der Gemeindevertretung einnehmen[59].

---

[59] Die Regelung der n-w GO, die die Bezirksausschüsse neben die Fachausschüsse der Gemeindevertretung setzt und auch nur deren Besetzung mit Mitgliedern der Gemeindevertretung vorsieht, kann demgegenüber eine Aktualisierung kommunalinterner Demokratie nicht leisten, da sie weder geeignet ist, die Repräsentationsdichte der Großstadtbevölkerung zu erhöhen, noch die Gemeindevertretung zu entlasten. Vgl. insoweit auch *Canenbley*, Die Zweckmäßigkeit der Verwendung von Ausschüssen, S. 112, der darauf hinweist, daß verwaltungstechnisch zweckmäßige, mit Kontrollfunktion ausgestattete Ausschüsse vielfach als Repräsentationsorgane ausgestaltet sind. Man könnte zwar daran denken, in jedem Bezirksrat die Mitgliedschaft eines in dem Bezirk wohnhaften Mitglieds der Gemeindevertretung zu

Es bleibt festzuhalten, daß die Gemeindevertretung in dem hier vorgeschlagenen Modell auch in der Großstadt in ihrer für die kommunale Selbstverwaltung zentralen Funktion wieder erfahrbar wird und so gerade ihren integrierenden Status, der in der Großstadt hinter der monolitisch erfahrenen Kommunalbürokratie zu verschwinden droht, erhält und stärkt.

b) Der Bezirksrat

Wie gezeigt, bleiben dem Bezirksrat an Funktionen, die der zentralen Stellung der Gemeindevertretung nicht zuwiderlaufen, eine Kontroll- und eine Beratungsfunktion. Diese sind in ihrem Verhältnis zur Bürokratie einerseits und zur Gemeindevertretung andererseits im folgenden näher darzustellen.

aa) Überwachungsfunktion

Die Überwachung der Kommunalbürokratie durch die von der Gemeindevertretung aus den im Verwaltungsbezirk wohnenden Bürgern zu wählenden Bezirksräte setzt bei der Spitze der nach Bezirken gegliederten Vollzugsbürokratie (wie im folgenden die der Dezernentenebene untergeordneten Linienorgane genannt werden sollen) ein.

An Kontrollobjekten steht dem Bezirksrat so in erster Linie der vom Gemeinderat gewählte, oben sogenannte „Bezirksbürgermeister" und dessen Behördenleitung und Koordination der ihm untergebenen Fachämter gegenüber.

Neben dem „Bezirksbürgermeister" überwacht der Bezirksrat weiterhin die auf Bezirksebene tätigen Leiter der einzelnen Ämter, denen die Aufgabe zukommt, die Tätigkeit der Sachbearbeiter hin zum Letztvollzug im Sinne der vom Dezernenten erhaltenen Anweisungen zu dirigieren. Daß hierbei keine von denen der Gemeindevertretung abweichenden Intentionen Platz greifen, obliegt der Sorge des Bezirksrats. Zwar nimmt der Bezirksrat diese Kontrollfunktion ex officio permanent wahr, regelmäßig wird jedoch seine Tätigkeit dann aktuell werden, wenn vom Letztvollzug betroffene Bürger wegen dessen Modalitäten gegen die Vollzugsbürokratie im Wege der Beschwerde vorgehen. Da der verwaltungsgerichtliche Rechtsschutz, der im gleichen Maße geringer ist, wie politische, d. h. durch das Demokratieprinzip legitimierte Verwaltungsentscheidungen ergehen, durch die kommunale

institutionalisieren (vgl. etwa *Kosiol*, Kollegien als Organisationsformen, S. 192; ähnl. auch, für die Bezirksausschüsse Hamburgs, *von der Groeben*, Verw. Arch. Bd. 49, S. 231 [243]), allein überwiegt m. E. hier die Gefahr der Verschleierung der Wechselbeziehungen zwischen Bezirksrat und Gemeindevertretung die durch solche „Kontaktmitglieder" erreichbare reibungslose Kommunikation und Koordination.

Selbstverwaltung, die als Integrationsplattform dem Rechtsstaatsprinzip nur neben anderen verpflichtet ist, zurückgedrängt wird, werden, will man diesen Status der Selbstverwaltung auch angesichts der großstädtischen Bürokratie beibehalten, außerjuridische Möglichkeiten der Überprüfung kommunal-bürokratischen Handelns notwendig[60].

Zur Mitwirkung an dieser Aufgabe erscheinen die Bezirksräte besonders geeignet. Auf Grund ihrer Nähe zu der nach Bezirken gegliederten Vollzugsbürokratie und ihrer hierdurch bedingten Kenntnisse der innerbehördlichen Willensbildung sind sie die geeignete Instanz, Bürgerbeschwerden an Ort und Stelle nachzugehen, Sachverhalte festzustellen und sie sodann mit Untersuchungsbericht und Stellungnahme dem für die betreffende Verwaltungsagende zuständigen Ausschuß der Gemeindevertretung zur Entscheidung über Abhilfemaßnahmen zu unterbreiten[61]. Die Bezirksräte können insofern als eine Art ständiger Untersuchungsausschüsse der Gemeindevertretung angesehen werden. Um diese Funktion wirksam ausführen zu können, muß dem Bezirksrat ein Akteneinsichts- und Zitierungsrecht sowohl dem „Bezirksbürgermeister" wie auch den Amtsleitern gegenüber eingeräumt werden. Seine Sitzungen sollten grundsätzlich öffentlich sein. Weiterhin können die Bezirksräte herkömmliche Funktionen von Personalausschüssen wahrnehmen, indem sie aus ihrer besseren Kenntnis der Fähigkeiten der einzelnen Subalternbeamten sowie der Bedürfnisse einzelner Ämter der Gemeindevertretung diesbezügliche Änderungsvorschläge unterbreiten. Schließlich erscheinen die Bezirksräte auch geeignet, Hilfsfunktionen des Haushaltsausschusses wahrzunehmen, indem sie die verwaltungsinterne Verwendung von Haushaltsmitteln kontrollieren und Neuansätze vorschlagen können.

bb) Sanktionsmöglichkeiten

Da sie ihre Kontrollfunktion nur für die Gemeindevertretung ausüben, können den Bezirksräten, stellen sie irgendwelche Unregelmäßigkeiten in der Vollzugsverwaltung fest, eigene Sanktionskompetenzen nicht zugebilligt werden. Dies muß sowohl gegenüber dem „Bezirksbürgermeister" gelten, dessen Beanstandung nur durch die Gemeindevertretung im Einvernehmen mit dem Gemeindevorstand, also durch die Kommunalorgane erfolgen kann, denen er seine Wahl verdankt, als auch gegenüber den Amtsleitern, die als Berufsbeamte nur dem Gemeindevorstand unterstehen, auf dessen Entscheidung wiederum allenfalls nur die Gemeindevertretung Einfluß nehmen kann. Eine eigen-

60 Über das Verhältnis von Ausschüssen politischer Selbstverwaltung zur Verwaltungsgerichtsbarkeit allgemein, vgl. *Baring*, DVBl. 1955, S. 685 ff. Die dort vorgebrachten Bedenken treffen jedoch einmal nur Ausschüsse der Staatsverwaltung und zum anderen nur solche mit Entscheidungskompetenz.

61 Wie hier: *Mulert*, Neuordnung der kommunalen Verwaltung, S. 85 f.

ständige Sanktionskompetenz der Bezirksräte scheidet daher aus. Der „Bezirksbürgermeister“ wie auch die ihm unterstellten Amtsleiter werden aber, insbesondere auch im Blick auf die von den Bezirksräten wahrgenommenen Personalangelegenheiten, den Anfragen und Beschwerden von Bezirksräten gegenüber besonders aufgeschlossen sein[62].

cc) Beratungsfunktion

Die beratende Tätigkeit der Bezirksräte ist, als weder dem bürokratischen Ablauf noch der kommunalinternen Demokratie in besonderem Maße nützliche Funktion, der kontrollierenden gegenüber nachrangiger Natur.

Immerhin gilt es zu untersuchen, welcher Instanz die Bezirksräte sinnvoll raten können. Als erstes käme so eine Beratung des „Bezirksbürgermeisters“ in Betracht. Hier ist jedoch zu bedenken, daß sich Instanzen die Beratung der sie überwachenden Gremien oft in Form von als „eigene“ deklarierten Anweisungen zu eigen machen[63]. Würde aber der „Bezirksbürgermeister“ sich so auf die Beratung des Bezirksrats festlegen, ergäbe sich die Gefahr eines nach Bezirken uneinheitlichen Vollzugs, die durch das hier vertretene Modell gerade gebannt werden sollte. Schließlich darf nicht außer acht gelassen werden, daß der Bezirksrat nicht befugt ist, Beschlüsse der Gemeindevertretung zu interpretieren, da sonst die Gefahr eines Vollzugsdualismus zwischen Gemeindevorstand und Dezernenten einerseits und Bezirksräten andererseits drohen würde. Wegen der aufgezeigten Gefahren für einen überschaubaren und einheitlichen Verwaltungsvollzug ist daher eine Beratungskompetenz der Bezirksräte den Leitern der nach Bezirken gegliederten Vollzugsverwaltung gegenüber abzulehnen. Dagegen erscheint die Information der Gemeindevertretung und deren Ausschüsse einerseits und des Gemeindevorstands, seiner Dezernenten sowie deren Sonderstäbe andererseits zu befürworten, da so die Gemeindevertretung ebenso wie die kommunale Behördenspitze zur Realisierung des Gleichheitssatzes wichtige Daten auch regionaler Provenienz ihren Entscheidungen zugrunde legen kann[64].

---

[62] Vgl. *Glaser*, Verwaltungstechnik, S. 164 mit dem Hinweis auf die Verwaltungspraxis in den USA.

[63] *Meyer*, Die Verwaltungsorganisation, S. 119; *Eschenburg*, Staatsautorität und Gruppenegoismus, S. 14: „Im gesellschaftspolitischen Auseinandersetzungsprozeß des politischen Kräftefeldes kann aus dem Anhörungsrecht leicht ein Vetorecht, aus diesem ein Vorschlags- und Mitbestimmungsrecht werden.“ Ähnl. auch *Krauthausen*, DVBl. 1958, S. 729 (732).

[64] *Meyer*, a.a.O., S. 93 sieht geradezu das Kennzeichen eines beratenden Ausschusses darin, daß er „zu den untergeordneten Beamten einer Organisation ... keine direkten Beziehungen (unterhält), sondern dem Verwaltungschef ... seine Empfehlungen“ vorlegt.

3. Folgerungen für die Bezirksgröße und den Begriff der Großstadt

Nach dem Dargelegten sind für die Bestimmung der Bezirksgrößen zwei Faktoren von Bedeutung. Einmal die kommunalbürokratische Effizienz[65] und zum anderen das Maß ihrer Überschaubarkeit und der damit verbundenen Chance öffentlicher Kritik und Einflußnahme[66]. Wie bereits erwähnt, erfordert eine regionale Verwaltungsgliederung der zu verwaltenden Gemeinde bis zu einer bestimmten Größe ein Mehr an Personal- und Sachaufwand als eine zentrale nur nach funktionalen Kriterien gegliederten Bürokratie. In dem Maße aber, in dem die Bevölkerungszahl zunimmt, gleichen sich die dann durch zentrale Überorganisation entstehenden Nachteile den Nachteilen einer regional aufgegliederten Bürokratie an, so daß sie sich bei einer großstädtischen Einwohnerzahl von etwa 300 000[67], bei einer Untergliederung in vier Bezirke von etwa 75 000 Einwohnern[68], ungefähr die Waage halten dürften[69]. Bei weiter steigenden Einwohnerzahlen dürfte eine regionale Aufteilung sogar zunehmend billiger werden. Auf der anderen Seite ist zu sagen, daß Großstädte unter 200 000 Einwohnern dem Gliederungsproblem regelmäßig deshalb nicht unterfallen, weil ihre Bürokratie noch nicht ein solches Maß an Unüberschaubarkeit erreicht hat, das eine wirksame Kontrolle durch Gemeindevertretung und öffentliche Meinung unmöglich machen würde.

Immer ist aber zu beachten, daß eine demokratische Verwaltung und gerade die kommunale Selbstverwaltung nicht primär der optimalen Zweckmäßigkeit in einem engen betriebswirtschaftlichen Sinne, sondern vielmehr als Element der Staatlichkeit der Lösung einer der zentralen Antinomien des modernen Staates verpflichtet ist: der Spannung zwischen Individualfreiheit und den durch das Sozialstaatsprinzip im staatlichen Bereich forcierten Notwendigkeiten und Zwangsläufigkeiten der modernen Industriegesellschaft. Diese den Gemeinden gestellte Aufgabe ist aber mit Sparsamkeit in einem engen betriebswirtschaftlichen Sinn allein nicht lösbar.

---

[65] Diese ist nicht unter rein fiskalischen, sondern vielmehr unter der Maxime optimaler Bürgernähe zu sehen (*Stern-Püttner*, Grundfragen der Verwaltungsreform im Stadt- Umland, S. 11).

[66] Vgl. auch *Surén-Goetz*, Die zweckmäßige Unterteilung einer großen Stadt, S. 40: „Der Begriff ‚Großstadt' ist im sozialpsychologischen Sinne zu verstehen und überall dort gegeben, wo ein ausreichender Kontakt der Verwaltung mit der Bevölkerung ... nicht mehr vorhanden ist."

[67] *Bauer*, Dezentralisation der Großstadtverwaltung, S. 140, zieht die Rationalitätsgrenze erst bei 500 000 Einw.

[68] Diese Größenordnung entspricht etwa der der für Hamburg von *Mulert*, Neuordnungen der kommunalen Verwaltung, S. 79 vorgeschlagenen Ortsämter, in die sich die Hamburger Bezirke gliedern.

[69] Über die Unmöglichkeit, genaue rechnerische Belege hierzu zu liefern, vgl. *Stern-Püttner*, a.a.O., S. 56 und ebd. Fußn. 150.

C. Zusammenfassung zu § 3

1. Angesichts der sozialen Realität kann eine Aktivierung des Großstädters für seine Selbstverwaltung nicht über eine Konservierung oder gar Neubildung „engerer Gemeinschaften", sondern nur über eine Veröffentlichung der realen Wirkweise der Bürokratie dieser globalen Gesellschaftsstruktur erreicht werden.

2. Leitende Gesichtspunkte einer Gliederung der Großstadt, die den Bürger an seiner Verwaltung teilhaben lassen will, können nur einer Analyse der bürokratisch, zweckrationalen Erfordernisse einerseits und der Bedingungen einer veröffentlichenden demokratischen Verwaltungsteilhabe andererseits entnommen werden.

3. Die Realisierung und Aktivierung großstadtinterner Demokratie erfordert deren organisatorische Konkordanz mit den Notwendigkeiten der sozialstaatlich-egalitären Kommunalbürokratie, wobei zugunsten der Demokratie kommunalintern eine von den Notwendigkeiten der Bürokratie jeweils zu widerlegende Vermutung spricht.

4. Nach den unter 3. genannten Kriterien kann demokratisch gewählten Gremien unterhalb der Gemeindevertretung nur eine Kontroll- und Beratungsfunktion zukommen.

5. Praktische Folgerungen aus diesen Überlegungen wären:

   a) Trennung der kommunalen Bürokratie in Zentralorgane (zur Umsetzung von Beschlüssen der Gemeindevertretung in Verwaltungsanweisungen) mit allgemeinen Verwaltungsstäben und in die allgemeine Vollzugsverwaltung, die unter Leitung eines evtl. „Bezirksbürgermeisters" zu nennenden Leiters in die Bezirke verlegt werden sollte.

   b) Überwachung der Vollzugsverwaltung (des „Bezirksbürgermeisters" und der ihm unterstellten Amtsleiter) durch von der Gemeindevertretung gewählte Bezirksräte.

   c) Beraten sollten die Bezirksräte jedoch nur die Gemeindevertretung und deren Ausschüsse einerseits und den Gemeindevorstand und die kommunale Spitzenbürokratie andererseits.

6. Die Vorteile einer solchen Regelung lägen in der Entlastung der Gemeindevertretung, der Übersichtlichkeit der gesamten Kommunalbürokratie und der damit verbundenen Veröffentlichung des Wechselspiels zwischen Bürokratie und Bürgerschaft. Schließlich gewährleistet diese Konzeption die Teilhabe einer größeren Zahl von Bürgern an der Großstadtverwaltung und bringt diese so in ihrer Totalität wieder in den Griff der Bürgerschaft.

7. Die vertretene Konzeption setzt jedoch eine gewisse Größe und eine durch sie bedingte Tendenz zur Unüberschaubarkeit der zu gliedernden Großstadt voraus. Sie dürfte regelmäßig erst von einer Einwohnerzahl von etwa 300 000 an aufwärts praktikabel sein. Eine optimale Leistungsfähigkeit der Kommunalverwaltung kann nicht nur an engen betriebswirtschaftlichen Kriterien, sondern muß vielmehr zugleich an dem Leitbild der Bürgernähe gemessen werden, wenn kommunale, d. h. bürgerschaftliche Selbstverwaltung überhaupt die Chance einer Aktualisierung haben soll.

Schluß

Die vorstehende Untersuchung war bemüht, die Problematik bürgerschaftlicher Selbstverwaltung unter den Notwendigkeiten des egalitären Sozialstaats anhand eines hierfür repräsentativen Teilaspekts, der kommunalen Selbstverwaltung in Großstädten, aufzuzeigen.

Es wurde versucht, die normative Kraft des Art. 28 Abs. 2 i. Verb. m. Abs. 1 S. 2 GG im System der durch das Grundgesetz zur Realisierung seiner fundamentalen Staatszielbestimmungen, des Rechtsstaats, des Sozialstaats und der Demokratie, konstituierten Staatlichkeit neu zu erfassen und hieraus unter Kritik landesrechtlich vorgesehener Konzepte, die bürgerschaftliche Selbstverwaltung auch in den Großstädten einer industriellen Massengesellschaft zu bewahren und zu aktivieren, zu einer institutionellen Konkordanz zwischen den Notwendigkeiten des egalitären Sozialstaats und den Forderungen kommunalinterner Demokratie zu gelangen.

Die Untersuchung hofft so im Bereich der kommunalen Selbstverwaltung dazu beizutragen, die oft zu beobachtende Kluft zwischen dem Text der Verfassungsurkunde, der allenfalls ausgiebig in Festansprachen aktualisiert wird, einerseits und einer Verfassungswirklichkeit, die gerade absehend vom Verfassungstext oft ideologisierten Sachgesetzlichkeiten gehorcht, hin zu einer verwirklichten Verfassung, die dem normativen Anspruch grundgesetzlicher Normen allein gerecht zu werden vermag, zu überbrücken.

Literaturverzeichnis

Abendroth, Wolfgang: Diskussionsbeitrag, in: Begriff und Wesen des sozialen Rechtsstaates, Veröffentlichungen der Vereinigung deutscher Staatsrechtslehrer (VVdStL), Bd. 12, S. 85 ff.

— Zum Begriff des demokratischen und sozialen Rechtsstaats im Grundgesetz der Bundesrepublik Deutschland, in: Aus Geschichte und Politik, Festschrift zum 70. Geburtstag von Ludwig Bergstraesser, Düsseldorf 1954, S. 279 ff.

Anschütz, Gerhard: Verfassung des Deutschen Reiches, 14. Aufl., Berlin 1933

Asbeck: Diskussionsbeitrag, in: Die politische und administrative Gliederung der großen Stadt — eine Diskussion — Erstes Forschungskolloquium des Vereins für Kommunalwissenschaften Berlin, Berlin 1965, S. 76 ff.

Augustin: Zentralisation und Dezentralisation in der Organisation der Stadt Berlin, in: Gegenwartsfragen der Kommunalverwaltung, Hrsg. Verwaltungsakademie Berlin, Berlin 1929, S. 57 ff.

Bach, Hans: Die Großstadt als Gemeinwesen, Heidelberger Diss. 1933

Bachof, Otto: Begriff und Wesen des sozialen Rechtsstaates, in: VVdStL Bd. 12, S. 37 ff.

Bahrdt, Hans-Paul: Die Gemeinde in der Industriegesellschaft, Köln—Marienburg, 1962

— Die moderne Großstadt — Soziologische Überlegungen zum Städtebau, Reinbek bei Hamburg, 1961

— Demokratie und Bürokratie, in: Die neue Gesellschaft 1961, S. 22 ff.

Baring, Martin: Die politische Selbstverwaltung und die Verwaltungsgerichtsbarkeit, in: Deutsches Verwaltungsblatt (DVBl.) 1955, S. 685 ff.

Barion, Hans: Die sozialethische Gleichschaltung der Länder und Gemeinden durch den Bund, in: Der Staat 1964, S. 1 ff.

Bauer, Walter: Dezentralisation der Großstadtverwaltung, Göttingen 1951

— Diskussionsbeitrag, in: Die politische und administrative Gliederung, a.a.O., Berlin 1965, S. 53 ff.

Becker, Erich: Gemeindliche Selbstverwaltung, Teil I, Grundzüge der gemeindlichen Verfassungsgeschichte, Berlin 1941

— Kommunale Selbstverwaltung und Kommunales Berufsbeamtentum, in: Der Berufsbeamte 1958, S. 70 ff.

— Kommunalverfassung und Kommunalverwaltung, in: Die Verwaltung, Heft 8, 4. Aufl., Braunschweig 1957

— Kommunalverwaltung und Staatsverwaltung, in: Zur Struktur der deutschen Verwaltung, Föderalismus und Probleme der Zentralisation und Dezentralisation; Schriftenreihe der Hochschule Speyer, Bd. 33, Berlin 1967

Becker, Erich: Rechts- und Verwaltungsfragen der kommunalen Neugliederung. Eine Erörterung von Problemen der Kommunalstruktur des Saarlandes unter dem Gesichtspunkt der Raumordnung, veranlaßt vom Landkreis Saarbrücken, Saarbrücken 1965

— Die Selbstverwaltung als verfassungsrechtliche Grundlage der kommunalen Ordnung in Bund und Ländern, in: Handbuch der kommunalen Wissenschaft und Praxis, Hrsg. Hans Peters, Bd. I, Kommunalverfassung (HBkWPI), Berlin, Göttingen, Heidelberg 1956, S. 113 ff.

— Die staatspolitische Bedeutung der preußischen Städteordnung vom 19. Nov. 1808, in: Festschrift für Karl Gottfried Hugelmann, Bd. I, Aalen 1959, S. 37 ff.

— Öffentliche Interessen und öffentliches Wohl bei der gemeindlichen Neugliederung, in: Wohl der Allgemeinheit und öffentliche Interessen, Schriftenreihe der Hochschule Speyer, Bd. 39, Berlin 1968, S. 73 ff.

Bender, Ulrich: Theorien der gemeindlichen Selbstverwaltung, das Selbstverwaltungsrecht als Naturrecht, Mainzer Diss. 1962

Bergstraesser, Arnold: Die Zukunft der städtischen Lebensform, in: Die Stadt muß leben — wenn ihr leben wollt, Bericht über die 12. Hauptversammlung des Deutschen Städtetages, Stuttgart und Köln 1962, S. 9 ff.

Berkenhoff, H. A.: Bund und Gemeinden, in: Werner Weber und H. A. Berkenhoff: Die Gemeinden im nachbarschaftlichen und im bundesstaatlichen Spannungsfeld, Göttingen 1962, S. 31 ff.

— Das Kommunalverfassungsrecht in Nordrhein-Westfalen, 2. Aufl., Siegburg 1965

Bertram, Jürgen: Staatspolitik und Kommunalpolitik — Notwendigkeiten und Grenzen ihrer Koordinierung, Schriftenreihe des Vereins für Kommunalwissenschaften e.V. Berlin, Bd. 15, Stuttgart, Berlin, Köln, Mainz 1967

Blodig, Hermann: Die Selbstverwaltung als Rechtsbegriff, Wien und Leipzig 1894

Böhme, Ernst: Staat und Selbstverwaltung, in: Recht-Staat-Wirtschaft, Bd. I, Stuttgart, Köln 1949, S. 111 ff.

Bornkessel, Hans: Großstadtverwaltung und Demokratie, in: Der Bayerische Bürgermeister 1950, S. 246 f.

Breitfeld, Artur: Die verfassungsrechtliche Stellung der Berliner Bezirke, Berlin 1953

Brell, Walter: Vom deutschen Gemeindeverfassungsrecht, Schriftenreihe der Berliner Verwaltungsschule, H. 4, Berlin und Frankfurt 1949

Brunner, Emil: Das Gebot und die Ordnungen, 2. Aufl., Tübingen 1933

Canenbley, Hans-Wilken: Die Zweckmäßigkeit der Verwendung von Ausschüssen in der Verwaltung, Schriften zur Verwaltungslehre, Hrsg. Werner Thieme, H. 2, Köln, Berlin, Bonn, München 1968

Cantner, Walter: Verfassungsrecht der Landkreise, in: HBkWPI (a.a.O.), S. 409 ff.

Claessens, Dieter, Günter *Hartfiel* und Lutz *Sedatis*: Beamte und Angestellte in der Verwaltungspyramide. Organisationssoziologische und verwaltungsrechtliche Untersuchungen des Entscheidungshandelns in der Kommunalverwaltung; Hrsg. Otto Stammer, Berlin 1964 *v. Coppenfels:* Änderungsvorschläge für die Hamburger Bezirksverwaltung, in: Kommunalpolitische Blätter 1952, S. 266 f.

Dagtoglou, Prodromos: Der Private in der Verwaltung als Fachmann und Interessenvertreter; die Rechtsproblematik; Heidelberger Wissenschaftliche Abhandlungen, 12. Abhandlung 1964

Darmstaedter, Friedrich: Ist das englische selfgovernment als Grundlage der deutschen Selbstverwaltung anzusehen?, in: Forschungen und Berichte aus dem öffentlichen Recht, Gedächtnisschrift für Walter Jellinek, Veröffentlichungen des Instituts für Staatslehre und Politik e.V. Mainz, Bd. 6, München 1955, S. 535 ff.

Dürig, Günter: Verfassung und Verwaltung im Wohlfahrtsstaat, in: Juristenzeitung (JZ) 1953, S. 193 ff.

Ebel, Richard und Willi *Emrich:* Hessische Gemeindeordnung vom 25. 2. 1952 und Hessische Landkreisordnung vom 25. 2. 1952; Schriftenreihe des Kreisverbandes der Kommunalbeamten u. -angestellten, H. 4, Frankfurt 1953

Ehmke, Horst: „Staat" und „Gesellschaft" als verfassungstheoretisches Problem, in: Staatsverfassung und Kirchenordnung, Festgabe für Rudolf Smend zum 80. Geburtstag am 15. Januar 1962, Tübingen 1962, S. 23 ff.

Elleringmann, Rudolf: Grundlagen der Kommunalverfassung und der Kommunalaufsicht; Verwaltung und Wirtschaft, H. 18, Stuttgart 1957

Ellwein, Thomas: Das Regierungssystem der Bundesrepublik Deutschland, 2. Aufl., Köln und Opladen 1965

Engel, Ludwig: Interessenverbände in Staat und Gemeinden, in: Die Demokratische Gemeinde 1965, S. 765 ff.

Engelhardt, Reiner: Die Mitwirkung des Bürgers in der Verwaltung badenwürttembergischer Großstädte. Gesetzeswille, Wirklichkeit und rechtliche Problematik; Tübinger Diss. 1966

Ernst, Werner: Die Gemeinden in der Raumordnung, in: Buch deutscher Gemeinden 1965, Hrsg. Deutscher Gemeindetag Band Godesberg; Köln und Berlin 1965, S. 27 ff.

Eschenburg, Theodor: Herrschaft der Verbände?, Stuttgart 1956

— Staatsautorität und Gruppenegoismus, Schriftenreihe der Industrie- und Handelskammer Düsseldorf, H. 9, 1955

Eulerich, Wilhelm: Dekonzentration der Großstadt im Spiegel der Reichsreform, Kölner Diss. 1933

Evers, Hans Ulrich: Verbände — Verwaltung — Verfassung, in: Der Staat 1964, S. 41 ff.

Fechner, Erich: Freiheit und Zwang im sozialen Rechtsstaat, Recht und Staat, H. 174, Tübingen 1953

— Die private Sphäre in der Gegenwart, in: Recht-Staat-Wirtschaft, Bd. 3, Düsseldorf 1951, S. 31 ff.

Fischer, Hermann und Harry *Goetz:* Die Deputationen in der Berliner Bezirksverwaltung, Schriften des kommunalwissenschaftlichen Instituts Berlin, Bd. 2, Berlin 1953

Fleiner, Fritz: Beamtenstaat und Volksstaat, in: Festgabe für Otto Mayer zum 70. Geburtstag, Tübingen 1916, S. 31 ff.

Fleiner, Fritz: Institutionen des deutschen Verwaltungsrechts, 6. u. 7. Aufl., Tübingen 1922

Forsthoff, Ernst: Begriff und Wesen des sozialen Rechtsstaates, in: VVdStL 12, S. 8 ff.

— Die Daseinsvorsorge und die Kommunen — Ein Vortrag, Köln-Marienburg 1958

— Der introvertierte Rechtsstaat und seine Verortung, in: Rechtsstaat im Wandel, Stuttgart 1964, S. 213 ff.

— Die Krise der Gemeindeverwaltung im heutigen Staat, Berlin 1932

— Die öffenliche Körperschaft im Bundesstaat; Beiträge zum öffentlichen Recht der Gegenwart, Bd. 3, Tübingen 1931

— Lehrbuch des Verwaltungsrechts, Bd. I: Allgemeiner Teil, 9. Aufl., München und Berlin 1966

— Rechtsfragen der leistenden Verwaltung; „res publica", Beiträge zum öffentlichen Recht, Bd. 1, Stuttgart 1959

— Stadt und Bürger in der modernen Industriegesellschaft, Schriftenreihe des Deutschen Städtebundes, H. 4, Göttingen 1965

— Verfassungsprobleme des Sozialstaats, Münster 1954

— Die Verwaltung als Leistungsträger, Stuttgart und Berlin 1938

Friedrich, Carl J.: Der Verfassungsstaat der Neuzeit, Berlin, Göttingen, Heidelberg 1953

Friesenhahn, Ernst: Staatrechtslehrer und Verfassung, Krefeld 1950

Fröhner, Karl und Friedrich *Bran:* Die bürgerschaftliche Selbstverwaltung. Handbuch für das gemeindliche Ehrenamt, Stuttgart 1958

Gasser, Adolf: Gemeindefreiheit als Rettung Europas, Grundlinien einer ethischen Geschichtsauffassung, 2. Aufl., Basel 1947

Gehlen, Arnold: Soziologischer Beitrag zu Fragen der Gemeindeverwaltung, in: Staats- und verwaltungswissenschaftliche Beiträge, Hrsg. Hochschule für Verwaltungswissenschaften Speyer, Stuttgart 1957, S. 267 ff.

Geidel, Ralf: Die gemeindliche Selbstverwaltung im Verhältnis zur Demokratie als Lebens- und Gestaltungsprinzip unter besonderer Berücksichtigung der Hessischen Gemeindeordnung vom 25. Febr. 1952, Würzburger Diss. 1966

Geiger, Willi: Föderalismus in der Verfassungsordnung der BRD. Verhältnis von Bund und Ländern, in: Zur Struktur der deutschen Verwaltung, Schriftenreihe der Hochschule Speyer, Bd. 33, Berlin 1967, S. 12 ff.

Giacometti, Zaccaria: Allgemeine Lehren des rechtsstaatlichen Verwaltungsrechts, Bd. 1, Allgemeines Verwaltungsrecht des Rechtsstaates, Zürich 1960

Glaser, Kurt: Verwaltungstechnik, Frankfurt a. M. 1950

Glum, Friedrich: Das Recht der Selbstverwaltung der Gemeinden und Gemeindeverbände nach Art. 127 der Reichsverfassung, in: Archiv für öffentliches Recht (AöR), Bd. 17, S. 379 ff.

v. Gneist, Rudolf: Die preußische Kreisordnung in ihrer Bedeutung für den inneren Ausbau des deutschen Verfassungsstaates, Berlin 1870

— Der Rechtsstaat, Berlin 1872

Göbel, Kurt und Karl *Fröhner:* Gemeindeordnung für Baden-Württemberg, Stuttgart 1956

Göbel, Oskar: Bezirke und Bezirksvorsteher im deutschen Gemeinderecht, Marburger Diss 1938

Gönnenwein, Otto: Gemeinderecht, Tübingen 1963

Goetz, Harry: Kommunales Verfassungsrecht in den Stadtstaaten: Berlin, in: HBkWPI, S. 484 ff.

Grauhan, Rolf-Richard: Diskussionsbeitrag, in: Die politische und administrative Gliederung (a.a.O.), S. 72 ff.

— Zur politischen Theorie der Stadt, in: Archiv für Kommunalwissenschaft (AfK), 1965, S. 87 f.

von der Gröben: Mitwirkung von Ausschüssen an der staatlichen Verwaltung — Möglichkeiten, Bewährung und Grenzen — A. Der norddeutsche Raum, in: Verwaltungsarchiv (Verw. Arch.), Bd. 49, S. 231 ff.

Grundfragen der kommunalen Neugliederung, Denkschrift des Preußischen Städtetages, Schriftenreihe des Deutschen Städtetages, H. 6, Berlin 1929

Habermas, Jürgen: Strukturwandel der Öffentlichkeit — Untersuchungen zu einer Kategorie der bürgerlichen Gesellschaft, Politica, Abhandlungen und Texte zur politischen Wissenschaft, Bd. 4, 3. Aufl., Neuwied 1968

Hahn, Karl: Praktische Kommunalverwaltung, Stuttgart und Köln 1954

Hämmerlein, Hans: Öffentlichkeit und Verwaltung, Göttingen 1966

Hamann, Andreas: Das Grundgesetz für die Bundesrepublik Deutschland vom 23. Mai 1949, 2. Aufl., Darmstadt 1961

Hartmann, Peter: Interessenpluralismus und politische Entscheidung. Zum Problem politisch-ethischen Verhaltens in der Demokratie, Sammlung politeia, Bd. 19, Heidelberg 1965

Haseloff, Otto Walter: Großstadt als Umwelt des Menschen (zur Psychologie der Anpassung an großstädtische Daseinsbedingungen), in: Medizin und Städtebau, ein Handbuch für gesundheitlichen Städtebau, Bd. 1, München, Berlin, Wien 1957, S. 317 ff.

Hatschek, Julius: Lehrbuch des deutschen und preußischen Verwaltungsrechts, 6. u. 7. Aufl., Leipzig 1927

— Die Selbstverwaltung in politischer und juristischer Bedeutung, Leipzig 1898

Hauser, Richard: Der Staat als sittliches Problem, in: Recht-Staat-Gesellschaft, Bd. 4, Düsseldorf 1953, S. 9 ff.

Hellpach, Willy: Mensch und Volk der Großstadt, 2. Aufl., Stuttgart 1952

Helmreich, Karl und Julius *Widtmann:* Bayerische Gemeindeordnung, Kommentar, 2. Aufl., München 1959

Hennis, Wilhelm: Amtsgedanke und Demokratiebegriff, in: Staatsverfassung und Kirchenordnung, Festgabe für Rudolf Smend zum 80. Geburtstag, Tübingen 1962, S. 51 ff.

Henrichs, Wilhelm: Kommunalverfassungsstreitverfahren vor den Verwaltungsgerichten, in: DVBl. 1959, S. 548 ff.

— Der Parteibegriff im deutschen Kommunalwahlrecht, in: DVBl. 1952, S. 677 f.

Hensel, Albert: Kommunalrecht und Kommunalpolitik in Deutschland, Breslau 1928

Herz, Carl und Walter *Brell*: Berliner Stadtverfassungsrecht, Berlin 1931

Herzog, Roman: Subsidiaritätsprinzip und Staatsverfassung, in: Der Staat 1963, S. 399 ff.

Hesse, Konrad: Der Gleichheitsgrundsatz im Staatsrecht, in: AöR Bd. 77, S. 178 ff.

— Grundzüge des Verfassungsrechts in der Bundesrepublik Deutschland, Karlsruhe 1967

— Die normative Kraft der Verfassung, Tübingen 1959

— Der Rechtsstaat im Verfassungssystem des Grundgesetzes, in: Staatsverfassung und Kirchenordnung, a.a.O., S. 71 ff.

— Der unitarische Bundesstaat, Karlsruhe 1962

— Die verfassungsrechtliche Stellung der politischen Parteien im modernen Staat, in: VVdStL 17, S. 11 ff.

Heuß, Theodor: Demokratie und Selbstverwaltung; Staat und Wirtschaft, Einzeldarstellungen in Grundrissen, H. 12, Berlin 1921

Frh. v. d. Heydte, Friedrich August und Karl *Sacherl*: Soziologie der deutschen Parteien, München 1955

Hettlage, Carl Maria: Der Gestalt- und Bedeutungswandel der gemeindlichen Selbstverwaltung seit 1919, in: Ordnung als Ziel, Beiträge zur Zeitgeschichte, Hrsg. Robert Tillmanns, Stuttgart 1954, S. 107 ff.

v. Hippel, Ernst: Zur Problematik der Grundbegriffe des öffentlichen Rechts, in: Forschungen und Berichte aus dem öffentlichen Recht, Gedächtnisschrift für Walter Jellinek, München 1955, S. 21 ff.

— Das richterliche Prüfungsrecht, in: Handbuch des deutschen Staatsrechtes, Hrsg. Anschütz-Thoma, Bd. 2, Tübingen 1932, S. 546 ff.

Hölzl, Josef: Gemeindeordnung für den Freistaat Bayern, Kommentar, 3. Aufl. des Kommentars von Hölzl-Rollwagen, München 1960

Hösli, Bernhard: Zur Bedeutung großstädtischer Konzentration, in: Medizin und Städtebau (a.a.O.), S. 519 ff.

Hofmann, Wolfgang: Diskussionsbeitrag, in: Die politische und administrative Gliederung (a.a.O.), S. 103 ff.

Horneffer, Ernst: Demokratie am Scheideweg. Ein Wort zur Selbstverwaltung, in: Preußische Gemeindezeitung 1928, S. 591 ff.

— Demokratie und Selbstverwaltung. Ein Entwurf zum deutschen Staate, Essen 1927.

Huber, Ernst Rudolf: Rechtsstaat und Sozialstaat in der modernen Industriegesellschaft, Schriftenreihe der Verwaltungs- und Wirtschaftsakademie Oldenburg, H. 1 Oldenburg o. J. (1962)

— Verfassung, Hamburg 1937

Huber, Hans: Niedergang des Rechts — undKrise des Rechtsstaates, in: Demokratie und Rechtsstaat, Festgabe zum 60. Geburtstag Zaccaria Giacometti, Zürich 1953

Imboden, Max: Gemeindeautonomie und Rechtsstaat, in: Demokratie und Rechtsstaat (a.a.O.), S. 89 ff.

Ipsen, Hans Peter: Hamburgisches Staats- und Verwaltungsrecht, 3. Aufl., Hamburg 1964

— Hamburgs Verfassung und Verwaltung von Weimar bis Bonn, Hamburg 1956

— Über das Grundgesetz, Hamburg 1950

Isbary, Gerhard: Regionale Probleme der Raumordnung. Eine Untersuchung am Beispiel des Landkreises Saarbrücken als Mittelpunkt des saarländischen Verdichtungsraumes, Gutachten erstattet im Auftrage des Landkreises Saarbrücken, Bad Godesberg 1963

Isensee, Josef: Subsidiaritätsprinzip und Verfassungsrecht — Eine Studie über das Regulativ des Verhältnisses von Staat und Gesellschaft, Schriften zum öffentlichen Recht, Bd. 80, Berlin 1968

Jellinek, Georg: Allgemeine Staatslehre, 3. Aufl., bearbeitet von Walter Jellinek, Berlin 1920

— System der subjektiven öffentlichen Rechte, 2. Aufl., Tübingen 1919

Jerusalem, Franz W.: Zentralismus und Föderalismus, in: Verfassung und Verwaltung in Theorie und Wirklichkeit, Festschrift für Wilhelm Laforet, München 1952, S. 37 ff.

Jesch, Dietrich: Gesetz und Verwaltung, Tübingen 1961

— Rechtsstellung und Rechtsschutz der Gemeinden bei der Wahrnehmung „staatlicher" Aufgaben, in: Die öffentliche Verwaltung (DÖV) 1960, S. 739 ff.

Jeserich, Kurt: Die Zukunft der gemeindlichen Selbstverwaltung, in: Jahrbuch für Kommunalwissenschaften, 5. Jahrgang, 2. Halbjahrband, Stuttgart—Berlin 1938, S. 157 ff.

Kägi, Werner: Persönliche Freiheit, Demokratie und Föderalismus, in: Die Freiheit des Bürgers im schweizerischen Recht, Festgabe zur Hundertjahrfeier der Bundesverfassung, hrsg. von den juristischen Fakultäten der schweizerischen Universitäten, Zürich 1948, S. 53 ff.

— Rechtsstaat und Demokratie (Antinomie und Synthese), in: Demokratie und Rechtsstaat (a.a.O.), S. 107 ff.

— Die Verfassung als rechtliche Grundordnung des Staates. Untersuchungen über die Entwicklungstendenzen im modernen Verfassungsrecht, Zürich 1945

Kaiser, Joseph H.: Prolegomena zu einer Rechtslehre von Gesellschaft und Staat, in: Die geistige Situation unserer Zeit in den Einzelwissenschaften, Freiburger dies universitatis, Bd. 4, Freiburg 1956, S. 47 ff.

— Die Repräsentation organisierter Interessen, Berlin 1956

Kaufmann, Erich: Zur Problematik des Volkswillens, in: Rechtsidee und Recht, rechtsphilosophische und ideengeschichtliche Bemühungen aus fünf Jahrzehnten (gesammelte Schriften) Bd. III, Göttingen 1960, S. 272 ff.

— Carl Schmitt und seine Schule, offener Brief an Ernst Forsthoff, in: Rechtsidee und Recht (a.a.O.), S. 375 ff.

Kelsen, Hans: Allgemeine Staatslehre, Berlin 1925

— Reine Rechtslehre. Mit einem Anhang: Das Problem der Gerechtigkeit, 2. Aufl., Wien 1960

— Vom Wesen und Wert der Demokratie, 2. Aufl., Tübingen 1929

Klages, Helmut: Der Nachbarschaftsgedanke und die nachbarliche Wirklichkeit in der Großstadt; Forschungsberichte des Wirtschafts- und Verkehrsministeriums Nordrhein-Westfalen Nr. 566, als Manuskript veröffentlicht, Köln und Opladen 1958

Klein, Friedrich: Institutionelle Garantien und Rechtsinstitutsgarantien, Abhandlungen aus dem Staats- und Verwaltungsrecht mit Einschluß des Völkerrechts, H. 49, Breslau 1934

Klüber, Hans: Die Stärkung der Bürgerverantwortung, in: Bürgerverantwortung in der Gemeinde — Tagungsberichte, Vorberichte, Materialien. Institut zur Förderung öffentliche Angelegenheiten e.V. (Hrsg.), Frankfurt a. M. 1952

Klüber, Franz: Souveränität des Staates und „eigenes Recht" der Selbstverwaltung, in: Carl-Sonnenschein-Blätter 1955, S. 127 ff.

König, René: Die Gemeinde im Blickfeld der Soziologie, in: HBkWPI, S. 18 ff.

— Grundformen der Gesellschaft: Die Gemeinde, Hamburg 1958

Koellreutter, Otto: Deutsches Staatsrecht, Stuttgart, Köln 1953

Köttgen, Arnold: Das anvertraute öffentliche Amt, in: Staatsverfassung und Kirchenordnung (a.a.O.), S. 119 ff.

— Die Gemeinde und der Bundesgesetzgeber, Schriftenreihe des Vereins zur Pflege kommunalwissenschaftlicher Aufgaben e.V. Berlin, Bd. 9, Stuttgart 1957

— Föderalismus und Dezentralisation in der Bundesrepublik Deutschland, in: Deutsche Landesreferate zum IV. Internationalen Kongreß für Rechtsvergleichung in Paris 1954, Düsseldorf 1955

— Innenpolitik und allgemeine Verwaltung, in: DÖV 1964, S. 145 ff.

— Innerstaatliche Gliederung und moderne Gesellschaftsordnung, in: Göttinger Festschrift für das Oberlandesgericht Celle, Göttingen 1961, S. 79 ff.

— Kommunale Auftragsverwaltung und Grundgesetz, in: Die Selbstverwaltung 1951, S. 346 ff.

— Die Krise der kommunalen Selbstverwaltung, Tübingen 1931

— Die rechtsfähige Verwaltungseinheit, in: Verw. Arch. 44, S. 1 ff.

— Sicherung der gemeindlichen Selbstverwaltung, Münster 1960

— Der soziale Bundesstaat, in: Neue Wege der Fürsorge, Festgabe für Hans Muthesius zum 75. Geburtstag, Köln, Berlin, München, Bonn 1960, S. 19 ff.

— Stichwort: Selbstverwaltung, in: Handwörterbuch der Sozialwissenschaften, Stuttgart, Tübingen und Göttingen 1956, Bd. 9, S. 220 ff.

— Wesen und Rechtsform der Gemeinden und Gemeindeverbände, in: HBkWPI (a.a.O.), S. 185 ff.

Kogon, Eugen: Wirkungen der Konzentration auf die Demokratie, in: Die Konzentration in der Wirtschaft, Hrsg. Helmut Arndt, Bd. III, Wirkungen und Probleme der Konzentration, Berlin 1960, S. 1721 ff.

Kommentar zum Bonner Grundgesetz (Bonner Kommentar), Loseblattausgabe, Stand: 22. Lieferung, Hamburg 1969

Kommunale Verwaltungsreform und örtliche Selbstverwaltung, Denkschrift des Reichsstädtebundes, Berlin 1929

Korte, Heinz-Walter: Die Aufgabenverteilung zwischen Gemeinde und Staat unter besonderer Berücksichtigung des Subsidiaritätsprinzips, Würzburger Diss. 1968

Kosiol, Erich: Kollegien als Organisationsformen der Entscheidung, Beratung und Information, Untersuchungsbericht, in: Organisation des Entscheidungsprozesses, Hrsg. Erich Kosiol, Berlin 1959, S. 107 ff.

Kottenberg, Kurt: Gemeindeordnung für das Land Nordrhein-Westfalen, Kommentar, 7. Aufl., Siegburg 1963

Krauthausen, Udo: Tatsachenerhebung und Beratung in der deutschen öffentlichen Verwaltung, in: DVBl. 1958, S. 729 ff.

Krebsbach: Wandlungen und Entwicklungen in der kommunalen Ordnung, in: Staats- und Kommunalverwaltung (StKV) 1965, S. 19 ff.

Kreutzer: Die Neuordnung der Berliner Bezirksverwaltung, in: DÖV 1959, S. 429 ff.

Krüger, Herbert: Die Stellung der Interessenverbände in der Verfassungswirklichkeit, in: NJW 1956, S. 1217 ff.

Küchenhoff, Günther und Erich: Allgemeine Staatslehre, 5. Aufl., Stuttgart 1964

Kuntzmann-Auert, Marion: Rechtsstaat und kommunale Selbstverwaltung — Die Vereinbarkeit rechtsstaatlicher Grundsätze mit einer von politischen Kräften getragenen Selbstverwaltung, Köln, Berlin, Bonn, München 1967

Kunze, Richard und Carl *Schmid:* Gemeindeordnung für Baden-Württemberg — Kommentar, 2. Aufl., Stuttgart 1964

Laband, Paul: Das Staatsrecht des Deutschen Reiches, Bd. I, 5. Aufl., Tübingen 1911

Lang, Karl: Politische oder juristische Selbstverwaltung, Heidelberger Diss. 1937

Lange, Max Gustav: Politische Soziologie, Eine Einführung, 2. Aufl., Berlin und Frankfurt 1964

Laux, Eberhard: Methoden und Technik einer Verwaltungsreform im Bereich der kommunalen Selbstverwaltung, in: Die Gemeinde, Zeitschrift für die Schleswig-Holsteinische Selbstverwaltung 1968, S. 165 ff.

Lehmann, E.: Volksgemeinschaft aus Nachbarschaften, Prag, Leipzig, Berlin 1944

Leibholz, Gerhard: Strukturprobleme der modernen Demokratie, Karlsruhe 1958

— Das Wesen der Repräsentation und der Gestaltwandel der Demokratie im 20. Jahrhundert, 2. Aufl., Berlin 1960

Lerche, Peter: Die Gemeinden in Staat und Gesellschaft als Verfassungsproblem, in: Buch deutscher Gemeinden 1965, Hrsg. Deutscher Gemeindetag Bad Godesberg, Köln und Berlin 1965, S. 9 ff.

— Verfassungsfragen um Sozialhilfe und Jugendwohlfahrt — Ein Gutachten. Studien und Gutachten aus dem Institut für Staatslehre, Staats- und Verwaltungsrecht der Freien Universität Berlin, H. 3, Berlin 1963

v. Leyden: Das Problem der Großgemeinde, in: Gegenwartsfragen der Kommunalverwaltung, Hrsg. Verwaltungsakademie Berlin, Berlin 1929, S. 41 ff.

Linkermann, Günter: Das kommunale Ehrenamt, Marburger Diss. 1962

Loschelder, Wilhelm: Einführung, in: Die Gemeindeordnungen in der Bundesrepublik Deutschland, Schriftenreihe des Vereins für Kommunalwissenschaften e.V. Berlin, Bd. 9, Stuttgart, Berlin, Köln, Mainz 1965, S. 3 ff.

Luckas, Herbert: Zentral- und Bezirksverwaltung der Stadt Berlin, Frankfurter Diss. 1927

Luhmann, Niklas: Zweck — Herrschaft — System; Grundbegriffe und Prämissen Max Webers, in: Der Staat 1964, S. 129 ff.

Mahraun, Arthur: Das Jungdeutsche Manifest, Berlin 1927

v. Mangoldt, Hermann und Friedrich *Klein:* Das Bonner Grundgesetz, Bd. I, 2. Aufl., Berlin und Frankfurt 1957

Masson, Christoph: Großstadtverwaltung und Demokratie, in: Der Bayerische Bürgermeister 1950, S. 217 ff.

Maste, Ernst: Die Republik der Nachbarn — Die Nachbarschaft und der Staatsgedanke Arthur Mahrauns, Gießen 1957

Mattis, Helmut: Diskussionsbeitrag, in: Die politische und administrative Gliederung der großen Stadt (a.a.O.), S. 49 ff.

Maunz, Theodor, Günter *Dürig* und Roman *Herzog:* Grundgesetz — Kommentar, Loseblattausgabe, Lieferung 1—9, München 1968

Mayer, Franz: Die Verwaltung von Bund und Ländern in der bundesstaatlichen Ordnung, in: Zur Struktur der deutschen Verwaltung (a.a.O.), S. 86 ff.

Mayntz, Renate: Parteigruppen in der Großstadt; Untersuchungen in einem Berliner Kreisverband der CDU, Schriften des Instituts für politische Wissenschaft, Bd. 16, Köln und Opladen 1959

— Soziologie der Organisation, Reinbek b. Hamburg 1963

Menger, Christian-Friedrich: Der Begriff des sozialen Rechtsstaates im Bonner Grundgesetz, Recht und Staat, Bd. 173, Tübingen 1953

Merkl, Adolf: Allgemeines Verwaltungsrecht, Wien und Berlin 1927

— Idee und Gestalt der politischen Freiheit, in: Demokratie und Rechtsstaat (a.a.O.), S. 163 ff.

Mess, Friedrich: Gemeindendämmerung, Leipzig 1932

Meurers, Willi: Die kommunalrechtliche Idee der Dekonzentration und ihre Durchführung, Kölner Diss. 1934

Meyer, Georg: Lehrbuch des deutschen Staatsrechts. Nach dem Tode des Verf. in 7. Aufl. bearb. von Gerhard Anschütz, München und Leipzig 1914

Meyer, Poul: Die Verwaltungsorganisation — vergleichende Studien über die Organisation der öffentlichen Verwaltung; Göttingen 1962

Monz, Heinz: Zusammenlegung von Gemeinden — eine Vorschrift des Grundgesetzes?, in: Der Städtetag (StT) 1968, S. 565 ff.

Morstein Marx, Fritz: Einführung in die Bürokratie. Eine vergleichende Studie über das Beamtentum, Neuwied 1959

— Freiheit und Bürokratie, zur Natur des Amtsschimmels, in: Archiv für Rechts- und Sozialphilosophie 1956, S. 351 ff.

Müller-Haccius, Otto: Dezentralisation der öffentlichen Verwaltung durch Gebietskörperschaften, in: Der Gemeindetag 1936, S. 685 ff.

Mulert, Oskar: Erneuerung des Selbstverwaltungsrechts, in: Deutsche Juristenzeitung (DJZ) 1931, Sp. 185 ff.

Mulert, Oskar: Die Neuordnung der Kommunalverwaltung der Hansestadt Hamburg, Gutachten, Hamburg o. J. (1948)

Munzke, Hans und Hans *Schlempp:* Kommentar zur Hessischen Gemeindeordnung, Bad Homburg v. d. H., Berlin 1954

v. Nell-Breuning, Oswald: Konzentrationsprobleme im gesellschaftlichen Raum, in: Die Konzentration in der Wirtschaft, Bd. III (a.a.O.), S. 1703 ff.

— Zur christlichen Staatslehre, Freiburg 1948

Odenbreit, Walter und August-Wilhelm *Hensel:* Gemeindeordnung- Amtsordnung und Kommunalwahlgesetz in Nordrhein-Westfalen, 11. Aufl., Münster 1961

Pagenkopf, Hans: Die dezentralisierte Selbstverwaltung, in: Jahrbuch für Kommunalwissenschaft, Stuttgart, Berlin 1934, 2. Halbjahrband, S. 94 ff.

— Einführung in die Kommunalwissenschaft, Münster 1960

Partsch, Karl Josef: Angelegenheiten der örtlichen Gemeinschaft, in: Festgabe für Carl Bilfinger zum 75. Geburtstag, völkerrechtliche und staatsrechtliche Abhandlungen des Max-Planck-Instituts für ausländisches öffentliches Recht und Völkerrecht Heidelberg, H. 29, Köln, Berlin 1954, S. 301 ff.

Peters, Hans: Zentralisation und Dezentralisation, zugleich ein Beitrag zur Kommunalpolitik im Rahmen der Staats- und Verwaltungslehre, Berlin 1928

— Lehrbuch der Verwaltung, Berlin, Göttingen, Heidelberg 1949

— Grenzen der kommunalen Selbstverwaltung in Preußen. Ein Beitrag zur Lehre vom Verhältnis der Gemeinden zu Staat und Reich, Berlin 1926

— Die Gewaltentrennung in moderner Sicht, Arbeitsgemeinschaft für Forschung des Landes Nordrhein-Westfalen — Geisteswissenschaften —, H. 25, Köln und Opladen 1954

— Ehrenbeamte, in: Handbuch des deutschen Staatsrechts, Hrsg. Gerhard Anschütz und Richard Thoma, Bd. 2, Tübingen 1932, S. 100 ff.

— Die Verwaltung als eigenständige Staatsgewalt. Rektoratsrede. Kölner Universitätsreden 33, Krefeld 1965

— Die Wandlungen der öffentlichen Verwaltung in der neuesten Zeit, Kölner Universitätsreden 11, Krefeld 1954

— Entwicklungstendenzen der Demokratie in Deutschland seit 1949, in: Demokratie und Rechtsstaat (a.a.O.), S. 229 ff.

— Rechtsstaat und Rechtssicherheit, in: Recht — Staat — Wirtschaft, Bd. III, Düsseldorf 1951, S. 66 ff.

— Probleme der Demokratie, in: Carl-Sonnenschein-Blätter 1954, S. 34 ff.

— Die Gemeinde in der Rechtsprechung des Bundesverfassungsgerichts und des Bundesverwaltungsgerichts, in: Staatsbürger und Staatsgewalt, Verwaltungsrecht und Verwaltungsgerichtsbarkeit in Geschichte und Gegenwart, Jubiläumsschrift zum hundertjährigen Bestehen der deutschen Verwaltungsgerichtsbarkeit und zum zehnjährigen Bestehen des Bundesverwaltungsgerichts, Bd. 2, Karlsruhe 1963, S. 203 ff.

Pfeil, Elisabeth: Zur Kritik der Nachbarschaftsidee, in: AfK 1963, S. 39 ff.

— Soziologie der Großstadt, in: Gehlen-Schelsky: Soziologie; Düsseldorf, Köln 1955, S. 232

Plessner, Helmuth: Grenzen der Gemeinschaft. Eine Kritik des sozialen Radikalismus, Bonn 1924

— Das Problem der Öffentlichkeit und die Idee der Entfremdung — Rede anläßlich der Übernahme des Rektorats der Universität am 7. Mai 1960, Göttinger Universitätsreden, H. 28, Göttingen 1960

Popitz: Zentralismus und Selbstverwaltung, in: Volk und Reich der Deutschen, Hrsg. Bernhard Harms, Bd. II, Berlin 1929, S. 328 ff.

Preuss, Hugo: Dezentralisation und Zentralisation, in: Handwörterbuch der Kommunalwissenschaften, Bd. I, S. 536 ff.

— Gemeinde, Staat, Reich als Gebietskörperschaften. Versuch einer deutschen Staatskonstruktion auf Grundlage der Genossenschaftstheorie, Neudruck der Ausgabe Berlin 1889, Aalen 1964

— Selbstverwaltung, Gemeinde, Staat, Souveränität, in: Festgabe für Paul Laband, Band 2, Tübingen 1908, S. 197 ff.

— Staat und Stadt, in: Staat, Recht und Freiheit. Aus 40 Jahren deutscher Politik und Geschichte, Tübingen 1926, S. 73 ff.

Pünder, Hermann: Die deutschen Gemeinden gestern, heute und morgen, Köln 1948

Püttner, Günter: Diskussionsbeitrag, in: Die politische und administrative Gliederung der großen Stadt (a.a.O.), S. 86 f.

— Rechtsstellung und Klagerecht von Großstadtbezirken, in: Juristische Rundschau (JR) 1966, S. 81 ff.

Raabe, Cuno: Die Gemeinden in der Verfassung der Länder und Gesamtdeutschlands, in: Gemeinde und Staat, 4 Vorträge, Hrsg. Ernst Böhme, Schriften des Deutschen Städtetages, H. 2, Braunschweig 1948, S. 11 ff.

Rasch, Ernst: Die staatliche Verwaltungsorganisation — Allgemeines — Rechtliche Grundlagen — Aufbau, Köln, Berlin, Bonn, München 1967

Rauball, Johannes: Gemeindeordnung für Nordrhein-Westfalen — Kommentar, München 1968

Reinicke, Hans-Eckhart: Die Gemeinde und ihre Ordnung, Göttingen 1959

Rendtorff, Trutz: Kritische Erwägungen zum Subsidiaritätsprinzip, in: Der Staat 1962, S. 405 ff.

Reschke, H.: Wesen und Bedeutung der Großstadt. Schriften des Instituts für Wohnungsrecht und Wohnungswirtschaft an der Universität Köln, Göttingen 1962

Rivero, Jean: Die Dezentralisation jn der Verwaltung, Marienberg 1955

Röpke, Wilhelm: Die Massengesellschaft und ihre Probleme, in: Masse und Demokratie — Volkswirtschaftliche Studien für das schweizerische Institut für Auslandsforschung, Hrsg. Albert Hunald, Erlenbach—Zürich und Stuttgart 1957, S. 13 ff.

Rosin, Heinrich: Souveränität, Staat, Gemeinde, Selbstverwaltung, in: Annalen des Deutschen Reiches, Hrsg. Hirth und Seydel, Jg. 1883, S. 265 ff.

Rüstow, Alexander: Vitalpolitik gegen Vermassung, in: Masse und Demokratie (a.a.O.), S. 215 ff.

Rupp, Hans Heinrich: Wohl der Allgemeinheit und öffentliche Interessen — Bedeutung der Begriffe im Verwaltungsrecht, in: Wohl der Allgemeinheit und öffentliche Interessen (a.a.O.)

Salin, Edgar: Urbanität, in: Erneuerung unserer Städte — Vorträge, Aussprachen und Ergebnisse der 11. Hauptversammlung des Deutschen Städtetages, Stuttgart und Köln 1960, S. 9 ff.

Salzmann, Heinrich, Egon *Schunck*, Walter *Hoffmann* und Alfred *Schrick:* Das Selbstverwaltungsgesetz für Rheinland-Pfalz in der Neufassung vom 25. September 1964 (GVBl. S. 145) — Kommentar, 3. Aufl., Siegburg 1965

Scharoun, Hans: Ordnungsprinzipien und Begriffe, welche zu einer Stadtstruktur zu führen vermögen, in: Medizin und Städtebau, a.a.O., Bd. II, S. 165 ff.

Schelsky, Helmut: Ist der Großstädter wirklich einsam?, in: magnum 1956, H. 9, S. 33 f.

Scheuner, Ulrich: Bürgerfreiheit und Bürgersinn, in: StT 1954, S. 329 ff.

— Gemeindeverfassung und kommunale Aufgabenstellung in der Gegenwart, in: AfK 1962, S. 149 ff.

— Die neuere Entwicklung des Rechtsstaates in Deutschland, in: Hundert Jahre deutsches Rechtsleben (a.a.O.), S. 229 ff.

— Politische Repräsentation und Interessenvertretung, in: DÖV 1965, S. 577 ff.

— Grundfragen des modernen Staates, in: Recht — Staat — Wirtschaft, Bd. III, Düsseldorf 1951, S. 126 ff.

— Das Wesen des Staates und der Begriff des Politischen in der neueren Staatslehre, in: Staatsverfassung und Kirchenordnung (a.a.O.), S. 225 ff.

— Die institutionellen Garantien des Grundgesetzes, in: Recht — Staat — Wirtschaft, Bd. IV, Düsseldorf 1953, S. 88 ff.

Schmidt-Brücken, Georg: Einige grundsätzliche Gedanken über Selbstverwaltung, in: DÖV 1951, S. 565 ff.

Schmidt, Walter: Stadterneuerung, in: Erneuerung unserer Städte, Neue Schriften des Deutschen Städtetages, H. 6, Köln 1960, S. 35

Schmitt, Carl: Reichs- und Verfassungsreform, in: DJZ 1931, S. 5 ff.

— Verfassungslehre, München und Leipzig 1928

— Das Problem der innerpolitischen Neutralität des Staates, in: Verfassungsrechtliche Aufsätze aus den Jahren 1924—1954, Materialien zu einer Verfassungslehre, Berlin 1958, S. 41 ff.

— Freiheitsrechte und institutionelle Garantien, in: Verfassungsrechtliche Aufsätze (a.a.O.), S. 140 ff.

Schneider, Peter: In Dubio pro Libertate, in: Hundert Jahre deutsches Rechtsleben, Festschrift zum 100jährigen Bestehen des Deutschen Juristentages 1860—1960, Bd. II, Karlsruhe 1960, S. 263 ff.

Schröder, Dieter: Die Laienbeteiligung in Gremien der Staatsverwaltung, Göttinger Diss. 1963

Schuster, Wolfgang und Günter *Diehl:* Selbstverwaltungsgesetz für Rheinland-Pfalz, Kommentar mit Nebenvorschriften, Loseblattausgabe Mainz-Gonsenheim, Stand: Dezember 1968

Seibert, Gerhard: Die Gewährleistung gemeindlicher Selbstverwaltung durch das Grundgesetz, Marburger Diss. 1966

Smend, Rudolf: Zum Problem des Öffentlichen und der Öffentlichkeit, in: Forschungen und Berichte aus dem öffentlichen Recht (a.a.O.), S. 11 ff.

Smend, Rudolf: Verfassung und Verfassungsrecht, in: Staatsrechtliche Abhandlungen und andere Aufsätze, 2. Aufl., Berlin 1968, S. 119 ff.

— Integrationslehre, in: Verfassungsrechtliche Abhandlungen (a.a.O.), S. 475 ff.

— Bürger und Bourgeois im deutschen Staatsrecht, in: Verfassungsrechtliche Abhandlungen (a.a.O.), S. 309 ff.

v. Stahl, Friedrich Julius: Rechts- und Staatslehre auf der Grundlage christlicher Weltanschauung, 2. Abt. enth. das 4. Buch: Die Lehre vom Staat und die Principien des deutschen Staatsrechtes, 2. Aufl., Heidelberg 1846

v. Stein, Lorenz: Verwaltungslehre, Theil I, Die Lehre von der vollziehenden Gewalt, 2. Aufl., Stuttgart 1896

— Der Begriff der Gesellschaft und die sociale Geschichte der Französischen Revolution, Leipzig 1850

Stern, Klaus und Günter *Püttner:* Grundfragen zur Verwaltungsreform im Stadtumland — Empfehlungen zur Neuordnung von Ballungsgebieten dargestellt am Großraum Hannover — Studien zum öffentlichen Recht und zur Verwaltungslehre, Bd. 7, Berlin und Frankfurt 1968

Stier-Somlo, Fritz: Handbuch des Kommunalverfassungsrechts in Preußen — systematisch für Wissenschaft und Praxis dargestellt, 2. Aufl., Mannheim, Berlin, Leipzig 1928

— Das Grundrecht der kommunalen Selbstverwaltung unter besonderer Berücksichtigung des Eingemeindungsrechts, in: AöR Bd. 56, S. 1 ff.

Süsterhenn, Adolf: Das Subsidiaritätsprinzip als Grundlage der vertikalen Gewaltenteilung, in: Vom Bonner Grundgesetz zur gesamtdeutschen Verfassung, Festschrift zum 75. Geburtstag von Hans Nawiasky, München 1956, S. 151 ff.

— Der rechtsstaatliche Charakter der deutschen Demokratie, in: Carl-Sonnenschein-Blätter 1954, S. 169 ff.

Surén, Friedrich-Karl und Harry *Goetz:* Die zweckmäßige Unterteilung der Verwaltung einer großen Stadt, erläutert am Beispiel Berlin, Gutachten, Berlin 1951

Thieme, Werner: Selbstverwaltungsgarantie und Gemeindegröße, in: DVBl. 1966, S. 325 ff.

— Der öffentliche Dienst in der Verfassungsordnung des Grundgesetzes (Art. 33 GG), Göttingen 1961

— Verwaltungslehre, Köln, Berlin, Bonn, München 1967

Thierfelder, Hermann: Mitwirkung von Ausschüssen in der staatlichen Verwaltung — Möglichkeiten, Bewährung und Grenzen — B. Der Süddeutsche Raum, in: Verw. Arch. Bd. 49, S. 249 ff.

Thoma, Richard: Die Funktionen der Staatsgewalt, I. Grundbegriffe und Grundsätze, in: Gerhard Anschütz und Richard Thoma: Handbuch des deutschen Staatsrechtes, Bd. 2, Tübingen 1932, S. 108 ff.

Tönnies, Ferdinand: Gemeinschaft und Gesellschaft, 4. u. 5. Aufl., Berlin 1922

Triepel, Heinrich: Delegation und Mandat im öffentlichen Recht, Stuttgart und Berlin 1942

— Die Staatsverfassung und die politischen Parteien, Rektoratsrede, Berlin 1928

Uhlitz, Otto: Die Rechtsstellung der Berliner Bezirke, Berliner Diss. 1953

v. Unruh, Georg-Christoph: Arbeit und Verfassung der kommunalen Selbstverwaltung im Staat der industriellen Gesellschaft, in: Die Gemeinde 1968, S. 137 ff.

Voigt, Fritz: Selbstverwaltung als Rechtsbegriff und juristische Erscheinung. Leipziger rechtswissenschaftliche Studien, H. 110, Leipzig 1938

Wagener, Frido: Unbeantwortete Fragen der Kommunalverwaltung an die Verwaltungswissenschaft, in: Klaus von der Groeben, Roman Schnur und Frido Wagener: Über die Notwendigkeit einer neuen Verwaltungswissenschaft, Politik und Verwaltung, H. 1, Baden-Baden 1966, S. 31 ff.

Weber, Max: Staatssoziologie, Soziologie der rationalen Staatsanstalt und der modernen politischen Parteien und Parlamente, 2. Aufl., Berlin 1966

— Wirtschaft und Gesellschaft, 4. Aufl., Tübingen 1956

Weber, Werner: Wandlungen der Kommunalverwaltung, in: DÖV 1948, S. 19 ff.

— Staats- und Selbstverwaltung in der Gegenwart, Göttinger rechtswissenschaftliche Studien, Bd. 9, Göttingen 1953

— Gegenwartsprobleme der Verwaltungsordnung, in: DÖV 1951, S. 509 ff.

— Entspricht die gegenwärtige kommunale Struktur den Anforderungen der Raumordnung? Empfehlen sich gesetzgeberische Maßnahmen der Länder oder des Bundes? Welchen Inhalt sollten sie haben?, in: Verhandlungen des 45. Deutschen Juristentages Karlsruhe 1964, Bd. I, Teil 5, München und Berlin 1964

— Spannungen und Kräfte im westdeutschen Verfassungssystem, 2. Aufl., Stuttgart 1958

— Die Teilung der Gewalten als Gegenwartsproblem, in: Festschrift für Carl Schmitt, Berlin 1959, S. 254 ff.

— Die Kommunalaufsicht als Verfassungsproblem, in: Aktuelle Probleme der Kommunalaufsicht, Schriftenreihe der Hochschule Speyer, Bd. 19, Berlin 1963

Wehgartner, Robert: Selbstverwaltung in der Großstadt (ein Beitrag zur Neugestaltung des Art. 60 bay GO), in: Bayerische Verwaltungsblätter (Bay VBl) 1963, S. 297 ff.

Wolff, Hans Julius: Die Grundlagen der Organisation der Monopole, Göttinger Diss. 1925

— Rechtsgrundsätze und verfassungsgestaltende Grundentscheidungen als Rechtsquellen, in: Forschungen und Berichte aus dem öffentlichen Recht (a.a.O.), S. 33 f.

— Verwaltungsrecht, Ein Studienbuch. Bd. II, Organisations- und Dienstrecht, 2. Aufl., München und Berlin 1967

— Organschaft und juristische Person, Bd. 1, Juristische Person und Staatsperson, Berlin 1933

Ziebill, Otto: Entwicklungen und Tendenzen in der kommunalen Selbstverwaltung, in: Die Stadt muß leben — wenn ihr leben wollt; 12. Hauptversammlung des Deutschen Städtetages Düsseldorf 1962, Neue Schriften des Deutschen Städtetages, H. 9, Stuttgart und Köln 1962, S. 43 ff.

— Politische Parteien und kommunale Selbstverwaltung, Schriftenreihe des Vereins für Kommunalwissenschaft e.V. Berlin, Bd. 7, Stuttgart 1964

Ziebill, Otto: Bürgerschaftliche Verwaltung, Stuttgart und Köln 1954

— Der Bürger und seine Selbstverwaltung, in: StT 1959, S. 591 ff.

— Der Bürger und seine Stadt, in: Bürger — Städte — Staat, Neue Schriften des Deutschen Städtetages, Bd. 12, Stuttgart und Köln 1963, S. 29 ff.

Zier, Hellmut: Die Verwaltung der Großstädte nach Art. 60 der Bayerischen Gemeindeordnung, Würzburger Diss. 1968

Zuhorn, Karl und Werner *Hoppe:* Gemeindeverfassung; Schriftenreihe Gemeinderecht in Nordrhein-Westfalen, 2. Aufl., Siegburg 1962

FSC
www.fsc.org
MIX
Papier | Fördert gute Waldnutzung
FSC® C083411

Kolibri 360 GmbH
Ferdinand-Jühlke-Straße 7
99095 Erfurt, Deutschland
produktsicherheit@kolibri360.de

Druck:
CPI Druckdienstleistungen GmbH
im Auftrag der
Kolibri 360 GmbH
Ferdinand-Jühlke-Str. 7
99095 Erfurt